D1592784

TU CEREBRO Y TÚ

Un manual sencillo de neuropsicología

Nicky Hayes

TU CEREBRO Y TÚ

Un manual sencillo de neuropsicología

EDICIONES OBELISCO

Si este libro le ha interesado y desea que le mantengamos informado de nuestras publicaciones, escríbanos indicándonos qué temas son de su interés (Astrología, Autoayuda, Psicología, Artes Marciales, Naturismo, Espiritualidad, Tradición…) y gustosamente le complaceremos.

Puede consultar nuestro catálogo en www.edicionesobelisco.com

Colección Salud y Vida natural
Tu cerebro y tú
Dr. Nicky Hayes

1.ª edición: septiembre de 2019

Título original: *Your Brain and You*

Traducción: *Juan Carlos Ruiz*
Corrección: *Tsedi, Teleservicios Editoriales, S. L.*
Diseño de cubierta: *Enrique Iborra*

© 2018, Nicky Hayes
Primera edición en inglés publicada por John Murray Learning,
sello de Hachette UK Company en 2018
(Reservados todos los derechos)
© 2019, Ediciones Obelisco, S. L.
(Reservados los derechos para la presente edición)

Créditos de las imágenes:
1.1 El encéfalo humano © Shutterstock.com
2.5 Un escáner de IRM © Shutterstock.com
2.6 Un típico escáner cerebral © Shutterstock.com
4.6 El baile existe en todas las culturas © Shutterstock.com
6.6 Ejecución musical © Shutterstock.com
8.1 Expresiones de las emociones faciales © Shutterstock.com
13.5 La MDMA potencia la proximidad social © Shutterstock.com

Edita: Ediciones Obelisco, S. L.
Collita, 23-25. Pol. Ind. Molí de la Bastida
08191 Rubí - Barcelona - España
Tel. 93 309 85 25 - Fax 93 309 85 23
E-mail: info@edicionesobelisco.com

ISBN: 978-84-9111-514-4
Depósito Legal: B-20.198-2019

Impreso en los talleres gráficos de Romanyà/Valls S. A.
Verdaguer, 1 - 08786 Capellades - Barcelona

Printed in Spain

PREFACIO

Este libro trata por completo sobre cómo nuestros cerebros funcionan para hacernos tal como somos. A medida que prosigue la investigación sobre el cerebro, estamos descubriendo cada vez más sobre qué partes hacen tal o cual cosa, y cómo todas esas diversas partes están conectadas. No es sencilla la tarea: lo que hacemos, pensamos, decimos y sentimos procede de muchas áreas diferentes del cerebro, todas funcionando juntas. De algún modo, estas áreas funcionan concertadamente para convertirnos en quienes somos. Pero eso no significa que seamos sólo un montón de impulsos nerviosos. Nuestros cerebros influyen en lo que hacemos, pero también lo que hacemos puede modificar nuestros cerebros. Quiénes somos, como personas, es lo que hacemos con las elecciones y decisiones que tomamos en nuestras vidas. Lo que examinamos aquí es cómo nuestras células nerviosas y estructuras cerebrales hacen posibles esas decisiones.

Otro aspecto de la ciencia del cerebro actual es que nos enseña sobre neurodiversidad, es decir, que todos somos distintos. Cada cerebro es ligeramente diferente, todos tenemos diferentes aptitudes y habilidades, y a veces una serie de características que consideramos «normales» en realidad pueden ser muy poco comunes. El lector verá cómo un área del cerebro puede hacer algo, mientras otra área hace otra cosa simultáneamente. Pero es importante recordar que unas descripciones tan simples no conforman nunca la historia completa: los cerebros pueden cambiar; las rutas establecidas pueden interrumpirse y volver a crecer utilizando otras células; algunas personas nacen con cerebros que hacen cosas inusuales; y ninguno de nosotros es idéntico a cualquier otro. ¡Pero todos somos maravillosos! Nuestros cerebros son sorprendentes, y espero que este libro te ayude a comprender lo asombrosos que son.

Nicky Hayes

1

¿QUÉ ES EL ENCÉFALO?

¿Qué hace especiales a los seres humanos? Hemos ofrecido un gran número de respuestas a esta pregunta. Nos han sugerido que consiste en nuestra capacidad para contar historias, trabajar juntos, almacenar información, reír, imaginar, utilizar el lenguaje o resolver problemas. Incluso se ha sugerido que somos diferentes porque en realidad no somos distintos: no tenemos cuernos ni dientes especializados, otras armas naturales o la capacidad de correr rápidamente, y aunque podemos hacer muchas cosas físicas, siempre hay otros animales que pueden hacerlo mejor. Por tanto, puesto que no estamos particularmente especializados en términos de nuestras capacidades o atributos, tenemos que imaginar diferentes formas de realizar lo que necesitamos hacer.

Algunas o todas estas afirmaciones pueden ser ciertas, pero subyacente a ellas, está lo único que las convierte en posibles: el cerebro tan especial que ha evolucionado en los seres humanos y la forma en que nos permite interactuar con nuestros mundos: nuestros mundos físicos, nuestros mundos sociales y nuestros mundos imaginarios. Ese cerebro es algo muy especial, y es lo que permite a los seres humanos ser lo que son.

Nuestros cerebros nos permiten ver cosas y dar sentido a lo que hacemos. Nos permiten realizar acciones: movernos voluntariamente y hacer lo que necesitamos o queremos. Nos permiten oír: interpretar las vibraciones en el aire, identificar de dónde proceden y conocer su causa probable. Hacen lo mismo con todos los demás sentidos, incluidos los receptores sensoriales que tenemos dentro de nuestros cuerpos, que nos dicen lo que hacen nuestros músculos y articulaciones.

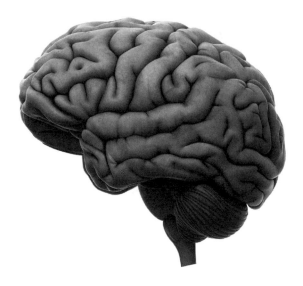

Figura 1.1 El encéfalo humano

Nuestros cerebros posibilitan que nos localicemos en el mundo material: recibir información de él y actuar dentro de él. Pero hacen mucho más que eso. Nuestros cerebros también nos permiten recordar cosas, y mediante más de un modo. Almacenan recuerdos conscientes, como números secretos y direcciones, pero también nos permiten recordar experiencias que ocurrieron en el pasado, e incluso nos permiten hacer cosas en el futuro (¡la mayor parte del tiempo!). Nos permiten acumular habilidades de forma que podamos realizar acciones o cogniciones fluidamente sin tener que pensar conscientemente en los pasos implicados; y almacenan patrones y significados, para que podamos dar sentido a todo lo nuevo que nos encontramos. Incluso nos permiten imaginar cosas que pueden ocurrir en el futuro o que tal vez nunca sucederán.

Como animales sociales, es importante que podamos reconocer personas, y son nuestros cerebros los que nos permiten reconocer caras y cuerpos, así como distinguir entre personas conocidas y no conocidas. Nuestros cerebros también hacen posible desarrollar los apegos y las relaciones, que son la base de la vida social, y comunicarnos con otras personas utilizando palabras, signos o símbolos. A un nivel más abstracto, nuestros cerebros también hacen posible que tratemos con las «tres erres»: lectura, escritura y aritmética, cada una de las cuales involucra áreas distintas del cerebro. Pero ser humanos es más que tan sólo tener habilidades mentales de este tipo: es nuestra capacidad de empatizar con los demás lo que realmente nos hace humanos, y nuestros cerebros también nos proporcionan los mecanismos para el autoconocimiento, la identificación y la empatía.

También tenemos emociones, y son posible sólo debido a cómo nuestros cerebros han evolucionado. Sentimos ira, miedo, felicidad y repulsión, sentimos placer y dolor, y respondemos a las recompensas. Hay momentos en que estamos alerta y agitados, momentos en que estamos relajados o experimentando estados como la conciencia plena, y momentos en que estamos dormidos. Estos estados de conciencia forman parte de cómo funcionan nuestros cerebros. Y, como seres humanos que llevamos vidas modernas, también tomamos decisiones. El cerebro humano es capaz de hacer frente a decisiones a diversos niveles: desde beber un café hasta comprar una casa. El cerebro es una estructura sorprendente, y en este libro examinaremos todos estos aspectos sobre cómo funciona.

¿Cómo comenzó el encéfalo?

¿Cómo se hicieron tan complejos nuestros encéfalos? Mirando hacia atrás en la historia evolutiva, los primeros animales no tenían encéfalo en absoluto. Eran organismos simples, de una sola célula, parecidos a las actuales amebas, que flotan en su entorno líquido y absorben partículas de comida cuando se las encuentran. A medida que se desarrollaron animales más complejos, una de sus ventajas fue que podían detectar fuentes de comida cercanas. Empezaron a desarrollar células especializadas que podían identificar las modificaciones químicas en su entorno, producidas por la comida cercana; y otras células que ayudaban a dirigir sus cuerpos hacia ella. También desarrollaron un sistema de vínculos central, que les permitió utilizar la información que recibían y dirigir su movimiento en consecuencia. Ese sistema de vínculos central actuaba como coordinador entre la información entrante y la acción resultante.

Y eso fue el comienzo de todo. Los primeros sistemas nerviosos fueron una sencilla red de fibras, similar a una escalera, a través del cuerpo, relacionada con un sencillo tubo, que llamamos **tubo neural**. Hay algo similar en los cuerpos de las planarias o platelmintos actuales. Es algo muy básico, pero sabemos que funciona porque siguen sobreviviendo hoy en día. A medida que los animales se hacían más complejos, lo mismo sucedía con la estructura del sistema nervioso. El extremo frontal del tubo neural empezó a alargarse: era el centro de coordinación que recibía información de los detectores que identificaban posible comida, luz u otra información como vibraciones, lo cual significaba que había cerca algo grande. Esos detectores posteriormente se convirtieron en los órganos de los sentidos, y la parte frontal alargada del tubo neural se convirtió en el encéfalo. El resto del tubo, que atravesaba el cuerpo, se convirtió en la espina dorsal, y las células que recogían y transmitían información a partir de ella se convirtieron en los nervios somáticos (corporales). Pero aunque se convirtió en algo muy elaborado, era, y sigue siendo, una especie de tubo que tiene en su extremo muchos más trozos protuberantes que un platelminto.

En la era de los dinosaurios, los animales se habían hecho mucho más complejos. Esa inflamación del extremo frontal del tubo neural se había convertido en un encéfalo, no demasiado grande, pero sí que tenía diversas partes que le permitían coordinar los diferentes mecanismos corporales necesarios para mantener vivo al animal, como por ejemplo la respiración, la digestión y el latido cardíaco. El encéfalo también recibía información de los sentidos, que se habían convertido en mucho más sofisticados, con sus propios órganos y nervios separados, y sus propias partes especializadas. El movimiento y el equilibrio también se habían convertido en funciones vitalmente relevantes, por lo que una parte importante del encéfalo se había desarrollado para manejarlos. E incluso había empezado a aparecer un tipo de memoria, aunque menos compleja que la memoria que utilizamos hoy. El encéfalo del dinosaurio era diminuto en comparación con nuestro encéfalo humano actual, pero, como demuestra la paleontología, funcionaba, y funcionaba muy bien. Los dinosaurios dominaron la Tierra durante muchos millones de años, y sus descendientes, los pájaros, aún siguen con nosotros.

Los mismos desarrollos encefálicos eran aplicables a otros animales, como los peces, los anfibios y los reptiles. Su adaptación a diferentes ecosistemas y fuentes de alimentación les llevó a evolucionar en muchos tipos de criaturas distintas. Algunos de esos ecosistemas les condujeron a desarrollar un sentido del olfato altamente sofisticado, por lo que la parte del encéfalo encargada del olfato se hizo más grande. Otros necesitaban una vista muy aguda, lo cual significaba que la parte del encéfalo que se encargaba de la vista aumentó de tamaño. Algunos animales desarrollaron una aguda sensibilidad a las vibraciones del aire, lo cual generó un centro del oído más grande, y así sucesivamente. A medida que los animales evolucionaban para adaptarse a sus entornos, el encéfalo evolucionaba para coordinar esa adaptación.

Durante la época de los dinosaurios, apareció otro tipo de animales: los mamíferos. Éstos habían desarrollado otra parte especial de sus encéfalos, que podía controlar y regular su temperatura corporal. A consecuencia de eso, los mamíferos podían permanecer activos de noche y evitar los reptiles depredadores que dependían del sol para recibir calor y energía. Los mamíferos también evolucionaron de otras formas: empezaron a amamantar a sus hijos y a criarlos después de nacer, lo que permitió a los animales jóvenes tener un tiempo de seguridad para conocer el mundo físico de su entorno y explorarlo. Una pequeña parte del encéfalo de los mamíferos se especializó en la adaptación y el aprendizaje, por lo que fueron capaces de tratar con entornos impredecibles o cambiantes. Todo esto conllevó que, cuando el mundo cambió y los dinosaurios se extinguieron, los mamíferos pudieron sobrevivir y aprovechar los recursos ecológicos que ya no utilizaban los dinosaurios.

El encéfalo de los mamíferos, como el de otros animales, se adaptó a las demandas de su entorno. Los animales de presa se volvieron altamente sensibles a la información de los sentidos, y desarrollaron reflejos agudos que les permitieron reaccionar rápidamente. Los animales cazadores se desarrollaron de forma similar, ya que su supervivencia les llevó a enfrentarse con los animales de presa para poder capturarlos. Algunos animales eran vegetarianos y vivían sólo a base de plantas; otros eran omnívoros y explotaban cualquier fuente de alimentos que pudieran encontrar. Y, lo más importante de todo, algunos de ellos vivían en sociedad y compartían los recursos.

Puesto que la vida social era importante, las demandas de la interacción social y la cooperación supuso que los animales vivieran en un entorno siempre cambiante, por lo que las partes del encéfalo que les permitían adaptarse a los cambios, comunicarse y transmitir información se desarrollaron muy bien. Los animales que vivían en grupos sociales, por tanto, desarrollaron encéfalos multipropósito, que pudieron adaptarse a diversos entornos, interactuar con distintos individuos, acoger las nuevas oportunidades y afrontar los problemas. Y en un grupo particular de mamíferos, se volvió tan importante que al final eclipsó todas las demás partes.

Cuando actualmente examinamos un encéfalo humano, casi todo lo que podemos ver son las dos mitades del cerebro, el cual es la parte del encéfalo que utilizamos para pensar, aprender, comunicarnos, decidir, imaginar y prácticamente todas las demás características que nos hacen humanos. Las otras partes más antiguas del encéfalo siguen allí, pero el cerebro es tan grande que se ha expandido hasta cubrir casi todo el resto. Y puesto que es la parte externa, o corteza, del cerebro la que hace la mayor parte del trabajo, el cerebro se ha plegado y arrugado, por lo que podemos encontrar más superficie de cerebro en el mismo espacio. El encéfalo humano es una de las cosas más notables que conocemos, y entender por completo cómo funciona probablemente vaya a mantener ocupados a nuestros científicos durante muchas generaciones.

El encéfalo básico

En este libro examinaremos lo que los neurocientíficos actuales han podido descubrir sobre la forma en que funciona el encéfalo. Pero incluso antes de eso, podemos aprender mucho examinando sus distintas partes y viendo cómo ha evolucionado cada una. Empecemos a pensar en las funciones nerviosas más básicas que un animal en desarrollo necesitaba: poder moverse y evitar el dolor.

Esto nos retrotrae al antiguo tubo neural. Aún tenemos su equivalente en nuestro sistema nervioso central humano, aunque se ha hecho más sofisticado desde entonces, por supuesto. Es la **espina dorsal**, el tubo de fibras nerviosas que recorre la longitud de la columna vertebral conectando las fibras nerviosas del cuerpo con el encéfalo. Si examinamos un corte transversal de la espina dorsal, podemos ver que en realidad es un tubo: tiene un hueco en la parte central que está lleno de un fluido nutriente. Ese hueco está rodeado por lo que llamamos materia gris, que está compuesta principalmente por cuerpos celulares nerviosos, y la materia gris está rodeada por materia blanca, que consiste en fibras nerviosas que llevan información hacia y desde el encéfalo. Por tanto, la espina dorsal es la principal ruta para que la información fluya entre el cuerpo y el encéfalo. Por eso quienes sufren daños en su espina dorsal pueden quedar paralizados. Sus cerebros pueden intentar que los músculos se muevan, pero simplemente no pueden transmitir las instrucciones.

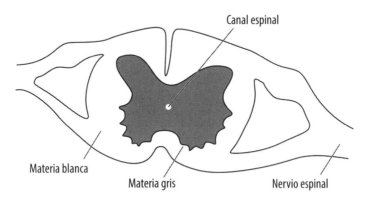

Figura 1.2 La espina dorsal con un corte transversal

Sin embargo, no todo el movimiento está dirigido por el encéfalo. La espina dorsal también controla algunos de nuestros **reflejos**, los rápidos movimientos de los músculos que tienen lugar en respuesta a los estímulos dolorosos. Eso es lo que sucede, por ejemplo, si retiramos la mano de una superficie caliente. Lo hacemos rápidamente, sin pensar, porque el mensaje de calor y dolor sólo necesita llegar a la espina dorsal. Cuando llega allí, el mensaje se transmite al instante a las células nerviosas, que indican al brazo que retire la mano. No es necesario hacer todo el camino hasta el encéfalo. Esto se conoce como reflejo y, puesto que es un mecanismo de supervivencia tan básico, está controlado por la parte más antigua del sistema nervioso. Lo que ocurre es que el mensaje –dolor, presión inesperada o lo que sea– lo recogen las células nerviosas sensoriales, que transmiten la información a las células nerviosas de la espina dorsal. Desde allí, el mensaje pasa inmediatamente a las células nerviosas motoras, que están conectadas con los músculos, y les ordenan que se contraigan. Por tanto, retiramos la mano, levantamos el pie o respondemos de la forma que sea apropiada para cada reflejo.

La parte superior de la espina dorsal se hace más densa y empieza a formar parte del propio encéfalo. La parte donde se hace más densa se conoce como **médula**, y si pensamos en ella como la parte siguiente del sistema nervioso en evolucionar, también podemos ver cómo está relacionada con funciones básicas. La médula es la parte del encéfalo que regula las funciones corporales básicas, como por ejemplo respirar, tragar, digerir y hacer que el corazón lata: funciones esenciales para todos los animales excepto para lo más simples.

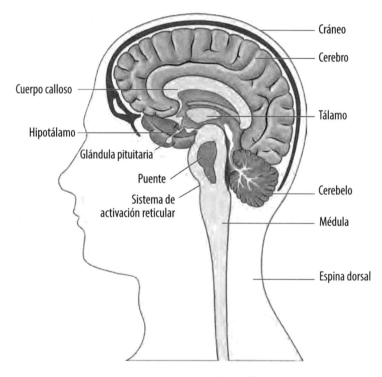

Figura 1.3 Las estructuras del encéfalo

El encéfalo básico es, por tanto, un sistema que permite al animal moverse, reaccionar al dolor, comer, respirar y repartir los nutrientes por su cuerpo. Pero si el animal tiene que sobrevivir en un mundo cada vez más complejo, también necesita estar alerta y listo para moverse si algo le amenaza. Subiendo desde la médula vemos que el bulbo raquídeo se hace incluso más denso y se convierte en lo que se conoce como **mesencéfalo**, que en realidad es un conjunto de varias partes distintas. Una de ellas es el sistema de activación reticular (SAR), que regula diferentes estado. alerta: sueño, vigilia y atención. En los humanos y los mamíferos comple- jos, el SAR parece poder «activar» grandes áreas de la corteza cerebral, gracias a lo cual permanecemos alerta y prestamos atención a lo que nos rodea. Tiene algunas rutas sensoriales y muchas conexiones con otras áreas del encéfalo. Cuando pensamos sobre sus orígenes evolutivos y có- mo el hecho de permanecer alerta ha ayudado a los animales a sobrevivir en un mundo peligroso, podemos ver por qué ésta es una de las partes del encéfalo que evolucionaron antes.

Otras áreas del mesencéfalo son el colículo superior y el colículo infe- rior (superior quiere decir que está arriba e inferior que está debajo, lo cual nos indica cómo están situados). Son estructuras de forma ovalada que realizan un procesamiento sensorial muy básico: el colículo superior se ocupa especialmente de la vista y el tacto, mientras que el inferior está especializado principalmente en el oído. No se conectan directamente con los niveles superiores del encéfalo. Por el contrario, tienen conexión directa con nuestros sistemas de atención y movimiento, que nos alertan inmediatamente si hay, por ejemplo, un destello o una explosión repenti- nos. Es evidente que eso ha ayudado también a los animales a sobrevivir.

A medida que el encéfalo evolucionaba, los animales también se vol- vían más sofisticados en la manera en que se movían. Otra parte del me- sencéfalo, el puente, es la ruta principal de las conexiones entre el cuerpo y el cerebelo, que es el centro coordinador del movimiento fino. El puen- te también está implicado en los sueños, tanto en los animales como en los humanos, y se cree que puede haber evolucionado para ayudar al animal a formar las rutas neuronales necesarias para el movimiento fino. Cuando vemos a perros soñando, por ejemplo, es evidente que están co- rriendo o persiguiendo algo, lo cual puede tener relación con la práctica de habilidades físicas. En el capítulo 6, volveremos al tema de cómo el entrenamiento mental puede ayudar al aprendizaje de habilidades.

El puente está conectado con el **cerebelo**, que es la protuberancia arrugada que sobresale debajo de la parte posterior del cerebro. A veces se le llama miniencéfalo, y es capaz de llevar a cabo muchas funciones más complejas aparte de mantener vivo al animal. Como hemos visto, desem- peña un papel importante en el aprendizaje de habilidades. Cuando em- pezamos a aprender una nueva destreza, nuestros movimientos suelen ser erráticos y un poco torpes, porque tenemos que pensar conscientemente en cada movimiento. Pero a medida que practicamos esos movimientos, el control de esas secuencias de acción se traslada al cerebelo, y se convierten en fluidos y se hacen automáticos, por lo que ya no tenemos que pensar en ellos. El cerebelo no planifica movimientos voluntarios –eso lo hace el cerebro–, pero se asegura de que nuestras acciones sean coordinadas, precisas y controladas con precisión.

Igual que el cerebro, el cerebelo está organizado en dos mitades, y su superficie está plegada como el fuelle de un acordeón. Esto sugiere que las capas externas son especialmente importantes para el funcionamiento del cerebelo (los surcos y pliegues aumentan el área total de superficie). Los pliegues conllevan que su superficie forme la mayor parte de su estructura, pero hay fibras por debajo de ellos y un pequeño espacio lleno de líquido, conocido como ventrículo, en el punto donde se une con el puente. El cerebelo también controla el equilibrio, que es una función que parece estar localizada en una pequeña parte entre sus dos mitades. La mayor parte de los fármacos destinados a tratar el mareo debido al movimiento tienen el efecto de desactivar esta área del encéfalo. En los humanos, el cerebelo también está incluido en algunas de las rutas nerviosas implicadas en el procesamiento de la atención, el lenguaje y las reacciones de temor y placer. Así que podemos ver que es una parte importante del encéfalo en todos los animales complejos. Estas estructuras, en conjunto, soportan los procesos corporales esenciales, por lo que podemos entender por qué han evolucionado en primer lugar.

El tálamo y el sistema límbico

Posteriormente empezaron a evolucionar estructuras más complejas del encéfalo. Mientras muchos animales más simples tenían órganos sensoriales que les hacían reaccionar a la luz, las vibraciones o los cambios en la composición química del fluido en el que vivían, algunos empezaron a desarrollar una percepción más sofisticada y evolucionaron estructuras cerebrales para utilizarla. Por ejemplo, hay un área grande de células encajadas entre el mesencéfalo y la parte inferior del cerebro, conocida como **tálamo**. Éste está separado en dos mitades, y actúa como una especie de estación para la transmisión de la información sensorial y para que las señales motoras lleguen a los músculos.

El tálamo recibe información de los nervios sensoriales y de nuestros ojos y oídos, y decodifica una cierta cantidad de estas señales antes de transmitir la información al cerebro. También recibe las instrucciones sobre el movimiento transmitidas hacia abajo desde el cerebro y envía esas instrucciones a nuestros músculos. Igual que otras estructuras subcorticales, está implicado también en el sueño y la vigilia: estos estados parecen afectar a grandes áreas del encéfalo de una forma general, en lugar de estar rígidamente controlados por sólo un área.

Hay otras varias pequeñas estructuras alrededor del tálamo conocidas colectivamente como **sistema límbico**. Un pequeño «bulto» inmediatamente por debajo del tálamo, conocido como **hipotálamo**, es especialmente importante para los mamíferos porque regula la temperatura corporal. Es la capacidad de mantener constante nuestra temperatura corporal interna, que nos permite permanecer activos por la noche o en lugares fríos. Es también la razón por la que los pequeños mamíferos pueden vivir en madrigueras por debajo del suelo, lo cual es una posible explicación de cómo pudieron sobrevivir al cataclismo masivo por impacto que exterminó a los dinosaurios.

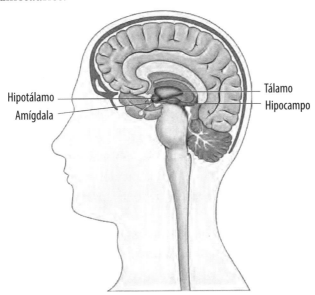

Figura 1.4 Los elementos del sistema límbico

No obstante, el hipotálamo hace muchas más cosas aparte de regular la temperatura; mantiene la **homeostasis** en todo el cuerpo. Mantener la homeostasis conlleva conservar todo en una condición estable y cómoda. Por tanto, si nuestros fluidos corporales caen por debajo de lo que es óptimo para la supervivencia, el hipotálamo empezará a desencadenar la sensación de sed, que nos inducirá a beber; si los niveles de glucosa sanguínea caen por debajo de un nivel determinado, desencadenará la sensación de hambre, lo que nos llevará a buscar comida; si tenemos demasiado frío, iniciará la acción de tiritar, que agitará los músculos para generar un poco de calor; y si tenemos demasiado calor, desencadenará el sudor, de forma que la evaporación nos enfríe.

Efectivamente, el hipotálamo actúa como regulador para mantener los mecanismos básicos corporales funcionando como deben. Su posición por debajo del tálamo («hipo» significa «debajo») le permite tener conexiones con todas las partes antiguas del cerebro, por lo que puede enviar señales relevantes cuando son necesarias.

El hipotálamo envía sus señales en parte mediante conexiones de células nerviosas (neuronales), pero en parte también liberando **hormonas**. Las hormonas son sustancias químicas que estimulan los procesos corporales o que hacen que otras hormonas sean liberadas por otras glándulas del cuerpo. Las hormonas son especialmente importantes para mantener «estados» como el crecimiento, el embarazo, el arousal o la ansiedad. Las glándulas que liberan hormonas, todas juntas, forman el sistema endocrino del cuerpo, y el hipotálamo es la principal ruta que conecta el encéfalo con el sistema endocrino.

Hay muchas otras partes del sistema límbico. El hipocampo es una pequeña estructura curva situada debajo del cerebro, cuyo nombre procede de su forma, la cual se pensaba que era semejante a la figura de un caballito de mar. Es importante para la memoria de varios modos distintos. Uno es que nos permite consolidar nuestros recuerdos en la memoria a largo plazo.

Las personas con daños en el hipocampo, como los causados por beber frecuentemente alcohol sin comer, pueden sentir que son incapaces de almacenar nuevos recuerdos. Esto se conoce como síndrome de Korsakoff, y puede tener consecuencias trágicas.

El **hipocampo** se ocupa también de otras formas de memoria, por ejemplo, de nuestra memoria espacial, que es con la que recordamos dónde estamos y los lugares que conocemos. Los taxistas londinenses, que tienen que memorizar prácticamente todo Londres para aprobar el examen que se llama «El Conocimiento», han demostrado tener aumentado el tamaño del hipocampo como resultado de su mayor memoria espacial. Por tanto, lo que hagamos en la vida puede perjudicar o mejorar la forma en que funciona nuestro encéfalo. Todo consiste en las decisiones que tomamos. En el capítulo 7 estudiaremos más detalladamente cómo funciona la memoria en el encéfalo.

Sin embargo, desde la perspectiva evolutiva podemos ver cómo la capacidad de movernos por una zona y desarrollar mapas mentales puede ayudar a un animal a sobrevivir.

Las investigaciones han demostrado, por ejemplo, que los ratones a los que se les ha permitido explorar un laberinto complejo sin rutas de escape se quedarán paralizados si se introduce un gato en el área, mientras que los ratones que no han tenido la oportunidad de explorarla correrán buscando escapar.

Explorando y recordando, la primera serie de ratones descubre que no es posible escapar, por lo que quedarse muy quietos para evitar llamar la atención es la mejor opción. Por cierto, no sabemos si en estos estudios al gato se le permitió coger los ratones ni qué les ocurrió al final. En el período en que se realizaron –la década de 1960–, se tenía poca consideración por el comportamiento ético hacia los animales, por lo que los ratones pudieron –o no– haber sobrevivido. ¡Ya no haríamos un estudio como ése en nuestros días, afortunadamente! Pero eso no cambia lo principal, que es saber que todo sobre nuestra localización es una evidente ayuda para la supervivencia.

Otra parte importante del sistema límbico es la amígdala. Se trata del centro de las emociones del cerebro y consta de dos estructuras con forma de almendra localizadas en una zona profunda de los lóbulos temporales derecho e izquierdo, bastante cerca del hipocampo. Ésta ayuda al cerebro a identificar las amenazas y reaccionar a ellas, y permanece activa también en nuestras otras emociones, tanto positivas como negativas. Entre sus funciones parece encontrarse el trabajar junto con el hipocampo para consolidar los recuerdos, especialmente los emocionales. Estamos más preparados para recordar cosas si las acompaña una experiencia emocional intensa, y esto es en parte el resultado de la actividad de la amígdala. Volveremos a las acciones de la amígdala en muchos de los capítulos de este libro, pero especialmente en el capítulo 8.

Otras partes del sistema límbico son los **ganglios basales**, que es el nombre dado a un grupo de células situadas en la profundidad de la materia blanca de los lóbulos frontales. Estas células nos ayudan a organizar nuestros movimientos eligiendo acciones apropiadas e inhibiendo nuestras acciones hasta que sepamos que son adecuadas para la situación. Los ganglios basales incluyen asimismo el núcleo caudado, que también está involucrado en la planificación de acciones y en la coordinación del aprendizaje de hábitos y acciones basados en normas, y el área conocida como globo pálido, que se encarga de regular el movimiento voluntario de forma que esté coordinado y fluido. Entonces, como podríamos esperar, los ganglios basales tienen estrechos vínculos con el cerebelo, y el daño a cualquiera de estas áreas produce problemas en el movimiento, de un tipo u otro.

El giro cingulado, o **corteza cingulada**, es una zona grande del cerebro, justo por encima del cuerpo calloso. Aunque se encuentra en el propio cerebro, se suele considerar que pertenece al sistema límbico, en parte debido a sus conexiones y a la forma en que funciona tan estrechamente relacionada con otras partes de ese sistema, como el hipotálamo y la amígdala.

Está implicada en las emociones, la memoria y el aprendizaje: entre otras funciones, por ejemplo, coordina olores y visiones con recuerdos agradables o desagradables. También parece estar implicada en la regulación de la conducta agresiva, y se activa en las rutas neuronales que son estimuladas por nuestras reacciones emocionales al dolor.

El sistema límbico, por tanto, está intensamente implicado en las emociones, la memoria y el movimiento, todo lo cual es importante para animales como los mamíferos, que deben poder sobrevivir en un mundo complejo. Otros animales –los reptiles, los peces y los anfibios– también poseen estas estructuras, pero no conocemos de igual modo las funciones exactas que desempeñan. Nuestro conocimiento de los mamíferos, en términos de emociones y mecanismos de aprendizaje, es mayor, en parte porque nos ayuda a entender cómo se ha desarrollado nuestro propio sistema nervioso.

✓ Recuerda esto: pliegues y surcos

La información se procesa en la capa externa del cerebro, la corteza cerebral. En algunos animales, como los pájaros o los reptiles, esta superficie exterior es relativamente lisa y el mismo cerebro no es especialmente grande. En los mamíferos, el cerebro es más grande, con pliegues y surcos que aumentan su superficie. El cerebro es la parte más grande del encéfalo de un perro o de un gato, y tiene varios pliegues muy profundos. El cerebro de un mono, en relación con el resto de su encéfalo, es mucho más grande que el de un gato, y tiene muchos más pliegues y surcos. Los simios tienen incluso más. En el momento en que llegamos a los humanos, el cerebro recubre casi todo el resto del encéfalo y su superficie se ha vuelto muy enrollada, con partes que ni siquiera pueden verse desde el exterior porque están plegadas por debajo. Esto concuerda con nuestras ideas de que los humanos son más inteligentes que otros animales, hasta que estudiamos a las ballenas y los delfines, que tienen incluso más pliegues y surcos en la superficie de su cerebro que los humanos. ¿Significa eso que son más inteligentes que nosotros? Nadie lo sabe, excepto posiblemente los cetáceos, pero no nos lo dicen.

El cerebro

Por último, pasando a la parte superior del encéfalo, o más adelante en nuestra progresión evolutiva, llegamos al **cerebro**. Es la estructura más grande en todos los mamíferos, especialmente en los humanos (y también en los cetáceos, aunque en realidad no sabemos lo que hacen las ballenas y los delfines con sus enormes cerebros). Es, con mucho, la parte más importante del encéfalo en los seres humanos, y casi todo este libro tratará sobre distintos aspectos de nuestro funcionamiento cerebral. No obstante, ahora vale la pena echar un vistazo a su estructura básica de forma que podamos manejarnos por sus distintas áreas y secciones.

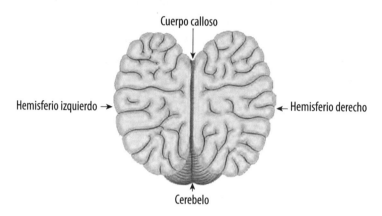

Cuerpo calloso

Hemisferio izquierdo →

← Hemisferio derecho

Cerebelo

Figura 1.5 Los hemisferios cerebrales vistos desde arriba

El cerebro es lo que nos convierte en humanos. Es la parte del encéfalo que lleva a cabo el pensamiento, la percepción, el lenguaje, la imaginación y la planificación, la toma de decisiones, la socialización y todos los demás aspectos del conocimiento cognitivo y social que utilizamos sin ni siquiera ser conscientes de ello. Por tanto, no es de extrañar que eclipse a todas las demás estructuras. No está separado de ellas: la superficie del cerebro está compuesta de materia gris y consta de los cuerpos celulares de neuronas y las otras células que lo componen. Pero por debajo de la capa de materia gris, hay una masa compacta de materia blanca que consta de las largas fibras, o axones, que conectan estas neuronas con otras partes tanto del cerebro como del encéfalo. Nuestros encéfalos están llenos de rutas de fibras nerviosas que enlazan todas las distintas partes, y este libro trata de lo que los científicos han podido descubrir sobre las formas en que funcionan estas rutas.

El cerebro en sí está dividido en dos mitades, un poco como una nuez gigante. Las dos mitades son los hemisferios cerebrales izquierdo y derecho. Están separados en su mayor parte, pero tienen una zona común, una gruesa franja conocida como cuerpo calloso. Se trata de una masa de fibras nerviosas que transmiten mensajes de un lado al otro del encéfalo para coordinar nuestras acciones y cogniciones. Esto es imprescindible porque las dos mitades funcionan juntas aunque tienen funciones ligeramente distintas. En general, el hemisferio cerebral izquierdo controla la parte derecha del cuerpo, mientras que el hemisferio cerebral derecho controla la parte izquierda del cuerpo. Hay otras diferencias entre ellos (aunque no tantas como algunos han afirmado), que estudiaremos en el capítulo 2.

Los dos hemisferios cerebrales son físicamente muy parecidos en estructura, por lo que la forma en que damos nombre a las distintas áreas es la misma para ambos lados del encéfalo. La superficie, como hemos visto, está cubierta de profundos surcos con áreas redondeadas entre ellos. Las protuberancias situadas entre los surcos se conocen como giros. El profundo surco que divide las dos mitades del cerebro se conoce como surco medial. Aunque el surco medial es la línea divisoria entre los hemisferios cerebrales izquierdo y derecho, no los separa por completo –como hemos visto, están unidos por el cuerpo calloso–, pero la unión queda tan profundamente enterrada entre los dos que no puede verse desde la superficie.

En cada hemisferio hay dos surcos especialmente largos y profundos. Estos dividen cada hemisferio cerebral en cuatro «lóbulos». El surco lateral, a veces llamado **cisura** lateral, corre por el lado del encéfalo, y el área del encéfalo debajo de ella se llama lóbulo temporal. Tiene muchas funciones, como veremos a lo largo de este libro; una de las más importantes consiste en procesar los sonidos que oímos.

El otro surco importante es el surco central, o cisura central, que corre por la parte superior del encéfalo. Separa la parte frontal del encéfalo, llamada lóbulo frontal, de la zona por detrás de él, que se conoce como lóbulo parietal.

El lóbulo frontal se ocupa especialmente de la toma de decisiones, la planificación y el movimiento, mientras que el lóbulo parietal integra diversos tipos de información sensorial.

El cuarto lóbulo del encéfalo, el lóbulo occipital, no queda definido por un surco, como los otros tres, pero es la zona de la parte posterior del encéfalo y se ocupa principalmente de la visión.

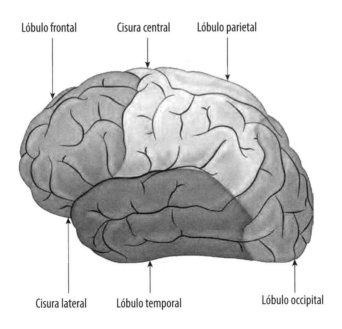

Lóbulo frontal   Cisura central   Lóbulo parietal

Cisura lateral   Lóbulo temporal   Lóbulo occipital

Figura 1.6 Lóbulos y cisuras corticales

No obstante, algunas de las partes más interesantes del cerebro están situadas por debajo de los lóbulos, donde se pliegan sobre ellas mismas. Por ejemplo, bajo el cerebro pero aún formando parte de él, hay una capa fina, aunque amplia, de células que pone en conexión muchas áreas distintas de la corteza cerebral y que conecta con muchas de las estructuras del sistema límbico. Se le llama **claustro**, que algunos investigadores creen que es esencial para la conciencia y lo que experimentamos como nuestra conciencia de conexión. Lo estudiaremos de nuevo en el capítulo 13. Después está también la **ínsula**, una zona de la corteza plegada en el interior de la cisura lateral. También está implicada en la conciencia, y está asimismo relacionada con percepciones sociales como la empatía, la comprensión, la autoconciencia y las experiencias emocionales. No sólo eso, sino que la ínsula tiene fuertes conexiones con nuestros sistemas del control del movimiento y de cognición, es decir, con el pensamiento y la memoria.

El encéfalo, por tanto, es una estructura compleja, y explorar cómo funciona y cómo se relacionan, unas con otras, las diferentes estructuras, es uno de los aspectos más estimulantes de la ciencia moderna. Puesto que los neurocientíficos están haciendo continuamente nuevos descubrimientos, no podemos citarlos a todos aquí, pero espero que este libro describa un número suficiente de ellos como para que el lector se haga una idea de lo que hay y de cómo nuestro cerebro nos convierte en las personas que somos.

✔ Puntos de atención

- El encéfalo comenzó siendo la extensión de un sencillo tubo que estaba conectado con un sistema nervioso primitivo. Se fue volviendo cada vez más complejo conforme evolucionaron los animales.
- Las partes del encéfalo más próximas a la espina dorsal se ocupan de procesos esenciales para mantener la vida, como la respiración, el latido cardíaco, la digestión y el estado de alerta.
- Entre otras estructuras subcorticales mayores, se encuentran el tálamo y el cerebelo. El tálamo coordina la información sensorial, mientras que el cerebelo coordina el movimiento.
- El sistema límbico es un conjunto de pequeñas estructuras que incluyen la amígdala, el hipocampo y los ganglios basales, que son importantes para las emociones, la memoria y el aprendizaje.
- La parte más grande del encéfalo humano es el cerebro, que se divide en dos mitades que cubren casi todo el resto del encéfalo, y que están arrugadas y plegadas para aumentar su superficie.

Siguiente paso

En el capítulo siguiente examinaremos más detenidamente cómo funcionan las distintas partes del encéfalo y qué revelan los estudios y escáneres del encéfalo.

2

¿CÓMO FUNCIONA EL ENCÉFALO?

Células del encéfalo

En el capítulo 1 hemos visto cómo diferentes partes del encéfalo hacen cosas distintas. Este capítulo describe cómo estas diferentes partes envían mensajes las unas a las otras, combinando sus acciones para dar lugar al ser humano vivo y que respira, que somos nosotros. Mediante una combinación de sustancias químicas y electricidad, las diversas partes del encéfalo se comunican unas con otras y con el resto del cuerpo. Sin embargo, puede ser una buena idea comenzar examinando las células que forman el encéfalo.

La superficie del encéfalo está compuesta de materia gris —a veces los investigadores la llaman simplemente «la gris»—, pero por debajo hay una masa de materia blanca. Esta materia blanca consta de fibras nerviosas que transmiten mensajes de un área del encéfalo a otra distinta, y ésta es la forma en que están interconectadas. Las fibras nerviosas son blancas porque están mielinizadas (*véase* debajo).

La mayoría de las células que forman la materia gris son **interneuronas**, también llamadas neuronas conectoras. Su principal propósito es establecer conexiones entre las células nerviosas, por lo que su estructura es relativamente simple. Una interneurona consta de un cuerpo celular con muchas proyecciones que se extienden hacia el exterior para formar ramas o dendritas. A veces hay una proyección más larga del cuerpo celular, llamada axón, y las dendritas se encuentran en sus extremos. Cada dendrita termina en un pequeño bulto llamado botón sináptico, que establece la conexión entre una neurona y otra.

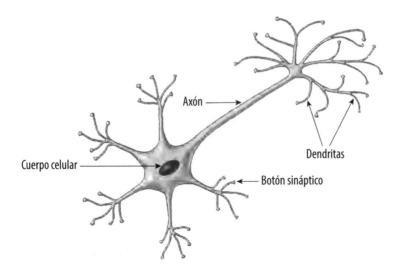

Figura 2.1 Una interneurona

Hay otros tipos de neuronas en el sistema nervioso. Las neuronas sensoriales captan señales en los receptores sensoriales –los ojos, la piel, la nariz, los oídos, etc.– y las transmiten al cerebro. Estas neuronas tienen en un extremo áreas receptoras especializadas que transmiten la señal a lo largo del cuerpo celular. Desde allí, el mensaje viaja por el axón hacia las partes relevantes del encéfalo. Otras neuronas, llamadas neuronas motoras, llevan mensajes del cerebro a los músculos, lo cual nos permite movernos. La figura 2.1 muestra la estructura general de una interneurona, pero todas las neuronas terminan en dendritas con botones sinápticos en sus extremos.

Aparte de las neuronas, hay otras células en el encéfalo que tienen el nombre general de **células gliales**. Su función principal es apoyar a las neuronas manteniéndolas en su sitio y proporcionándoles oxígeno y nutrientes. También eliminan el tejido nervioso muerto y las sustancias tóxicas, ayudan a aislar una neurona de otra, y pueden ser importantes a la hora de estimular el crecimiento celular.

Por tanto, el encéfalo es una masa de células densa y muy compacta, pero, como vimos en el capítulo 1, sigue teniendo estructuras reconocibles. También tiene algunos espacios muy grandes, áreas llenas de fluido conocidas como **ventrículos**. Se encuentran en el interior del encéfalo, pero están vinculados con el canal espinal: un vestigio del tubo neural primitivo. Los ventrículos están llenos de fluido cerebroespinal, que es un líquido de color claro que proporciona nutrientes y apoyo inmunitario a las estructuras encefálicas, y que elimina los productos de desecho. Los ventrículos también pueden actuar como absorbedores de choques, como un airbag, protegiendo contra los impactos a algunas de las estructuras encefálicas más vitales.

Sustancias químicas y electricidad

Las células encefálicas funcionan, esencialmente, utilizando sustancias químicas para generar electricidad. Como todas las células vivas, tienen un campo eléctrico ligeramente distinto que su entorno. Dentro de la célula hay una concentración de iones de potasio ligeramente superior que tienen una carga eléctrica negativa. Normalmente, la membrana que rodea las células impide que pasen otros iones químicos. Pero si se estimula de forma correcta, cambia su estructura y deja que pasen los iones de sodio. Estos tienen carga eléctrica positiva, y el intercambio de iones positivos y negativos genera un repentino estallido de electricidad en la célula.

Llamamos a este repentino estallido de electricidad **impulso eléctrico**. Los impulsos eléctricos viajan por el encéfalo moviéndose por los «brazos» extendidos (axones) de las neuronas. A veces viajan de forma relativamente lenta porque cada impulso cambia la parte siguiente de la membrana celular, despolarizándola de forma que los iones de sodio puedan entrar para renovar el impulso eléctrico. Pero ésa es una forma relativamente lenta y gradual de transmitir el mensaje. Las neuronas que necesitan enviar mensajes rápidamente tienen una estructura distinta: sus axones están cubiertos de materia blanca, que ayuda a que el mensaje se transmita más rápidamente.

La materia blanca de estas células es un recubrimiento graso conocido como **vaina de mielina**. Está formada por células especiales llamadas **células de Schwann**, que se colocan en torno al axón, con huecos muy pequeños en los que la membrana celular queda expuesta a su entorno. Cada célula de Schwann aísla al axón e impide el intercambio de iones positivos y negativos. Esto conlleva que el impulso eléctrico sólo puede renovarse en los huecos situados entre las células de Schwann, y tiene que viajar a lo largo del axón mediante grandes saltos. Eso es mucho más rápido, y en eso consiste la materia blanca del encéfalo. Consta de miles de millones de fibras nerviosas mielinizadas, que se agitan con mensajes eléctricos que vuelan de una parte del cerebro a otra.

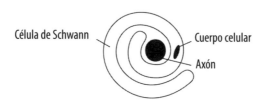

Figura 2.2 Una célula de Schwann

Así es como los mensajes eléctricos se transmiten por las neuronas. Pero, ¿cómo pasan de una neurona a otra? Esto nos lleva al botón sináptico antes mencionado. El punto de conexión entre dos neuronas se conoce como **sinapsis**, un hueco vacío entre dos neuronas. Cada botón sináptico cuenta con un sitio receptor al otro lado del hueco vacío, en la siguiente neurona. El botón sináptico contiene pequeñas «bolsas» o vesículas, que están llenas de una sustancia química especial llamada **neurotransmisor**. Cuando el impulso eléctrico llega al botón sináptico, las vesículas se abren y dejan salir su neurotransmisor en el espacio. Después lo recoge el sitio receptor de la dendrita de la neurona siguiente, lo que cambia la polaridad eléctrica de la membrana neuronal. Todas las neuronas siempre contienen el mismo neurotransmisor en sus vesículas, pero hay muchas sustancias neurotransmisoras distintas utilizadas en el sistema nervioso. Examinaremos la acción de algunas de ellas en el capítulo 13, cuando estudiemos las drogas y el estado de conciencia.

La influencia de las sustancias químicas de una sola sinapsis no sería suficiente para hacer que reaccione otra neurona. Pero si se estimula un número suficiente de sinapsis, la membrana celular de la siguiente neurona se altera. Algunas sinapsis hacen que la siguiente célula se active con mayor probabilidad; éstas son conocidas como sinapsis excitatorias porque excitan y estimulan la neurona. Otras sinapsis hacen que la neurona que recibe el mensaje tenga menor probabilidad de activarse, y se conocen como sinapsis inhibitorias porque inhiben la activación. La combinación de sinapsis excitatorias e inhibitorias crea rutas a través del cerebro, dirigiendo los impulsos hacia algunas áreas del encéfalo y apartándolos de otras.

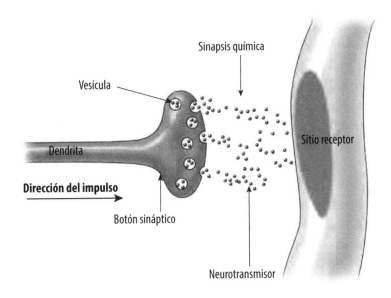

Figura 2.3 La sinapsis

Aprendizaje y plasticidad neuronal

Por toda la corteza cerebral –en realidad por todo el encéfalo– hay **rutas neuronales** que canalizan los impulsos eléctricos de un área a otra. Estas rutas en parte son heredadas, pero también son en gran medida configuradas por nuestras experiencias. Cuando nace un niño, su cerebro tiene muchas más conexiones entre neuronas que en cualquier otro momento; prácticamente todas las sinapsis posibles están «vivas». Pero durante los tres primeros años de vida, estas conexiones se reducen: las que se utilizan se vuelven más fuertes, mientras que las que no utilizamos mueren. Esto nos deja aún con miles de millones de conexiones sinápticas, por supuesto; es sólo una reducción gradual, no muy pronunciada.

¿Por qué ocurre esto? Tiene que ver con lo adaptables que somos como especie. Los seres humanos –o al menos las sociedades humanas– se encuentran en todo tipo de entornos diversos, desde el Ártico helado hasta los ardientes desiertos, selvas e incluso entornos en medio de los continentes en los que las temperaturas pueden variar en el transcurso de un año desde 40 °C hasta −40 °C. Podemos sobrevivir en estos entornos, aunque las habilidades de supervivencia que necesitamos para ellos sean muy diferentes. Pero no sobrevivimos adaptándonos físicamente; lo hacemos aprendiendo. Desde el momento en que nace −o incluso desde antes del nacimiento−, un bebé humano aprende de su mundo. Después del nacimiento, su principal orientación es aprender de las personas que le rodean, y ese aprendizaje puede tomar muchas formas. A la edad de tres años, un niño humano ha aprendido bastante bien a afrontar su mundo físico, por fin. ¡Moverse en el mundo social es más complicado!

✔ **Recuerda esto**

Hay más información sobre cómo aprendemos y adaptamos nuestra conducta a diferentes entornos en mi libro *Understand Psychology* [«Entiende la psicología»].

Los humanos tenemos una capacidad increíble de aprender, y de eso se ocupa el encéfalo humano. El aprendizaje tiene lugar cuando las células nerviosas del encéfalo fortalecen unas sinapsis concretas, debilitan otras y canalizan los impulsos nerviosos por rutas poco familiares para producir un efecto determinado. Nuestras células encefálicas responden a las demandas de un nuevo aprendizaje de dos formas. Una forma es construyendo sinapsis −o al menos incrementando la capacidad del botón sináptico y su sitio receptor asociado−, de forma que se libere una cantidad mayor de neurotransmisores y después se capten, lo que convierte el mensaje en más fuerte. La otra forma es mediante la mielinización. Una neurona que se activa sólo en algunas ocasiones normalmente no desarrolla una vaina de mielina, pero las células de Schwann son atraídas hacia las neuronas activas. Por tanto, si se sigue estimulando un grupo de células, como ocurre cuando estamos aprendiendo algo nuevo, las células de Schwann empiezan a envolverse rodeando sus axones. Como hemos visto, la mielinización ayuda al mensaje a pasar más rápidamente a través de la neurona, por lo que resulta más fácil hacer lo que estamos aprendiendo.

Una gran cantidad de nuestro aprendizaje tiene lugar cuando somos bebés, pero seguimos aprendiendo a lo largo de nuestras vidas. Esto significa que estamos imponiendo constantemente demandas sobre nuestras células cerebrales, estimulándolas a formar nuevas conexiones. Por ejemplo, no nacemos con la capacidad de leer, ni evolucionamos con esa capacidad.

En la mayoría de las culturas humanas, la lectura, si es que existía, era una habilidad limitada, restringida sólo a unos pocos individuos. No obstante, podemos aprender cómo hacerlo. Se necesita un esfuerzo sostenido y mucha experiencia con la palabra escrita, en cambio, la mayoría de las personas saben leer fluidamente cuando tienen diez o doce años de edad. Algunas personas pueden tardar más, dependiendo de sus experiencias y su motivación para aportar el esfuerzo necesario.

La corteza cerebral consta de muchos grupos de neuronas conocidos como **núcleos**. Cuando aprendemos a leer, se estimulan ciertos núcleos del encéfalo y se empiezan a desarrollar nuevas conexiones. Puede ser que algunos de estos núcleos hayan evolucionado originalmente para ser sensibles a los signos o símbolos naturales; por ejemplo, para advertirnos que el rojo puede ser peligroso, puesto que es el color de la sangre. Pero, independientemente de cómo evolucionen, si se aporta el tipo adecuado de experiencia, estos núcleos se adaptarán para tratar también con otras clases de símbolos. Si esa experiencia es una exposición repetida a la palabra escrita —y, lo más importante, a su significado—, los núcleos se adaptan gradualmente para permitirnos leer con fluidez. Cuanta más experiencia tengamos leyendo, más se desarrollará ese grupo de neuronas, hasta que, en último término, terminaremos con un área del encéfalo específicamente adaptada para decodificar palabras escritas.

Lo mismo ocurre en todo el encéfalo cuando aprendemos a tratar otras demandas exigidas por nuestros entornos y experiencias. No es aleatorio: ciertas áreas se desarrollan de determinadas maneras porque esos núcleos están predispuestos a tratar con ese tipo de información. Gran parte de eso se ha configurado mediante nuestra historia evolutiva, por lo que encontramos áreas similares en los encéfalos de otros mamíferos. Pero lo lejos que lleguemos y lo sofisticadas que se hagan nuestras habilidades tiene que ver con nuestra capacidad humana de aprender. Nuestra evolución ha exigido que aprendamos nuevas habilidades para afrontar los entornos siempre cambiantes, por lo que el encéfalo ha evolucionado hasta tener estructuras que nos permiten hacer esto.

La capacidad de las células cerebrales para adaptarse se conoce como **plasticidad neuronal**, y se mantiene vigente durante toda nuestra vida. Se solía pensar que el cerebro se adaptaba sólo hasta la edad de la pubertad y que después de entonces la función de las células de nuestro encéfalo quedaba fijada en gran medida. Ahora sabemos que esto no es así. Sí, los niños se recuperan de los daños encefálicos más fácilmente que los adultos, a veces incluso volviendo a hacer crecer áreas del encéfalo, pero los adultos también pueden recuperarse de muchos tipos de daños encefálicos recanalizando los impulsos neuronales de modo que formen nuevas rutas. También sabemos que las neuronas pueden seguir creciendo y desarrollándose durante toda nuestra vida, siempre que capten las demandas cognitivas o físicas necesarias para estimular ese crecimiento.

✓ Estudio de caso: Un encéfalo en crecimiento

El proceso de crecimiento neuronal queda ilustrado gráficamente en la historia de Noah Wall, «el chico que hizo crecer su encéfalo». Noah nació con espina bífida e hidrocefalia (agua en el cerebro), lo que dejaba muy poco espacio para los tejidos encefálicos. Cuando nació, prácticamente no tenía cerebro: el espacio de su cráneo estaba ocupado por fluido cerebroespinal bajo una presión considerable. La mayoría de los niños que nacen con este problema no sobreviven, pero Noah contó con la suerte de tener unos padres muy cariñosos y decididos, que le proporcionaron una estimulación y una actividad intensivas durante sus horas de vigilia. Unas intervenciones quirúrgicas liberaron la presión del fluido, y a pesar de tener, cuando nació, muy poco encéfalo, sus tejidos cerebrales respondieron a las demandas de su entorno motivador, y sus hemisferios cerebrales crecieron y se desarrollaron. A la edad de cinco años, estaban muy cerca de tener el tamaño normal, y era, por todas las intenciones y propósitos, un niño normal.

El encéfalo humano conserva también su capacidad de adaptarse a nuevas circunstancias físicas. Un estudio con astronautas mostró cómo la exposición a la microgravedad puede producir cambios en el encéfalo. Koppelmans y colaboradores (2016) utilizaron escáneres por resonancia magnética para comparar los encéfalos de la tripulación de las lanzaderas y de los astronautas de la Estación Espacial Internacional, antes y después de pasar algún tiempo en el espacio. Descubrieron que los encéfalos de los astronautas habían desarrollado más materia gris alrededor de las áreas especialmente implicadas en el movimiento de sus extremidades inferiores. Cuanto más tiempo habían pasado en el espacio, más evidente era este ejemplo de plasticidad neuronal. Las extremidades inferiores son especialmente importantes en la Tierra, en el movimiento regido por la gravedad, pero son mucho menos importantes en la microgravedad del espacio, por lo que los investigadores sugirieron que los cambios neuronales procedían del encéfalo al intentar adaptarse a esta diferencia. Un resultado similar, aunque no idéntico, surgió de las comparaciones con las personas que habían permanecido mucho tiempo en la cama.

Otros estudios han demostrado que el encéfalo puede reorganizarse después del daño producido por un ictus (interrupción repentina del aporte sanguíneo a un área del cerebro). La falta de oxígeno hace que mueran células nerviosas vitales, con lo que quedan dañadas funciones normales como el movimiento o el habla. Sabemos, por la experiencia clínica, que quienes lo sufren pueden recuperarse, a menudo recobrando todas sus funciones, pero tienen que dedicar mucho esfuerzo si quieren lograrlo. Las células nerviosas del cerebro responden a esos esfuerzos reorganizándose, evitando las áreas dañadas y desarrollando nuevas rutas para lograr la acción o capacidad exigida por el cuerpo.

Incluso las personas que han perdido áreas completas del encéfalo pueden a veces recuperar su función. En el capítulo 10 estudiaremos las áreas encargadas del lenguaje, que se encuentran –aunque no siempre– en el hemisferio izquierdo. El daño a esas partes del hemisferio izquierdo puede interferir seriamente con la capacidad de la persona de utilizar el lenguaje, para hablar o formar palabras, o incluso para entenderlas. Pero en 1980 Gooch informó sobre los resultados de una operación dramática. Unos cuantos pacientes clínicos habían sufrido daños tan severos en el hemisferio izquierdo que los cirujanos decidieron eliminar esa mitad del encéfalo por completo.

Antes de la operación, habían sido totalmente incapaces de utilizar el lenguaje, pero cuando se eliminó por completo el hemisferio dañado, empezaron a recuperarse: a poder hablar, a entender e incluso a recordar las letras de antiguas canciones. El lado derecho de su encéfalo se había encargado de las funciones del lenguaje que previamente estaban localizadas en el izquierdo. Este nivel de plasticidad era totalmente insospechado, y demostró que desarrollar modelos simplistas de cómo funciona el encéfalo suele ser un error. ¡Siempre es más complicado de lo que pensábamos!

Lateralización cerebral

El informe de Gooch supuso un desafío para la idea de que el lenguaje está localizado sólo en el hemisferio izquierdo, y demostró lo adaptables que pueden ser nuestros hemisferios cerebrales. Sin embargo, como regla general, hay una cierta cantidad de lateralización en el encéfalo: uno de sus lados hace una cosa mientras el otro hace otra distinta. Por ejemplo, el lado izquierdo del encéfalo controla el lado derecho del cuerpo, y el lado derecho controla la parte izquierda del cuerpo. Las instrucciones procedentes del lado derecho del encéfalo para mover la mano, por ejemplo, darán como resultado que se mueva la mano izquierda, y viceversa.

Las excepciones a esto son los sentidos localizados en la cabeza: nuestros ojos y oídos tienen puntos de cruce, de forma que ambos lados del encéfalo reciben la información de cada ojo u oído. Los oídos necesitan esto porque valorar las diferencias del sonido que llega a cada oído es una clave importante que nos indica de dónde proceden los sonidos. En los ojos, el cruce conlleva que la información que llega al lado izquierdo del ojo —es decir, de cosas que estimulan la parte derecha de la visión— termina en el lado izquierdo del encéfalo, mientras que la información que llega al lado derecho del ojo termina en el lado derecho. Por tanto, cada ojo puede ver todo el campo visual, pero el encéfalo también puede comparar las dos imágenes.

Los investigadores han podido utilizar esto para explorar cómo funcionan los lados del encéfalo. Utilizando una pantalla para ocultar una parte del campo visual, han demostrado cómo el lado izquierdo del encéfalo puede entender instrucciones escritas, aunque el lado derecho no suele leer, pero puede entender otros tipos de significado. Hay también cierto grado de cruce: por ejemplo, si mostramos al lado derecho del encéfalo la palabra «llave», la persona tal vez no pueda entender lo que dice el escrito, pero quizás pueda coger una llave de entre un conjunto de objetos. Por tanto, puede que haya cierto grado de comprensión en ese lado del encéfalo, aunque no una lectura fiable.

La mayoría de las personas tienen una mano preferida, y los deportistas saben que también tenemos un pie preferido, aunque los dos no necesariamente son iguales. La mayoría de las personas son diestras, pero algunas son zurdas. Las personas diestras normalmente tienen un hemisferio izquierdo claramente dominante, pero los zurdos muestran más equilibrio entre los hemisferios, con mucha actividad tanto en el lado izquierdo como en el derecho. También muestran más variabilidad respecto a en qué hemisferio se localiza el principal uso del lenguaje: derecho, izquierdo o, como demuestran algunas personas, la misma actividad en los dos. En los diestros es mucho más probable que el hemisferio izquierdo sea el dominante para el lenguaje. Pero nadie ha mostrado nunca una relación entre el predominio de un hemisferio y la capacidad cognitiva: sea cual fuere el lado del encéfalo que prefiramos utilizar, nuestras habilidades y destrezas tienen el mismo potencial.

✔ Idea clave

¿Eres diestro, zurdo o ambidiestro? La mayoría de las personas se consideran diestras porque escriben con la mano derecha, pero aproximadamente una cuarta parte de esas personas son ambidiestras: tal vez utilicen su mano derecha para tareas complejas como escribir, pero utilizan cualquiera de las manos para otras funciones habituales. Todo depende de cómo definamos la capacidad de utilizar las manos. Del mismo modo, las estimaciones de cuántas personas de la población son zurdas varían del 4 hasta el 30 por 100, dependiendo de cómo se defina estrictamente el hecho de ser zurdas.

Hay una serie de mitos muy comunes sobre los hemisferios derecho e izquierdo del encéfalo. Quizás oigamos, por ejemplo, que el cerebro derecho es más creativo, mientras que el izquierdo es más analítico, o que el cerebro derecho es místico, mientras que el izquierdo es materialista. Se trata de afirmaciones sin sentido, exageraciones procedentes de observaciones científicas mucho más precisas. Esas observaciones científicas incluyen la forma en que los problemas espaciales como los que tienen diagramas tienden a procesarse más en el hemisferio cerebral derecho, mientras que los problemas matemáticos consistentes en sumar o contar se procesan generalmente con el lado izquierdo del encéfalo.

Esta observación, que en cualquier caso es una tendencia y no es aplicable a todo el mundo, genera un mito muy común. El mito dice algo como esto: conciencia espacial = pintar = arte = personalidad artística = creatividad; mientras que aritmética = números = contar = personalidad práctica = materialismo. Pero no existen pruebas para estas conclusiones; de hecho, sabemos que la creatividad, igual que la habilidad de pintar, los recuerdos, las capacidades y la imaginación involucran a ambos hemisferios cerebrales. De igual modo, los matemáticos utilizan también el hemisferio derecho, igual que el izquierdo, cuando procesan problemas matemáticos. Aunque hay cierta lateralización de nuestras funciones encefálicas, es importante recordar que las dos mitades del cerebro normalmente se complementan la una a la otra. No son opuestas: trabajan juntas para ofrecernos experiencias. Un lado del encéfalo puede analizar el significado de palabras, mientras que el otro analiza los matices del tono de voz y su ritmo; y juntos nos permiten dar sentido a lo que la gente nos dice.

Ha habido algunos estudios de personas a las que se les ha cortado la banda de fibras conocida como cuerpo calloso, en un intento por controlar la epilepsia severa, que comienza en un hemisferio, pero que después se extiende a todo el encéfalo. Cuando se puso a prueba a estas personas, los investigadores descubrieron que las dos mitades del encéfalo podían funcionar independientemente, y que cada una tenía algunas de las habilidades normalmente reservadas a la otra. Por ejemplo, las funciones del lenguaje se encontraban en la parte izquierda, pero el hemisferio derecho también tenía la capacidad de leer palabras simples. De igual modo, el hemisferio derecho era mejor procesando imágenes, aunque el izquierdo también mostraba parte de esa capacidad. Pero lo especialmente interesante eran los informes de algunas de las personas implicadas. Una mujer, por ejemplo, describía cómo su mano izquierda podía coger un vestido de su armario, aunque ella no fuera consciente de hacer esa elección, y había pensado conscientemente en un vestido distinto.

Estudiando el encéfalo

Los estudios del cerebro escindido tuvieron lugar en la década de 1969, y son una buena ilustración de lo limitada que era la investigación sobre el encéfalo en aquella época. Antes los investigadores solían basarse en operaciones quirúrgicas, estudios de animales o de cerebros de personas muertas. Puesto que el encéfalo se encuentra inserto en una caja dura (el cráneo), no podemos ver su interior mientras se encuentra activo, y aunque pudiéramos, habría poco que ver: las células cerebrales funcionan mediante electricidad, lo cual puede detectarse sólo utilizando equipamiento especializado. Los científicos que querían averiguar cómo funciona el encéfalo tenían que tomar medidas desde el exterior o examinar los cerebros de personas que habían sufrido lesiones en partes específicas del encéfalo.

La curiosidad acerca del cerebro se remonta en el tiempo, y la incapacidad de hacer investigaciones efectivas no impidió el desarrollo de teorías. Una creencia muy común en los siglos XVII y XIX fue que si estaba bien desarrollada una «facultad» mental, haría que creciera esa parte del encéfalo. Ese crecimiento cerebral chocaría contra el cráneo, dando lugar a bultos por toda la cabeza que podrían detectarse desde el exterior. A esto se le conocía como **frenología**, y fue una teoría muy popular durante muchas décadas. Aunque se convirtió en una «ciencia» muy bien desarrollada, no hay pruebas reales que la sustenten, y su práctica fue cayendo gradualmente en desuso.

MIDIENDO LA ACTIVIDAD ELÉCTRICA

No obstante, hay otras formas de tomar medidas desde el exterior; uno de los primeros métodos surgió cuando los científicos se dieron cuenta de que las células nerviosas funcionaban mediante electricidad. Los electroencefalogramas, o EEG, son lecturas de la actividad eléctrica general del cerebro. Se miden tomando lecturas del campo eléctrico en diversos puntos del cuero cabelludo, y nos pueden decir bastantes cosas. El capítulo 13 describe cómo los psicólogos pueden identificar los distintos niveles del sueño utilizando el EEG, y cómo los patrones generales de actividad cerebral pueden decirnos cosas sobre los estados mentales de conciencia.

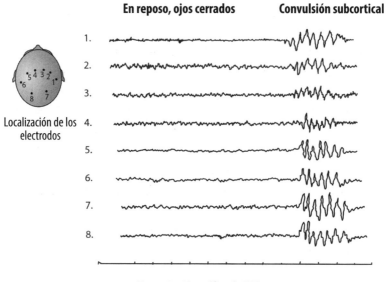

Figura 2.4 Un gráfico de EEG

Los primeros electroencefalogramas también pudieron decirnos lo que ocurría cuando alguien experimentaba una crisis epiléptica, algo que históricamente se había considerado bastante misterioso. Los EEG mostraron, por ejemplo, que las convulsiones epilépticas tendían a empezar en el lóbulo temporal del lado izquierdo del encéfalo y que se difundían fuera de él, y ésta era la razón de las operaciones de cerebro escindido que hemos mencionado antes. La idea era que cortar el cuerpo calloso limitaría la actividad eléctrica a un lado del encéfalo, permitiendo que la otra mitad funcionara normalmente. Sin embargo, este procedimiento se utilizaba sólo para las convulsiones muy graves. Los EEG también mostraban que había muchos grados distintos de epilepsia, algunos de los cuales apenas eran visibles para un observador, pero no obstante afectaban a la persona que los sufría.

A medida que la monitorización eléctrica se hizo más eficiente, se desarrollaron nuevas técnicas. Una de éstas es la **respuesta potencial evocada**, que es una medida de cómo un área del cerebro responde a la estimulación eléctrica. Esto ha ayudado a los neurocientíficos a identificar algunas de las principales rutas y conexiones del cerebro. Otras técnicas consistían en el uso de **microelectrodos**, que son tan pequeños que pueden dirigir o estimular una sola neurona. Los estudios clave que nos mostraban cómo la corteza visual decodifica formas e imágenes se basaban en este enfoque. Eventualmente, los descubrimientos de años de minuciosos estudios microscópicos permitieron ganar el Premio Nobel a los dos principales investigadores: Hubel y Wiesel. En el capítulo 3 veremos más cosas sobre sus descubrimientos.

La investigación de Hubel y Wiesel comenzó en la década de 1960, y esa década también vio otro avance importante de la comprensión de cómo funciona el cerebro, que fue la identificación de neurotransmisores específicos. Como vimos antes, la actividad eléctrica del cerebro se genera mediante la acción de sustancias químicas, que transmiten los mensajes de una célula nerviosa, o neurona, a otra. En otros capítulos veremos el grado en que esto ha ayudado a aclarar nuestro conocimiento de cómo funciona el cerebro.

Muchos de estos estudios detallados incluían estudios con animales. Los estudios con seres humanos tendían a limitarse a las observaciones externas antes explicadas, o a estudios clínicos de personas que habían sufrido lesiones en el cerebro. Los clínicos examinaban dónde se encontraban esas lesiones e intentaban correlacionar esto con los déficits o cambios psicológicos de personalidad resultantes. A veces los resultados eran bastante claros: como veremos en el capítulo 10, Broca y Wernicke pudieron identificar las áreas del lenguaje en el siglo XIX, estudiando a personas que tenían específicos déficits de lenguaje y correlacionando sus síntomas con estudios *post mortem* de sus encéfalos, que mostraban daños en áreas concretas.

Cuando los estudios cerebrales trataban cambios más sutiles en ciertas áreas, como por ejemplo la personalidad, las cosas eran muy distintas. Por eso todas las comparaciones tenían que hacerse retrospectivamente, es decir, comparando cómo estaba alguien después de la lesión con cómo se pensaba que estaba antes. El problema de esto es que todos tenemos muchos estados mentales distintos, y es muy fácil atribuir unas características mentales o de personalidad a un accidente, cuando en realidad estuvieron ahí todo el tiempo aunque no se habían detectado. Por ejemplo, los ancianos suelen insistir en que les falla la memoria, pero las comparaciones con personas jóvenes demuestran que éstas tienen los mismos lapsus de memoria que los ancianos, si no más. La diferencia es que las personas jóvenes no se dan cuenta, mientras que los ancianos se dan cuenta y se preocupan por todos los casos de olvido, porque los atribuyen al envejecimiento. Sin embargo, en realidad ha sido así toda su vida.

Lo mismo puede ocurrir después de un accidente que causa lesiones cerebrales. Es posible que seamos conscientes de algo sobre nosotros que en realidad teníamos antes pero que no habíamos observado, por lo que creemos que es nuevo y lo atribuimos a la lesión cerebral. Esto no significa que la lesión cerebral no tenga efectos, pero es muy difícil deducir cuáles son estos efectos, porque no documentamos ni registramos todos los aspectos de nuestra experiencia normal.

ESCÁNER CEREBRAL

El verdadero avance en la investigación sobre el cerebro llegó en la década de 1980 con el desarrollo del escáner. Los escáneres cerebrales hicieron posible estudiar el cerebro activo por primera vez. En lugar de tener que basarnos en lesiones o en estudios con animales, podemos ver el encéfalo en funcionamiento en personas normales y sanas, y esto ha facilitado nuestro conocimiento de lo que sucede. Las **neuroimágenes** nos ofrecen una fotografía del cerebro, mostrándonos qué partes se activan en cualquier momento determinado y qué partes responden a diferentes tipos de estímulos.

Hay varios tipos de escáneres cerebrales. Un grupo de escáneres emplea la interacción entre electricidad y magnetismo para mostrar cómo funciona el cerebro, y los más útiles son los escáneres de IRM. IRM quiere decir **imágenes por resonancia magnética**; este método utiliza la forma en que las moléculas de agua de las células cerebrales tengan los pequeños campos magnéticos, pues son ligeramente distintos si la célula está activa o si no lo está.

El escáner de IRM genera una sucesión de ondas electromagnéticas, un poco como ondas de radio, y las células cerebrales activas responden a esto. El escáner detecta y registra todas estas respuestas, construyendo una imagen de la actividad eléctrica que tiene lugar en el cerebro en ese momento.

Hay diversas formas de utilizar el escáner de IRM. La más común en neuropsicología es la **fIRM**, IRM funcional, que explora la actividad cerebral en relación con funciones específicas. Por ejemplo, puesto que para

44

realizar un escáner cerebral con IRM se tardan sólo unos segundos, los investigadores pueden explorar lo que sucede en el cerebro mientras estamos pensando activamente, como por ejemplo leyendo, recordando algo o resolviendo un rompecabezas. Una sucesión de escáneres da lugar a una imagen de actividad cerebral cambiante durante el transcurso de la tarea.

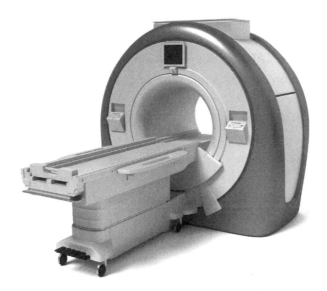

Figura 2.5 Un escáner de IRM

Otra forma en que se utilizan los escáneres de IRM se conoce como **efIRM**, que significa «imágenes por resonancia magnética funcional relacionada con eventos». Este tipo de escáner compara los patrones de actividad eléctrica producidos por dos o más eventos distintos; por ejemplo, examina la actividad cerebral implicada cuando alguien da una respuesta correcta a una prueba de memoria y la compara con la actividad cerebral mostrada cuando se da una respuesta incorrecta.

Otros tipos de escáneres cerebrales son los **escáneres TEP,**[1] que monitorizan la distribución de una pequeña cantidad de sustancia química radiactiva que se ha introducido en la sangre y que capta el cerebro. Las células cerebrales activas utilizan más sangre que las pasivas, puesto que las neuronas reponen sus nutrientes después de activarse, por lo que la

---

1. TEP = «Tomografía por Emisión de Positrones». *(N. del T.)*

cantidad de sangre utilizada muestra qué áreas cerebrales son más activas. En un estudio clásico, por ejemplo, Tulving (1989) utilizó isótopos radiactivos de oro para monitorizar el funcionamiento de la memoria mientras la gente recordaba episodios de sus vacaciones. Los isótopos de oro no permanecían mucho tiempo en el sistema, pero podían indicar qué áreas del cerebro estaban activas en cualquier momento determinado. Los escáneres TEP médicos utilizan sustancias más corrientes, pero el principio sigue siendo el mismo.

Los **escáneres TAC** –acrónimo de «tomografía axial computerizada»– estudian el cerebro tomando una serie de rayos x o imágenes por ultrasonido en forma de cortes, y combinando esos cortes para formar una imagen de tres dimensiones. Comparan distintos niveles de densidad en el cerebro. La materia gris, por ejemplo, es menos densa que la materia blanca, por lo que tiene un aspecto diferente en un escáner TAC, y lo mismo sucede con los tumores y los coágulos sanguíneos. La imagen es estática, pero permite al investigador identificar las estructuras o crecimientos normales, y comparar los escáneres TAC con el paso del tiempo puede permitir detectar desarrollos a gran escala, como la recuperación del daño causado por un infarto cerebral u otra lesión.

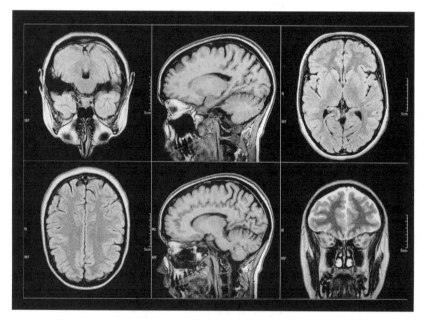

Figura 2.6 Un típico escáner cerebral

De algún modo, los EEG pueden considerarse el primer tipo de escáner cerebral, pues muestra los niveles absolutos de actividad cerebral en diferentes partes del cerebro. Se realizan adhiriendo electrodos por la cabeza; actualmente los investigadores tienden a utilizar una red en lugar de pegar los electrodos directamente al cráneo, como solían hacer antes. Los electrodos son sensibles a las emisiones eléctricas procedentes del cerebro. Los avances en la tecnología conllevan que los EEG hayan llegado a ser mucho más sensibles de lo que solían ser: una descripción clásica del EEG al estilo antiguo como método de investigación es que era como estar fuera de una fábrica e intentar averiguar lo que ocurre dentro a partir del ruido que sale por la ventana. Pero, incluso así, lograron identificar patrones generales de actividad, como las ondas alfa, beta y delta asociadas con estados mentales distintos: alfa con la relajación, beta con los estados de alerta y la vigilia, y delta con el sueño profundo. Estudiaremos esto más detenidamente en el capítulo 3.

Hay también una serie de variaciones de este tipo de enfoque, como los **escáneres MEG** (magnetoencefalografía), que utilizan SQUID (dispositivos de interferencia cuántica superconductora)[2] para detectar los cambios en la actividad magnética del cerebro. Estos dispositivos son extremadamente sensibles y pueden detectar ajustes mínimos al campo magnético en torno al cerebro, por lo que pueden dirigirse a áreas específicas incluso desde fuera del cuero cabelludo. Las mediciones ERP (potencial relacionado con eventos)[3] pueden identificar los cambios en la actividad eléctrica de una región del cerebro en respuesta a un estímulo o evento cognitivo; y como vimos antes, una variación temprana en la investigación de EEG fue el uso de potenciales evocados, en los que se ofrecía un estímulo, como por ejemplo un sonido, y se medía la respuesta cerebral.

La **estimulación magnética transcraneal** (EMT) es una forma especialmente interesante de estudiar el encéfalo. Conlleva administrar una breve ráfaga de estimulación magnética. Esto altera la actividad del encéfalo e interfiere con cualquier procesamiento que se esté haciendo en ese momento, pero no tiene efectos duraderos. La EMT es relativamente fácil de administrar porque no involucra a todo el cuero cabelludo. Se aplica

---

2. «Superconducting Quantum Interference Devices» en inglés. *(N. del T.)*
3. «Event Related Potential» en inglés. *(N. del T.)*

sólo en el exterior de la cabeza, en una zona concreta. Aplicar EMT a un lado de la cabeza, cerca de la unión entre los lóbulos parietal y temporal, por ejemplo, puede interrumpir seriamente (pero temporalmente) las capacidades lingüísticas de alguien y tener un efecto dramático en el rendimiento en una tarea, como recitar un poema o hablar en voz alta. La estimulación por corriente directa transcraneal (**tDCS**)[4] es un proceso muy parecido: una bobina eléctrica se sujeta directamente por encima del cuero cabelludo, produciendo una «lesión virtual» que interfiere con el funcionamiento cerebral. Puede funcionar de dos maneras: la tDCS catódica reduce el nivel de actividad cerebral e interfiere en el rendimiento, mientras que la tDCS anódica aumenta el nivel de actividad y mejora el rendimiento de tareas específicas.

El encéfalo tiene también otras sorpresas. Los escáneres cerebrales nos han mostrado cómo están dispuestas las **neuronas espejo** en el encéfalo. Las primeras neuronas espejo que se descubrieron estaban en nuestros sistemas del movimiento, y demostraron que nuestra actividad cerebral no sólo refleja nuestras propias acciones. Presentamos patrones de actividad similares en las mismas partes del cerebro cuando vemos a otras personas hacer algo y cuando las hacemos nosotros mismos. Ocurre sólo si prestamos atención, por supuesto, pero si viéramos, por ejemplo, a un funambulista e imagináramos cómo sería hacer lo que hace, algunas de nuestras células cerebrales implicadas en el equilibrio y la actividad de caminar también se activarían.

Desde este primer hallazgo, los investigadores han descubierto sistemas espejo en muchas partes del cerebro, y especialmente en las áreas implicadas en la interacción social: el habla y la conversación, la memoria social, etc. Cuando estamos con otras personas o cuando las miramos, nuestra actividad cerebral está estructurada para empatizar con ellas en algún grado. ¡Somos sociales con más fuerza de lo que pensábamos! A medida que leas este libro, te encontrarás con las neuronas espejo con cierta frecuencia.

---

4. «Transcranial Direct Current Stimulation» en inglés. *(N. del T.)*

✓ Puntos de atención

- El cerebro está compuesto de células nerviosas llamadas neuronas, que tienen conexiones unas con otras y llevan mensajes por todo el cerebro y por el resto del cuerpo.
- Los mensajes del cerebro toman la forma de impulsos eléctricos que saltan de una neurona a otra utilizando sustancias químicas especiales llamadas neurotransmisores.
- Se desarrollan conexiones neuronales cuando aprendemos cosas nuevas, y el cerebro puede adaptarse al daño incluso en la edad adulta. A esto se le conoce como plasticidad neuronal.
- El lado izquierdo del encéfalo controla el lado derecho del cuerpo y viceversa. Algunas otras funciones también están lateralizadas en un lado u otro del encéfalo, pero no tantas como pueden hacer creer los mitos populares.
- Las primeras investigaciones sobre el encéfalo tuvieron que basarse en los daños, los estudios con animales o los EEG, pero el escáner cerebral nos permite estudiar el encéfalo mientras funciona. Aunque hay muchos tipos distintos de escáneres cerebrales, el TEP, el TAC y las IRM son los más usados generalmente.

Paso siguiente

En estos dos primeros capítulos, hemos visto la descripción general de cómo es el cerebro y más o menos cómo funciona. En el capítulo siguiente, comenzaremos a explorar de forma específica sobre cómo las distintas partes del cerebro conforman nuestra experiencia de lo que supone ser un humano, empezando con cómo vemos el mundo.

3

¿CÓMO SABEMOS QUÉ ESTAMOS VIENDO?

Nuestra visión es asombrosa: podemos ver cosas que se encuentran a cierta distancia o cercanas, en color o monocromáticas, moviéndose o quietas, casi en la oscuridad o con luz brillante. Aunque algunos animales tienen una visión más aguda que la nuestra, o pueden detectar un mayor rango de espectro electromagnético, nuestro sistema visual nos ofrece una gran riqueza de información y es perfecto para un animal adaptable como lo somos nosotros. Por eso la vista es el más importante de todos nuestros sentidos; tanto que hemos desarrollado formas elaboradas de ayudar a las personas con visión limitada o con ceguera, para que afronten su discapacidad. No nos preocupamos en absoluto por las personas con un olfato limitado, que no pueden oler bien, lo cual nos indica lo importante que creemos que es la vista.

¿Cómo funciona la vista? Se basa por completo en la luz, por supuesto, y en la información que ésta lleva a nuestros ojos. El encéfalo, como hemos visto, funciona mediante electricidad, por lo que hemos desarrollado estructuras elaboradas para convertir la información de la luz en electricidad. Comienza con nuestros ojos, que están organizados para recoger la luz y proyectarla en la retina, una capa de células de la parte posterior del globo ocular. Estas células contienen sustancias químicas que reaccionan a la luz generando un diminuto impulso nervioso. Los impulsos pasan después de una célula nerviosa a otra, y la mayoría de ellos al final acaban en la parte posterior del encéfalo, en la zona que llamamos corteza visual. Es una zona amplia del cerebro y la fuente de nuestra experiencia visual consciente, aunque gran parte de la preparación de la información tiene lugar en medio del camino.

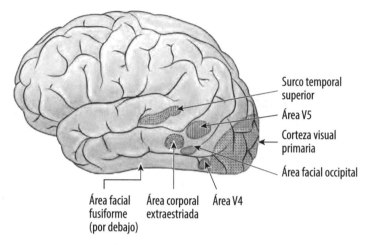

Figura 3.1 Áreas visuales del cerebro

Vista y visión ciega

La información visual puede tomar varias rutas distintas entre los ojos y el cerebro, y muchas de ellas son bastantes antiguas en términos evolutivos. Conforme evolucionamos a sistemas más complejos, también mantuvimos los más antiguos, y puesto que los seres humanos estamos altamente evolucionados, tenemos bastantes formas distintas en que la información de la luz puede influir en el encéfalo. Esto a veces puede producir efectos interesantes.

¿Alguna vez estabas entretenido haciendo algo y de repente te pusiste alerta? Ocurrió algo, pero sólo puedes procesar posteriormente lo que atrajo tu atención. Esto se debe a una de estas antiguas rutas. Vimos en el capítulo 1 cómo los dos colículos superiores del mesencéfalo tienen conexión directa con nuestros sistemas de alarma y alerta. Reciben información de nuestros receptores sensoriales, por lo que si ocurre algo de repente, reaccionamos inmediatamente. Un cambio repentino de luz o de sonido produce una reacción automática sin que esté implicado ningún pensamiento. El pensamiento llega después.

Si alguna vez has estado despierto toda la noche, probablemente recordarás que te sentías más despierto cuando llegaba el amanecer y veías la luz del día. Estamos más alerta durante el día de lo que lo estamos durante las horas de oscuridad, y esto se debe a una conexión neuronal directa entre la retina y el hipotálamo. Proporciona información sobre el día y la noche, y eso ayuda al hipotálamo a regular nuestros ritmos biológicos. La luz artificial puede interferir con esto, por supuesto, pero seguimos teniendo los ritmos biológicos básicos, y ellos responden con fuerza a la luz incluso en personas que no pueden ver conscientemente.

¿Has observado cómo captas con la vista las cosas que se mueven? Si estás mirando una escena y ves algo que se mueve, tu ojo se ve atraído inmediatamente por ello. Éste es otro útil mecanismo de supervivencia que nos ayuda a detectar posibles depredadores o a otras personas. Nuestro sistema visual se ve atraído inmediatamente por el movimiento porque otra ruta evita los canales habituales hasta la corteza visual principal, y va directamente desde el tálamo hacia el área V5 de la corteza visual. Ésta es la parte del área visual que se ocupa del movimiento visual, y la ruta directa supone que podemos detectar movimiento a nuestro alrededor sin ser totalmente conscientes de lo que estamos viendo.

En total, los investigadores han identificado unas diez formas diferentes por las que esa información puede viajar desde la retina hasta diversas partes del cerebro. Estos descubrimientos nos han permitido explicar uno de los aspectos más sorprendentes de la visión humana llamado **visión ciega**. Allá por el año 1972, Weiskrantz estudió a pacientes que en apariencia eran ciegos pero que sin embargo reaccionaban a estímulos visuales. Podían, por ejemplo, apuntar a un objeto en movimiento o incluso esquivar si algo se les aproximaba, aunque no supieran qué habían visto. Se sentían como si tuvieran que adivinarlo, incluso cuando respondían con precisión en pruebas de laboratorio. Estas personas –y muchas otras que se han estudiado desde entonces– tenían daños en su corteza visual, y por tanto eran incapaces de procesar la información visual conscientemente. Eran ciegas, pero los otros aspectos más antiguos de su sistema visual seguían funcionando.

Hay también otras formas extrañas de ceguera. Algunas personas desarrollan problemas específicos en su vista, normalmente a consecuencia de una infección cerebral. Tal vez el más habitual sea la ceguera categorial, en la que la persona se vuelve completamente incapaz de identificar los elementos de una categoría concreta. Esto suele tener relación con los animales. Pueden reconocer cualquier cosa en torno a ellos excepto un perro, un gato o cualquier otro tipo de animal. Cuando los ven, quedan totalmente confundidos, incapaces de averiguar lo que son. La ceguera categorial también puede desarrollarse de otras maneras: algunas personas ven bien todo lo que está vivo y cualquier elemento del mundo natural, pero no pueden reconocer objetos artificiales como herramientas o teléfonos. Y algunas personas pueden reconocer animales y objetos, pero son totalmente incapaces de captar qué comida es cuando la están mirando. Pueden comerse la comida, pero no pueden reconocerla cuando la ven.

La ceguera categorial surge de algún daño más allá del sistema visual, en las áreas donde el cerebro da sentido a las imágenes que recibe. Pero los tipos de categorías que se ven alterados están también estrechamente vinculados con nuestra historia evolutiva.

En los primeros años de nuestra evolución, distinguir entre animales y objetos era fundamental para sobrevivir, igual que poder identificar comida. El hecho de que estas categorías puedan quedar específicamente alteradas es porque son tan importantes que se han «integrado» en nuestros cerebros: estamos más preparados para hacer esas clasificaciones (animal, comida, objeto) que otras que son más modernas (edificios, transportes, señales de tráfico).

Cómo vemos

Sin embargo, lo que normalmente creemos que vemos, que son las cosas de las que somos conscientes, utiliza la ruta principal de la información visual, lo que ha sido bien documentado a lo largo de los años. Comienza en la retina con las células de detección de luz, llamadas **fotorreceptores**. Éstos son de dos tipos: las extremadamente sensibles células de los bastones, que detectan el brillo, y los conos, que detectan el color y sólo funcionan en condiciones de bastante iluminación. La función de ambos tipos de células es la **transducción**: transformar la información luminosa en impulsos eléctricos que entienda el cerebro, lo que logran gracias a que la luz decolora sustancias químicas especiales de la célula, lo cual modifica su potencial eléctrico.

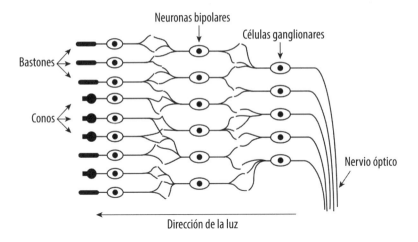

Figura 3.2 La estructura de la retina

Una vez que la información se ha convertido en impulsos eléctricos, pasa a una segunda capa de células de la retina, que son las neuronas bipolares. Éstas realizan el primer procesamiento: responden a las áreas luminosas sobre fondo oscuro o a las áreas oscuras sobre fondo luminoso. Este tipo primitivo de procesamiento nos permite detectar rasgos simples en el entorno: un estanque o el mar, por ejemplo, normalmente reflejan más luz que la tierra que los rodea. Puesto que el área más luminoso normalmente es el cielo, al menos de día, resulta útil distinguir áreas luminosas en el suelo (o hacia la parte inferior del **campo visual**, si queremos ser técnicos).

Para muchos animales, ser sensibles al movimiento es cuestión de vida o muerte, y procesar el movimiento es básico en el sistema visual. La tercera capa de la retina contiene las células ganglionares, que detectan el movimiento respondiendo a los cambios y las diferencias en el campo visual.

Cada célula ganglionar tiene su propio campo receptivo, centrado en un punto de la retina y extendiéndose a partir de él. Algunas de las células reaccionan cuando recae la luz en el centro, pero no en los alrededores, mientras que otras funcionan de forma opuesta, reaccionando cuando la luz recae en los alrededores, pero no en el centro.

También reaccionan a cualquier cambio en esa disposición, lo que las hace especialmente sensibles al movimiento.

Somos mucho menos capaces de ver las cosas que no se mueven. Un gato o un perro tal vez no vean algo que no está en movimiento, y puede que necesiten otros sentidos para detectarlo. Nosotros mismos sólo podemos percibir las cosas que están quietas porque nuestros ojos hacen continuos movimientos, llamados sacádicos. Esto significa que las neuronas de nuestros ojos se adaptan continuamente a diferentes estímulos, como si las cosas se estuvieran moviendo, aunque en realidad estén quietas.

Las células ganglionares tienen axones largos que se unen en un punto específico y forman el nervio óptico. Hay un punto ciego donde el nervio óptico sale de la retina, pero no nos damos cuenta porque el cerebro completa por nosotros la información que falta. El nervio óptico lleva la información a los núcleos geniculados laterales del tálamo para un mayor procesamiento. En su camino pasa por un punto de cruce conocido como **quiasma óptico**. La información del lado derecho de la retina de cada ojo llega al lado derecho del cerebro; y la información del lado izquierdo de cada retina llega al lado izquierdo del cerebro. Por tanto, ambos ojos transmiten mensajes a ambas partes del cerebro, pero la información del lado izquierdo de la retina llega al lado izquierdo del cerebro, mientras que el lado derecho de nuestro cerebro recibe la información sobre el campo visual izquierdo, es decir, la información que se ha recibido en el lado derecho de la retina. Si esto te resulta confuso, echa un vistazo a la figura 3.3.

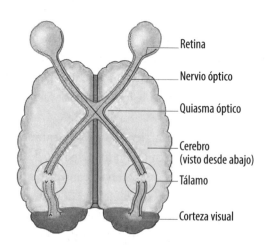

Figura 3.3 Rutas de información desde los ojos hacia el cerebro

Nuestra información visual está clasificada cuando llega al tálamo. Éste tiene seis capas. Las cuatro primeras responden especialmente a los detalles y al color, mientras que las dos inferiores coordinan la información sobre el movimiento. Reaccionan al movimiento y detectan grandes áreas del campo visual. Por tanto, el tálamo compone y organiza diversos tipos de información visual antes de transmitirla a la corteza visual para su procesamiento consciente. Entonces, antes de que lleguemos a la visión consciente, la información de nuestros ojos se ha categorizado bastante, y toda ella tiene un valor evolutivo. Distinguir las áreas con luz de las oscuras y el movimiento del cambio ayuda a cualquier animal a evitar los obstáculos y su entorno o a reaccionar a ellos, así como a detectar posibles alimentos o depredadores que se acercan. También hemos visto ya cómo parte de esta información llega directamente a las partes más primitivas del cerebro, estimulando reacciones inmediatas.

Pero eso es muy básico. El procesamiento visual sofisticado tiene lugar en la parte posterior del cerebro, en el área conocida como corteza visual. El área principal se conoce como corteza visual primaria, o V1 para acortar, y su función es dar sentido a todos los estímulos visuales que recibe. Esta área del cerebro fue identificada por primera vez a consecuencia del daño por proyectiles sufrido por algunos hombres durante la Primera Guerra Mundial. Los investigadores descubrieron que el daño en esta parte de la corteza generaba indudablemente algún tipo de ceguera, y cuanto más daño había, más severa era la ceguera. Dependiendo del grado en que se hubiese destruido su corteza, algunos soldados eran ciegos sólo en ciertas partes de su visión, mientras que otros eran totalmente ciegos.

En otro de los primeros estudios, el cirujano Wilder Penfield estimuló esta parte del cerebro en pacientes que se estaban sometiendo a cirugía a cerebro abierto. La gente normalmente está consciente durante este tipo de cirugía porque el cerebro no tiene receptores del dolor, por lo que Penfield podía preguntarles lo que estaban experimentando. Ellos describían una serie de experiencias visuales, como globos flotando en el cielo o escenas campestres. Él demostró que la corteza visual no era sólo una masa, sino que sus diversas partes hacían cosas distintas; pero se necesitó mucha más investigación para descubrir cómo funcionaba, y esa investigación continúa en la actualidad. La corteza visual también tiene conexiones con otras áreas, y parece utilizar dos rutas principales para esto.

La primera, conocida como **corriente visual ventral**, se ocupa principalmente de identificar objetos y cosas, independientemente de dónde estén, por lo que se la suele llamar la corriente del «qué». Se dirige desde la corteza visual hacia los lóbulos temporales del cerebro.

La segunda es la **corriente visual dorsal**, que se ocupa de localizar objetos y cosas independientemente de lo que sean en realidad, por lo que es conocida cómo la corriente del «dónde». Transcurre desde la corteza visual hasta los lóbulos parietales.

Funcionando en conjunto, las dos corrientes visuales nos permiten dar sentido a nuestro mundo y actuar eficazmente sobre él. Por tanto, veamos cómo funcionan nuestras células cerebrales para generar el complejo mundo visual en que vivimos la mayoría de nosotros.

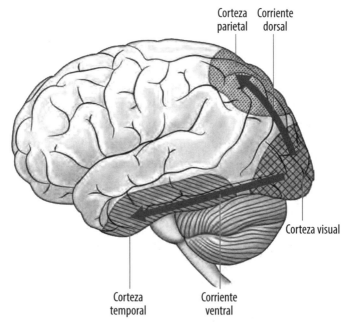

Figura 3.4 Corrientes visuales dorsal y ventral

Viendo cosas

Hemos visto cómo nuestras células visuales reaccionan a la luz y la oscuridad, y cómo esto puede ser un mecanismo básico de supervivencia. Pero, como seres humanos, nuestra vista es mucho más compleja. Vemos objetos, fondos, personas, colores, y nuestro cerebro procesa todo esto de una forma u otra. ¿Cómo ocurre eso? Uno de los descubrimientos más importantes en esta área fue obra de Hubel y Wiesel, ganadores del Premio Nobel, que investigaron el funcionamiento de la vista haciendo registros minuciosos de las acciones de las neuronas aisladas.

En 1969 demostraron cómo algunas células nerviosas de la corteza visual primaria –el área V1– reaccionaban a líneas que se encontraban formando ángulos específicos y sólo en una parte específica del campo visual. Las llamaron células simples. Investigaciones posteriores demostraron que estas células simples reaccionan a estímulos similares del ojo izquierdo o derecho, y que algunas de ellas también responden a longitudes de onda de luz específicas; en otras palabras, a colores concretos. Efectivamente, estas células analizan la información que llega a la corteza visual y procesan sus características básicas. Después hacen conexiones con lo que Hubel y Wiesel llamaban células complejas. Éstas combinan la información de varias células simples, por lo que reaccionan a una línea situada en un ángulo concreto pero en cualquier parte del campo visual, o a una línea de un color específico dentro del campo visual. Las células complejas después transmiten su información a las células hipercomplejas, que responden a formas o áreas específicas (*véase* figura 3.5).

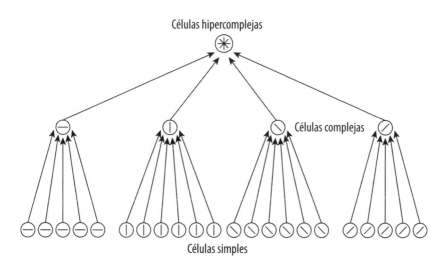

Figura 3.5 Células simples, complejas e hipercomplejas

Esto significa que nuestro sistema visual puede distinguir figuras y bordes simples, y los límites entre las áreas iluminadas y oscuras. De acuerdo con Marr (1982), esto es todo lo que necesitamos para percibir los objetos que nos rodean. Si combinamos esa información de lo que Marr llamó la matriz óptica, que es el patrón completo de luz que llega a la retina, podemos identificar contornos —es decir, bordes— y regiones que son similares. Combinar todo nos ofrecerá las estructuras básicas de una escena, lo que Marr llamaba esbozo primario bruto. Aunque por sí solo es muy vago, aun así puede ofrecernos suficiente información para detectar lo que es un objeto, como podemos ver en la imagen pixelada de la figura 3.6.

Figura 3.6 El esbozo primario bruto

Pero tenemos más información disponible para nosotros además de lo que hay en la matriz óptica. Nuestros cerebros almacenan experiencias, y esas experiencias nos ayudan a dar sentido a los objetos que detectamos. Sabemos, por ejemplo, que los objetos parecen más pequeños cuanto más lejos estén y que un objeto cercano puede tapar parte de algo que esté más alejado. Podemos utilizar las reglas de la percepción identificadas en la primera mitad del siglo XX por los psicólogos de la Gestalt, las cuales nos muestran cómo agrupamos inconscientemente trozos de información visual de formas significativas (consulta mi libro *Understand Psychology*[1] si

1. «Entender la psicología». *(N. del T.)*

quieres saber más sobre esto). A medida que nos familiarizamos con nuestro entorno, aprendemos muchas «reglas» de la percepción, y aplicar estas reglas, explicaba Marr, nos permite detectar el volumen o la solidez de los objetos a los que estamos mirando. No está detallado: Marr lo describió como sólo una combinación de conos y tubos, que él llamaba el esbozo en dos dimensiones y media, porque se encuentra cerca de las tres dimensiones pero no llega a ellas. La imagen de «figuras de palitos» que resulta es suficiente para permitirnos identificar qué tipo de objeto estamos viendo.

Algunas personas han especulado que la razón por la que las obras de arte de pintores como L. S. Lowry nos tocan la fibra sensible es porque acceden a nuestras formas primitivas de ver: las figuras con palitos de sus dibujos son como el esbozo 2,5D de nuestra decodificación primitiva de la información visual, por lo que se reconocen al instante. Podemos decir fácilmente la diferencia entre una vaca, un perro o un humano, por ejemplo (*véase* figura 3.7), y somos capaces incluso de inferir algo sobre las actitudes de las personas implicadas por la forma en que están colocadas.

Figura 3.7 Figuras con palitos de una vaca, un perro y un humano

Por tanto, podemos hacernos fácilmente una idea de lo que es algo, y decir la diferencia entre un animal y un árbol, por ejemplo. Sin embargo, definir la diferencia entre un perro y un gato tal vez sea más difícil. Para reconocer e identificar lo que estamos viendo, necesitamos recurrir a nuestro conocimiento más sofisticado del mundo, utilizando colores, sombras, contornos de objetos y, lo más importante, nuestros recuerdos. Pero todo comienza con la luz y la oscuridad identificadas por las neuronas bipolares, y desarrolladas después por las células simples y complejas de la corteza visual.

EVALUANDO LAS DISTANCIAS

Ver objetos está bien, pero para sobrevivir en el mundo, también necesitamos saber dónde están esos objetos y lo cerca que se encuentran de nosotros. El gran psicólogo visual J. J. Gibson explicaba cómo nuestra percepción visual está organizada de un modo que nos ayuda a movernos por el mundo y a interactuar de forma efectiva con todo lo que encontramos a nuestro alrededor. Por ejemplo, el hecho de que tengamos dos ojos en la parte frontal de nuestra cabeza significa que cada uno de ellos ve prácticamente lo mismo, pero no totalmente. Esto nos permite comparar la imagen de cada ojo y utilizar la diferencia entre ellas para valorar lo lejos que se encuentran los objetos. Ésta es una de las razones por las que el quiasma óptico combina la información similar de los dos ojos. Cuando por fin llega a la corteza visual, la información de cada ojo está organizada una al lado de la otra, en columnas, lo cual facilita al cerebro comparar las dos imágenes.

¿Por qué hace esto el cerebro? Porque las ligeras diferencias entre cada ojo nos indican lo alejado que se encuentra algo, y eso es importante saberlo si, por ejemplo, saltamos de una rama a otra. Los animales arbóreos —es decir, los que viven en los árboles— casi siempre tienen los ojos colocados al frente, porque evaluar mal la distancia puede ser catastrófico. Como primates, eso forma parte también de nuestra herencia evolutiva. Podemos identificar estas diferencias entre las dos imágenes con bastante facilidad si sujetamos un lápiz con el brazo extendido. Cierra un ojo y mira con el ojo abierto a algo del fondo. Ahora cierra ese ojo y abre el otro. El lápiz estará ahora situado de modo distinto. Haz lo mismo, pero sujetando el lápiz más cerca, y la diferencia será incluso mayor. Así es cómo tu cerebro puede utilizar ambos ojos para valorar las distancias. Se llama **disparidad binocular**.

Sin embargo, en la disparidad binocular hay más capacidades que tan sólo ver la distancia. Conforme nos movemos por el mundo, la imagen visual que recibimos de nuestros ojos fluye y cambia junto con nuestro movimiento. Eso también es una clave importante para saber lo alejadas que están las cosas y dónde nos encontramos en relación con ellas. Se conoce como **flujo óptico**, y lo utilizamos más o menos inconscientemente. La próxima vez que te encuentres en un tren o en un coche, observa cómo tu entorno cambia cuando lo observas. Las cosas que están alejadas parecen moverse contigo en la misma dirección en que viajas, mientras que las cosas que están cerca se mueven en dirección opuesta. Tu imagen visual fluye y cambia a medida que te mueves.

El flujo óptico funciona asimismo con un solo ojo, y también nos ofrece pistas sobre la distancia, lo grande que es algo o la altura a la que se encuentra en nuestro campo visual. Esas pistas sobre la distancia son lo que los artistas utilizan para pintar cuadros realistas, y pueden producir algunas ilusiones visuales interesantes. (Si estás interesado, hay más sobre esto en mi libro *Understand Psychology*). Sin embargo, en la vida real nuestros cerebros utilizan el movimiento y el flujo óptico para dar sentido a lo que nos rodea, por lo que las ilusiones son mucho menos frecuentes. Y las personas con visión en un solo ojo pueden ver la distancia, aunque a veces no sea demasiado precisa.

VIENDO EL COLOR

Es también útil para muchos animales poder percibir el color, que puede ser otro aspecto importante para la supervivencia. El color de una fruta, por ejemplo, puede decirnos si está madura y lista para comer, o si debemos evitarla por ahora. Los colores de los objetos cercanos a nosotros nos parecen más brillantes y más vivos que los colores de los objetos más lejanos, que parecen más grises o más difuminados. Otros animales –por ejemplo los que viven más de cazar y menos de comer fruta– dependen menos de la visión en color. Para ellos, la detección del movimiento ligero es más importante. Los bastones son más sensibles a los cambios diminutos, y muchos animales, como los perros y los gatos, no tienen demasiada visión en color, en términos generales.

Los humanos tienen un área especial en la parte inferior del cerebro, justo fuera del área visual principal, que se preocupa especialmente de ver el color.

Se llama área V4, y si resulta dañada, vemos el mundo sólo en tonalidades grises. Sin embargo, ese problema –conocido como **acromatopsia**– es bastante raro, porque tenemos un área V4 en cada uno de los hemisferios cerebrales, por lo que tendrían que estar dañados ambos. Las personas con daños en sólo una de esas áreas informan que ven los colores menos vivos, y a menudo los describen como difuminados o sucios. Lo que esta área hace especialmente bien es la **constancia del color**, que es la forma en que vemos objetos que tienen los mismos colores, incluso bajo diferentes condiciones de luz. Lo que vemos como color está derivado de las longitudes de onda de la luz que reciben nuestros ojos, pero esas longitudes de onda cambian bajo distintos tipos de luz. Algo visto bajo luz artificial por la noche puede reflejar diferentes longitudes de onda que la misma cosa vista iluminada por la luz solar. El área V4 del cerebro se adapta a esto, de forma que vemos los colores como consistentes. La constancia del color funciona tan bien que no nos damos cuenta de ella en absoluto en la vida diaria, pero el ejemplo del vestido del siguiente estudio de caso muestra lo poderosa que puede ser cuando se degrada.

✔ Estudio de caso: El color de la discusión sobre el vestido

En febrero de 2015 hubo una masiva discusión por Internet en todo el mundo sobre el color de un vestido concreto. El vestido en realidad era azul y negro, pero una fotografía suya tomada bajo iluminación limitada generó un efecto interesante. Mientras algunas personas lo veían azul y negro, otras lo veían blanco y dorado. Lo que ocurría era que quienes lo veían azul y negro aplicaban la constancia del color permitiendo la diferencia de iluminación, mientras que quienes lo veían como blanco y dorado respondían directamente a las longitudes de onda de luz que recibían, y las interpretaban como si estuvieran viéndolas a la luz diaria normal. Era el área V4 de sus cerebros la que, de forma completamente inconsciente, lo hacía. Aunque el efecto quedaba explicado, esas personas (y yo soy una de ellas) seguían viendo el vestido de ese modo, y consideraban difícil de creer que los colores blanco y dorado no fueran verdaderos.

VIENDO EL MOVIMIENTO

Las películas, la televisión y el vídeo se han convertido en partes fundamentales de la vida moderna, pero son posibles debido sólo a la forma en que la corteza visual responde al movimiento. Una parte de la corteza visual, llamada área V5, que se encuentra cerca de su superficie exterior, es el principal centro de movimiento del cerebro: coordina nuestra percepción, combinando distintas impresiones para crear un movimiento fluido. Así es, por supuesto, cómo funcionan las películas, la televisión y el vídeo.

Si se nos muestra una serie de luces destellando y apagándose en secuencia, percibimos un solo punto moviéndose por una línea. Nuestra tendencia natural a unir las diferentes imágenes en la percepción del movimiento continuo es la base de toda la industria del cine, y ha generado miles de millones de beneficio durante el pasado siglo. Accede a un mecanismo de supervivencia antiguo, permitiendo a un animal detectar el movimiento probable de un depredador o presa a partir de pequeños vistazos por detrás de arbustos u otros escondites, pero es un proceso tan poderoso que lo hacemos completamente sin pensar.

Tal vez hayas visto alguna demostración de series de luces que parecen ser masas informes aleatorias cuando están quieta, y que, sin embargo, cuando se activan es inmediatamente evidente que están relacionadas con la forma de una persona o grupo de personas. Nuestros cerebros son especialmente sensibles a la observación de otras personas y de animales –forma parte de nuestra herencia evolutiva–, por lo que estamos preparados para detectar movimiento biológico, es decir, movimiento producido por cuerpos físicos en movimiento. En un estudio típico, una persona lleva un traje negro que tiene pequeñas luces pegadas a todas las articulaciones. Si permanecen perfectamente quietas contra un fondo negro, las luces aparecen como puntos aleatorios, pero en cuanto comienza a andar, correr o moverse de otras formas, instantáneamente reconocemos a un ser humano en acción.

Esto ocurre porque el área V5 del cerebro tiene una conexión directa con otra área del cerebro, en los lóbulos temporales, que se ocupa específicamente del movimiento de los cuerpos y las caras. Esa área es conocida como el surco temporal superior, o STS, y responde siempre que vemos cuerpos en movimiento.

El STS combina la información visual y auditiva, y tiene conexiones con nuestros sistemas de movimiento y sensorial. También tiene un sistema de neuronas espejo, que nos ayuda a imitar o empatizar con las acciones de otras personas.

Volveremos a esto en el capítulo 7, cuando estudiemos el movimiento.

Viendo personas

Los seres humanos, como sabemos, somos sociales en todo momento, y nuestros cerebros reflejan esa sociabilidad. Por tanto, no es una sorpresa descubrir que ciertas partes de nuestro cerebro responden específicamente cuando vemos a otras personas. Una parte se vuelve activa cuando vemos figuras humanas o partes de cuerpos, ya sean reales, dibujos de líneas o representaciones como las figuras de palillos explicadas previamente. Se trata del **área corporal extraestriada**, o EBA.[2] Su nombre procede del hecho de que se encuentra exactamente fuera de la corteza visual estriada porque contiene una clase de células más oscuras «en franjas». El área extraestriada parece ocuparse principalmente de identificar las imágenes del cuerpo, proporcionando esa información a otras partes del cerebro que se ocupan de la empatía o la emoción.

La EBA no se ocupa de los detalles ni de lo que le ocurre al cuerpo en ese momento. Sólo está interesada en las representaciones del cuerpo. Las interferencias temporales en el funcionamiento de la EBA, producidas por estimulación magnética, muestran que se activa cuando estamos identificando y diferenciando entre partes del cuerpo, pero no con las acciones

---

2. «Extrastriate Body Area» en inglés. *(N. del T.)*

que esas partes puedan estar haciendo. En un estudio, a los sujetos se les mostró una imagen de una mano normal y otra imagen de una mano pinchada por una aguja: la respuesta de la EBA fue exactamente la misma en ambas imágenes. Pero la EBA hace distinciones que tienen que ver con la figura corporal, como identificar si un cuerpo es gordo o delgado. Se ha sugerido que algunas personas con anorexia nerviosa pueden tener dañada esta área, lo que conllevaría que al valorar erróneamente el tamaño de sus propios cuerpos, se vean mucho más gordos de lo que realmente son.

Ver partes del cuerpo es una cosa, pero ¿qué ocurre cuando vemos a alguien que reconocemos? Hay otra parte del cerebro que permanece activa al ver cuerpos, que está estrechamente relacionada con nuestros recuerdos sociales y con nuestra memoria sobre las personas en general. Es una parte del cerebro que se encuentra plegada justo bajo el lóbulo occipital, donde se une con el lóbulo temporal. Esta área no responde a los bocetos o a las figuras de palitos, como hace la EBA. Por el contrario, se concentra sólo en los cuerpos completos, y responde de forma distinta a las personas que reconocemos que a las personas que no conocemos. Llamada **área corporal fusiforme**, o FBA3, se localiza junto a un área similar, el área facial fusiforme, que utilizamos para reconocer las caras. Esto no es una coincidencia: las dos funcionan juntas cuando reconocemos personas.

VER CARAS

Ser capaz de identificar a otro individuo y distinguir a las personas es esencial para cualquier animal social, pero identificar las caras es una tarea compleja, pues requiere de tres elementos: en primer lugar, reconocer que un patrón de luz y sombra particular es en realidad una cara; en segundo lugar, identificar esa cara como perteneciente a un individuo concreto; y en tercer lugar, interpretar las expresiones faciales, las miradas y otros tipos de comunicación facial.

El primero de ellos –identificar que algo es en realidad una cara– tiene lugar en una parte de la corteza visual conocida como **área facial occipi-**

---

3. «Fusiform Body Area». (N. del T.)

tal. Está situada debajo de la EBA y parece hacer la misma tarea pero con las caras en lugar de con los cuerpos. Las neuronas del área facial occipital reaccionan cuando ven caras, o imágenes de caras, pero no cuando ven otros objetos o cuerpos. Parecen concentrarse especialmente en los aspectos físicos de la estimulación facial y responden a caras colocadas al revés, así como a otras que están bien colocadas. Es el primer paso en el análisis de las caras, y reciben información de la corteza visual primaria y la transmiten a las otras dos áreas.

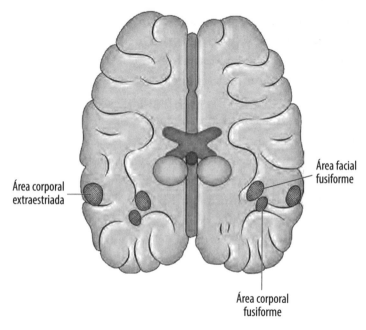

Área corporal
extraestriada

Área facial
fusiforme

Área corporal
fusiforme

Figura 3.8 Las áreas corporal fusiforme y facial

La segunda área, conocida como **área facial fusiforme**, se localiza por debajo del cerebro, como hemos visto, al lado del área corporal fusiforme (*véase* figura 3.8). Las células de esta área responden más a las caras que a cualquier otro tipo de estímulo, y es especialmente probable que respondan a las caras familiares. Además, seguirán respondiendo de la misma forma a la misma cara, aunque se muestre con distintas orientaciones o con diferentes expresiones. El área corporal fusiforme tiene conexión directa con el lóbulo temporal del cerebro, que parece estar donde el cerebro almacena información biográfica y personal, así como nombres.

Puesto que hay dos áreas faciales fusiformes, una en cada hemisferio cerebral, es poco habitual encontrar una incapacidad total para reconocer alguna cara en absoluto, pero no es rara cierta discapacidad en la capacidad para reconocer caras. Los familiares de personas con alzhéimer se sienten afectados por el hecho de que la persona afectada no les reconoce, en algunos casos como consecuencia directa del daño a las células nerviosas del área facial fusiforme. Pero la **prosopagnosia**, como se llama a la incapacidad de reconocer caras, puede también ser un déficit específico en personas que son por lo demás normales y no tienen demencia.

La tercera área del cerebro que se ocupa especialmente de ver caras es el STS, o **surco temporal superior**, la misma área implicada en la percepción del movimiento corporal. Esta área responde a los cambios en las caras: cambios de expresión, mirada, movimientos de los labios, etc. Es importante por sus claves sociales y emocionales, y recibe información de, entre otras áreas, el sistema límbico y la amígdala, que se ocupan de las emociones. Lo estudiaremos con más detenimiento en el capítulo 8. Pero estas conexiones significan que ésta es el área del cerebro que vincula las expresiones faciales con nuestro conocimiento de las emociones de otras personas.

El STS es también lo que utilizamos para leer los labios. Combina información de la corteza visual y de la corteza auditiva, vinculando los estímulos visuales con los sonidos del habla que aún no se han analizado en palabras, y reacciona de forma especialmente fuerte cuando el estímulo se corresponde con los movimientos de los labios. Se trata de una poderosa ayuda en la conversación y en la interacción cotidiana. El entrenamiento de la lectura de los labios a menudo puede ayudar a personas que sufren pérdida de audición, pero todos leemos los labios en algún grado. Es esta parte del cerebro la que nos dice que algo va mal si vemos una película o vídeo en que el sonido y la visión están ligeramente mal sincronizados. Es menos obvio con las secuencias de acción, pero realmente lo detectamos cuando se trata de caras y palabras habladas.

Podemos ver las distintas formas en que el área facial fusiforme y el surco temporal superior trata la información facial examinando los resultados de un estudio del año 2000 de Hoffman y Haxby. Preguntaron a sujetos que hicieran valoraciones sobre dibujos mientras utilizaban escáneres fIRM. Cuando a las personas se les pedía que realizaran juicios sobre la identidad de una cara específica, los investigadores detectaban actividad en el área facial fusiforme, pero el surco temporal superior no reaccionaba. Sin embargo, cuando se les pidió que hicieran juicios sobre la mirada de los ojos, el área facial fusiforme no respondió, pero el STS estaba más activo.

Por tanto, nuestro sistema visual es complejo y social. Parte de él es inconsciente, parte es muy sofisticado y, como ocurre con todas las áreas del encéfalo, los investigadores siguen averiguando más sobre él. Tal como lo vemos, sabemos que hemos heredado un sistema que ha evolucionado con el paso del tiempo, desde la decodificación básica de las áreas iluminadas y oscuras hasta el reconocimiento detallado de personas concretas.

✔ Puntos de atención

- Hay formas de visión inconsciente que proceden de los mecanismos desarrollados a medida que evolucionaba nuestra visión. La visión ciega es uno de estos.

- En la visión consciente y normal, la información se transmite de los ojos hasta el tálamo, y después a la corteza visual. El quiasma óptico permite que los mensajes de ambos ojos lleguen a la misma parte del cerebro.

- La información visual se categoriza en la corteza visual para identificar objetos básicos, y se combina con la experiencia para hablarnos sobre el color y la distancia.

- Ser capaces de detectar movimiento es importante para la supervivencia, y nuestros cerebros vinculan automáticamente trozos separados de información visual para generar movimiento continuo.

- Nuestra naturaleza social queda reflejada en la forma en que tenemos áreas especiales del cerebro para ver personas, ya sean cuerpos o caras.

Paso siguiente

En el próximo capítulo estudiaremos cómo el cerebro detecta y da sentido a los sonidos que oímos.

4

¿CÓMO SABEMOS QUÉ ESTAMOS OYENDO?

«Si un árbol cae en el bosque y no hay nadie allí para oírlo, ¿hace algún ruido?». Los filósofos han debatido este problema clásico a lo largo del tiempo. Sin embargo, para un psicólogo es menos problemático. La forma en que lo vemos es que el árbol que cae produce vibraciones en el aire, pero son nuestros cerebros los que detectan esas vibraciones y las convierten en lo que consideramos sonidos. El sonido es lo que oímos. Si no había nadie allí para oírlo, no hay sonido, excepto, por supuesto, si otros animales estaban allí y pudieron oír el sonido del árbol al caer.

El oído es nuestro segundo sentido más importante. Si no podemos oír, o si nuestra audición está alterada, puede afectarnos en gran medida. La pérdida de audición nos hace sentirnos alejados de otras personas y que no formamos parte de lo que está sucediendo; por eso consideramos tan importantes las ayudas para la audición, el lenguaje de signos y otras formas de apoyo. Oír es una parte significativa del modo en que nos comunicamos con otras personas, y es también importante para hacer un seguimiento de lo que ocurre a nuestro alrededor.

Los sonidos son las impresiones que experimentamos como resultado de las vibraciones transmitidas por el aire, o por el agua si nuestras orejas se encuentran bajo ella. Nosotros, los humanos, podemos reconocer un rango de sonidos, desde sonidos intensos y agudos, que tienen vibraciones de alta frecuencia, hasta sonidos graves, resonantes, con vibraciones de baja frecuencia. Pero, igual que sucede con la luz, otros animales pueden detectar señales más allá de los puntos extremos del oído humano. Los murciélagos, por ejemplo, pueden producir y detectar frecuencias mucho más elevadas que los humanos, por lo que un murciélago volando puede parecer silencioso cuando en realidad está generando sonidos de alta frecuencia y escuchando sus ecos. En el otro lado del espectro, las ballenas hacen llamadas de frecuencia tan baja que son indetectables por el oído humano, pero que se transmiten por el agua a grandes distancias y pueden ser oídas por otras ballenas a cientos de kilómetros de distancia. En la tierra, los elefantes se comunican de igual forma, utilizando infrasonidos que tienen una frecuencia demasiado baja para que la detecte el oído humano, pero que otros elefantes pueden oír a largas distancias.

Sin embargo, dar sentido a los cambios en la presión del aire que nos rodea no sólo consiste en identificar frecuencias. También detectamos el volumen del sonido, y eso lo transmite la amplitud de las ondas de presión que nos llegan. Los sonidos con alto volumen producen ondas con una amplitud alta, mientras que los más silenciosos tienen menor amplitud (*véase* figura 4.1). Los sonidos también son complejos porque la mayoría de lo que oímos consta de varios elementos que combinan más de una frecuencia. Los sonidos «puros», o de una sola frecuencia, son muy raros, tanto en la naturaleza como en la vida cotidiana.

El sonido de una flauta probablemente sea lo más cercano que podemos oír a un tono puro –es decir, un sonido producido por una sola frecuencia–, pero es la coordinación de frecuencias lo que da a los sonidos sus características identificables. Aprendemos estas características sin esfuerzo, en algunos casos desde el nacimiento. Somos especialmente sensibles a las voces, que podemos distinguir fácilmente de otros sonidos. La voz de todo el mundo tiene una mezcla exclusiva de frecuencias, lo que significa que podemos diferenciar fácilmente la voz de una persona de la de otra y los bebés humanos pueden distinguir las voces de las personas que les cuidan con sólo unos días de vida.

La corteza auditiva del cerebro es también supersensible al ritmo de los sonidos, mucho más que la corteza visual al ritmo de los estímulos visuales. Podemos diferenciar lo cercanos que se encuentran diferentes sonidos, o los elementos de distintos sonidos, aunque estén próximos en cuanto al ritmo. Esto es completamente distinto de nuestro sistema visual que, como hemos visto, tiende a mezclar rápidamente los estímulos que llegan. Con el sonido, la combinación de la frecuencia, la amplitud y el ritmo de las señales suponen que procesamos mucha información a partir de las vibraciones del aire que nos rodea.

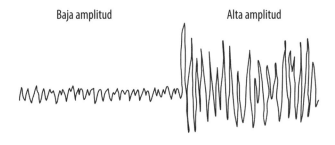

Baja amplitud   Alta amplitud

Alta frecuencia   Baja frecuencia

Figura 4.1 Amplitud y frecuencia

✓ Estudio de caso: James Holman

James Holman fue un explorador de principios del siglo XIX. Viajó por todo el mundo, a la India, África, Siberia y Australia, pero Holman nunca vio ninguno de esos lugares: se había quedado ciego por culpa de una enfermedad cuando era joven. Holman se entrenó para desplazarse utilizando la ecolocalización, golpeando con su bastón y escuchando las sutiles variaciones del sonido y de los ecos que generaba. De esta forma, podía identificar objetos y valorar, de forma extremadamente precisa, su tamaño y si eran duros o blandos. Escribió varios libros sobre sus viajes e incluso afirmó que su ceguera le convertía en un mejor viajero porque prestaba mucha más atención a la riqueza de la información que recibía de sus otros sentidos.

¿Cómo oímos?

Todo comienza, por supuesto, con los oídos. ¿Alguna vez has observado cómo los sonidos parecen diferentes cuando los oímos con auriculares? Se debe a que entran directamente en nuestros oídos sin implicar al oído externo, en particular la parte superior, que se conoce como el **pabellón auditivo**. La forma del pabellón auditivo dirige a los sonidos hacia dentro y eso nos ayuda a juzgar de dónde proceden. Las orejas de cada persona son ligeramente distintas, por lo que hay pequeñas diferencias en cómo el sonido se canaliza hacia dentro, y nuestros cerebros son sensibles a esto.

73

Los investigadores que estudian esas diferencias han hecho modelos de la forma del pabellón y han registrado sonidos utilizando micrófonos colocados en esos modelos. También registraron otros sonidos sin pabellón auditivo y reprodujeron ambos tipos de sonido para los sujetos de su estudio (Wenzel y colaboradores, 1993). La gente tenía mucha más precisión al juzgar de dónde procedía el sonido cuando oía los sonidos registrados que si hubieran sido recibidos por una oreja humana. Y eran más precisos aún cuando juzgaban los sonidos registrados de un modelo hecho de sus propias orejas.

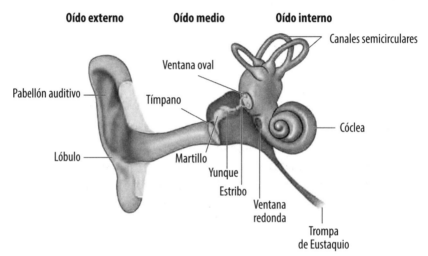

Figura 4.2 La estructura del oído

¿QUÉ OCURRE EN EL OÍDO?

Las vibraciones que recibe el oído son muy pequeñas, por lo que necesitan amplificarse antes de convertirse en señales que el cerebro pueda utilizar. Hacemos esto utilizando una serie de pequeños huesos en el oído medio, conocidos como martillo, incus y estribo. La figura 4.2 muestra cómo está estructurado el oído. Las ondas de sonido son recogidas por el pabellón auditivo y se concentran en el tímpano, o membrana timpánica. Este sonido hace que la membrana del tímpano vibre, como un tambor. Las vibraciones las recoge el martillo, que las amplifica un poco; después las pasa al incus, donde se amplifican un poco más, y después al estribo, donde ocurre lo mismo. El estribo está en contacto con otra membrana, llamada ventana oval; cuando las vibraciones llegan a ella, ya se han hecho más grandes y detectables. La ventana oval las transmite al oído interno, que está lleno de un líquido llamado perilinfa. El líquido no se comprime tan fácilmente como el aire, por lo que hay otra membrana, llamada ventana redonda, que se mueve hacia dentro y hacia fuera para compensar la presión causada por el movimiento de la ventana oval.

El propósito de los oídos, por tanto, es recopilar ondas de sonido y amplificarlas. Pero el cerebro, como ya sabemos, funciona por impulsos eléctricos, no por presión, por lo que el próximo paso es la **transducción**: convertir las ondas de sonido en impulsos eléctricos que pueden pasar al cerebro. Esto es lo que ocurre en la cóclea del oído interno. La figura 4.3 muestra cómo la cóclea está dividida en secciones. Las vibraciones de la ventana oval «empujan» el líquido, haciendo que las membranas del oído interno vibren a su vez. Una serie de células pilosas en una de las membranas, la membrana basilar, responde a las vibraciones generando un impulso eléctrico.

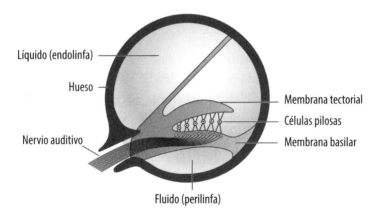

Figura 4.3 La estructura de la cóclea

No todas las células pilosas responden de la misma forma. Las células pilosas en un extremo de la membrana basilar son más sensibles a las altas frecuencias de las vibraciones –lo que experimentamos como sonidos agudos–, mientras que el otro extremo es más sensible a las frecuencias bajas, y las que están en medio responden a las frecuencias de rango medio. Esto significa que el sonido que recibimos estimulará diferentes células pilosas para producir impulsos eléctricos dependiendo de cómo sea el sonido. Las células pilosas hacen conexiones con una serie de neuronas con axones muy largos. Éstas se unen y forman el nervio auditivo, y el nervio auditivo transmite la información –ahora en forma de señales eléctricas– al cerebro.

¿QUÉ OCURRE EN EL CEREBRO?

Igual que con la vista, gran parte de la información entrante se categoriza antes de que las señales lleguen a la corteza auditiva, la parte del cerebro que da sentido a lo que oímos. El nervio auditivo tiene su primer punto de sinapsis en el tálamo, un grupo de células conocido como el núcleo geniculado medio. Desde ahí, la información pasa a un grupo de células situadas en el lado del bulbo raquídeo, conocidas como núcleo coclear. Aquí es donde se identifican las frecuencias del sonido. Las partes superiores del núcleo coclear reciben información sobre los sonidos de alta frecuencia, mientras que las partes bajas reciben información sobre las bajas frecuencias, y los sonidos intermedios estimulan las células de la parte media.

Consideramos algunos sonidos como relajantes, y por regla general esos tienden a ser sonidos de rango medio. Sin embargo, otros sonidos nos parecen bastante molestos. Reaccionamos con más fuerza a un grito –un sonido de alta frecuencia– que a un tarareo de rango medio. Y también reaccionamos a algunos tipos de sonidos de baja frecuencia; pensemos en la música de la película *Tiburón*, por ejemplo, o en el sonido del rugido de un león. Por tanto, podemos ver que nuestra capacidad para distinguir sonidos agudos de sonidos graves puede tener un verdadero valor para la supervivencia, lo cual podría ser la razón por la que es una de las primeras informaciones que procesa el cerebro.

Permanecer alerta a los posibles riesgos está muy bien, pero también necesitamos saber de dónde procede el sonido. Por ello, algunas de las fibras nerviosas que vienen del núcleo coclear llegan al puente, que nos ayuda a averiguar la dirección de la fuente de un sonido. Llegan a una parte del puente llamada **cuerpo trapezoide**, que forma un punto de cruce para las fibras nerviosas auditivas, una cosa parecida a lo que hace el quiasma óptico en nuestra vista. Igual que el quiasma óptico, la mitad de las fibras nerviosas que transmiten información cruzan al otro hemisferio, y la otra mitad se queda en el mismo lado. Esto significa que el cerebro puede comparar las ligeras diferencias entre los sonidos que vienen de cada oído, lo cual nos ayuda a averiguar de dónde procede un sonido.

La siguiente parada en la ruta auditiva se encuentra también en el puente, en una parte llamada complejo olivar superior. Aquí la información se categoriza aun más, y nos empieza a ofrecer parte de la riqueza que experimentamos. Un lado del complejo olivar superior procesa el volumen, y algunas células responden a las vibraciones de alta amplitud, mientras que otras responden a sonidos más silenciosos. El otro lado del complejo olivar superior se ocupa del ritmo; algunas células responden a las rápidas repeticiones de sonidos y otras a notas simples o llamadas. Una vez que se ha categorizado en estas características básicas, la información auditiva llega al cerebro, a la corteza auditiva de la parte lateral del lóbulo temporal. Allí es donde se procesa nuestra audición consciente (*véase* figura 4.4). Éstas no son las únicas conexiones: la información del sonido cuenta también con muchas otras conexiones con otras partes del cerebro, pero lo que he descrito son las rutas principales.

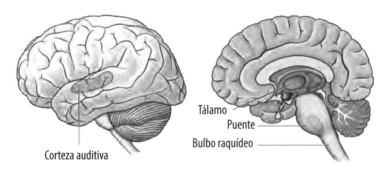

Corteza auditiva

Tálamo
Puente
Bulbo raquídeo

Figura 4.4 Áreas de procesamiento auditivo del encéfalo

Haciendo que los sonidos tengan sentido

Dependiendo de la ruta que haya tomado la información, las señales que recibe la corteza auditiva incluyen datos sobre el tono, el volumen, el ritmo y la dirección de la que procede. Todo esto contribuye a nuestra experiencia de los sonidos. La tarea de la corteza auditiva, y de las otras áreas cerebrales asociadas con ella, consiste en hacer que esos sonidos tengan sentido. El tono, como hemos visto, determina el modo en que interpretamos los sonidos: en la corteza auditiva primaria, el área central procesa los sonidos de tono bajo, mientras que las áreas exteriores procesan los tonos más altos. Esto conforma lo que los investigadores llaman un mapa tonotópico, es decir, un área que responde a distintos tonos en diferentes lugares. Pero el resto de la información configura el sentido que extraemos del sonido completo.

La corteza auditiva (*véase* figura 4.5) normalmente está organizada en tres áreas: el núcleo, el cinturón y el paracinturón. El área del núcleo es la corteza auditiva primaria, que responde a rasgos específicos de los sonidos. Contiene neuronas especializadas que recogen información de las neuronas que responden a las frecuencias simples, y a su vez responden a las mezclas de frecuencias. Éstas, a su vez, transmiten información a otras neuronas. Algunas células, por ejemplo, responden a las voces más activamente que a los sonidos puros. Otras células responden sólo a los cambios en la frecuencia, pero no a las propias frecuencias. Y algunas neuronas responden activándose en respuesta a frecuencias específicas, pero se desconectan y desactivan cuando son estimuladas por otra similar pero no idéntica. Es un poco como las células simples, complejas e hipercomplejas de la corteza visual, pero la respuesta es a las cualidades de los sonidos complejos en lugar de a las formas visuales.

El área del cinturón, como indica el nombre, transcurre por la zona media. Es la parte que rodea inmediatamente al núcleo, y parece hacer dos cosas. La parte frontal codifica el contenido del sonido y transmite la información a los lóbulos frontal y parietal del cerebro. La parte posterior de la región del cinturón, conocida como plano temporal, averigua de dónde procede el sonido. Combina la información del cuerpo trapezoide con la que le llega de la forma distintiva del pabellón auricular. Por tanto, el procesamiento neuronal en el área del cinturón ayuda a indicar qué estamos escuchando y de dónde viene el sonido.

El área del cinturón de la corteza auditiva se fusiona con el área más externa, el paracinturón, que se ocupa de funciones más complejas de la audición. Una de las cosas que ayuda a hacer, por ejemplo, es identificar e interpretar el habla, que examinaremos a continuación. Pero también tiene otras funciones: se ocupa de la memoria operativa auditiva, que es la forma en que llevamos la memoria inmediata de un sonido en nuestra cabeza mientras estamos pensando en ella; combina la información auditiva y visual; y realiza conexiones con nuestros recuerdos de otros sonidos.

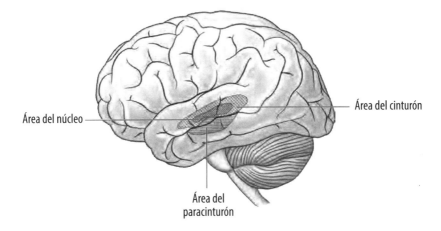

Área del núcleo

Área del cinturón

Área del
paracinturón

Figura 4.5 La corteza auditiva

Si queda dañada la corteza auditiva primaria en un solo lado del cerebro, experimentamos algunos problemas auditivos, por lo que no escuchamos tan bien y tenemos dificultades para localizar sonidos. Sin embargo, si está dañada en ambos lados, experimentamos una sordera completa. La sordera no es consecuencia de que los sonidos no se detecten: surge del hecho de que el cerebro no puede darles sentido. Sin embargo, como hemos visto, la información sensorial ya se ha procesado hasta cierto punto antes de llegar a la corteza, por lo que las personas con este tipo de sordera pueden reaccionar emocional o reflexivamente a los sonidos. Pueden mostrar reacciones excesivas a un sonido repentino con volumen alto, por ejemplo, o pueden quedar emocionalmente alteradas por gritos a gran volumen. Lo que no pueden hacer es describir con palabras a qué están reaccionando; igual que en el caso de la visión ciega, experimentan la sensación, pero no la percepción del estímulo.

La corteza auditiva tiene muchas conexiones, pero está vinculada con otras partes del cerebro mediante dos rutas principales. Una de ellas, conocida como la ruta del «qué», se ocupa de identificar sonidos específicos. Es la forma con la que averiguamos lo que realmente estamos oyendo. A veces se conoce como **corriente ventral**, y pasa por la parte inferior de la corteza auditiva y la parte frontal (anterior) del lóbulo temporal. La otra se conoce como la ruta del «dónde» y, como su nombre indica, se ocupa de localizar de dónde proceden los sonidos. Pasa por el lado superior, o dorsal, de la corteza auditiva, por lo que se la suele llamar **corriente dorsal**. Esta ruta neuronal realiza conexiones con las partes motoras del lóbulo parietal y la corteza frontal, preparándonos para el movimiento, entre otras cosas. Las dos rutas, por supuesto, son igualmente importantes para ayudar a un individuo a sobrevivir. Pero en la audición hay más que esto, por lo que vamos a ver de forma más específica algunos de los sonidos que escuchamos.

Oyendo hablar

Desde el siglo XIX, los científicos han sabido que el hemisferio izquierdo del cerebro es más importante para el lenguaje y el habla que el hemisferio derecho. Esto no es totalmente excluyente: el hemisferio derecho sí tiene algunas funciones simples del lenguaje y, como vimos en el capítulo 2, algunos estudios de personas que han sufrido la extirpación de todo el hemisferio izquierdo han mostrado una sorprendente recuperación de las funciones del lenguaje, no sólo del habla para conversar, sino también recuerdos de canciones e historias. Por tanto, no es tan simple como decir: cerebro izquierdo = lenguaje, cerebro derecho = música. Estudiaremos con más detenimiento cómo procesamos y utilizamos el lenguaje en el capítulo 10.

¿Has observado lo fácil que es distinguir los sonidos de las voces de otro tipo de sonidos? Podemos distinguir el habla de otros tipos de sonido incluso aunque no lleguemos a entender las palabras. Parte de esto tiene que ver con el aprendizaje: posiblemente antes de nacer, nos familiarizamos con los sonidos del habla (fonemas) utilizados en nuestro propio lenguaje. Los distintos lenguajes utilizan diferentes fonemas, y tal vez no reconozcamos esos sonidos concretos como parte de un lenguaje específico, pero podemos seguir reconociendo el habla cuando la oímos, incluso con fonemas que nos resultan desconocidos, porque también estamos familiarizados con el ritmo y los patrones típicos que la gente utiliza cuando habla. Cualquier persona que haya tratado con un niño pequeño mientras estaba aprendiendo a hablar habrá visto lo rápidamente que captaba los patrones y el ritmo del habla de forma precisa, aunque las «palabras» que pronunciara fueran sólo balbuceos o sonidos sin sentido.

Llega un momento en nuestro procesamiento de los sonidos en que diferenciamos entre el habla y otros tipos de sonidos. Los estudios mediante imágenes funcionales nos muestran que ambos lados de la corteza auditiva primaria responden de igual modo al sonido del habla y a otros tipos de sonido. Pero entonces la ruta del «qué» comienza a distinguir entre los dos. Los sonidos del habla producen más actividad neuronal en el lóbulo temporal izquierdo que en el lóbulo temporal derecho, mientras que el lóbulo temporal derecho responde con mayor fuerza a los cambios en el tono, especialmente en el caso de sonidos musicales. Para ambos casos hay activación en el lado opuesto, pero no es tan fuerte.

La ruta del «qué» se ramifica de nuevo cuando sale de la corteza auditiva primaria. Una rama atraviesa el lóbulo temporal anterior, conectando con un área de reconocimiento del habla situada debajo de la corteza auditiva primaria y dirigiéndose hacia los lóbulos frontales. En su camino pasa por un área que se ocupa del conocimiento de las palabras y los significados, y por otra área que está involucrada en la planificación del habla. La otra rama se dirige hacia la parte posterior de los lóbulos temporales y establece conexiones con áreas que también enlazan con el sistema visual, con un área que se sabe que interpreta los gestos y otras informaciones relacionadas con la lectura. Por tanto, aunque ambas ramas se ocupen de lo que son las señales (en oposición a de dónde proceden), la primera rama se ocupa de los mecanismos de cómo tiene lugar el habla, mientras que la segunda se ocupa del significado. Juntas, nos permiten entender lo que la gente dice cuando les oímos hablar y cuando les miramos mientras lo hacen.

Oyendo música

Dar sentido a lo que oímos tiene mucho que ver con el ritmo de los sonidos, además de con los sonidos en sí mismos. Esto es especialmente evidente cuando pensamos en cómo respondemos a la música. Los primeros anuncios de los gramófonos, que datan de la primera mitad del siglo XX, los describían como «el instrumento musical que todo el mundo puede tocar». En la vida moderna estamos rodeados de música en casi todos los lugares, y nos resulta fácil olvidar que se trata de un acontecimiento relativamente reciente. Hasta la llegada de la música grabada accesible, la exposición de la mayoría de la gente a la música era muy limitada. A menos que fueran tan afortunados como para tener un instrumento en casa, y la capacidad de tocarlo, la experiencia sobre la música de la mayoría era sólo lo que escuchaban en ferias, conciertos y otros eventos sociales.

Sin embargo, siempre hemos respondido con fuerza a la música, y siempre ha sido una parte importante de la sociedad humana. Cansada y deseosa de recuperarse de sus problemas domésticos, Meg Brooke, en la novela *Mujercitas* (1869), pregunta a su marido si pueden ir a un concierto, porque «necesito de verdad algo de música para ponerme a tono», lo cual demuestra cómo la música puede relajarnos y tranquilizarnos. También puede tener el efecto opuesto, por supuesto, como bien saben los compositores de música para películas. (Volveremos a los efectos emocionales de la música en el capítulo 8). Pero todos apreciamos la música de forma natural. Incluso los niños pequeños disfrutan oyendo música, y algunos investigadores creen que la percepción musical está tan integrada en el cerebro humano como la capacidad de usar el lenguaje.

Podemos considerar la música como patrones en el tiempo. Nuestra vista es sensible a los patrones de luz. Nuestro oído es también sensible a patrones, pero, puesto que el sonido es efímero, percibimos los patrones en función de cómo se combinan las notas o de si siguen las unas a las otras. Como hemos visto, el sistema auditivo es mucho más sensible al ritmo que el sistema visual, y el ritmo forma parte esencial de la música. Juzgando por los efectos de lesiones en áreas específicas, el hemisferio derecho se ocupa más de procesar la información sobre el tono, mientras que el hemisferio izquierdo procesa la información sobre el ritmo. Por tanto, a diferencia de lo cree el mito popular, ambos hemisferios cerebrales están implicados en la percepción musical, pero normalmente se concentran en diferentes aspectos del fenómeno. De hecho, se considera normalmente que la música tiene un efecto positivo porque estimula áreas de todo el cerebro, en lugar de sólo una o dos partes suyas.

El lector habrá deducido de todo esto que el procesamiento de la música es un asunto bastante complejo. Los estudios con imágenes cerebrales de personas que escuchan música muestran actividad en los sistemas auditivo, motor y límbico. A su nivel más simple, el sistema auditivo procesa la melodía, el sistema motor refleja el ritmo (aunque sabemos que el ritmo también se procesa en el sistema auditivo), y el sistema límbico responde a los matices emocionales de la música. A propósito, estos estudios con imágenes descubrieron efectos similares independientemente de si la gente escuchaba música pop o música clásica. La música puede también ayudar a nuestra función cerebral general: algunos estudios con ancianos descubrieron que mostraron un procesamiento neural más rápido y una memoria mejor hacia eventos como consecuencia de escuchar música.

✔ **Estudio de caso: Daño en el lóbulo temporal**

Se ha demostrado que procesamos la música en el lóbulo temporal del cerebro. Una mujer que había sufrido daños en los dos lóbulos temporales se dio cuenta de que no podía identificar melodías, ni siquiera las que le resultaban más familiares antes de su accidente. Podía distinguir tonos de voz, lo que demostraba que aún podía reaccionar a sonidos de distinto tono, y podía reconocer voces y otros sonidos en el entorno general, pero, en lo relativo a las melodías, aunque podía disfrutar de ellas mientras las escuchaba, simplemente no podía reconocerlas. Parecía que era su memoria de la música, y no la capacidad de escucharla, la que se vio afectada, aunque el resto de su memoria parecía no estar afectada.

Igual que el lenguaje, la música puede adoptar distintas formas en diferentes culturas, pero siempre tiende a estar basada en una serie de niveles discretos de tonos, lo que consideramos «notas» musicales, claramente diferenciadas.

El rango de posibles longitudes de onda que queda en medio se considera «fuera de onda» y no es apropiado para la música. Aunque los tonos musicales suelen estar dispuestos en octavas, lo que se considera una octava puede variar de una escala musical a otra. La música occidental, por ejemplo, normalmente utiliza una escala heptatónica, con siete notas en una octava. Pero no hay una escala universal: los antiguos celtas y gaélicos solían utilizar una escala pentatónica, basada en cinco notas, por ejemplo, igual que gran parte de la música asiática; y alguna música supuestamente «primitiva» (pero en realidad muy sofisticada) usa a veces escalas de sólo cuatro o incluso tres notas.

Estas escalas no son aleatorias. La forma en que se agrupan las notas se basa en las propiedades de su sonido, tal como se procesan en el sistema auditivo. Algunas combinaciones se «sienten» bien, algunas notas parecen seguir a otra «de forma natural», y esas impresiones proceden de una combinación de las propiedades acústicas del sonido y las experiencias culturales del individuo. No es que no percibamos las frecuencias que hay entre las notas: como hemos visto, la percepción del habla implica sutiles matices de tono, no limitada a los tonos que forman parte de las escalas musicales. Ocurre que no parecen «encajar» adecuadamente, por lo que se perciben como algo erróneo en el contexto de la música.

La **amusia** es la incapacidad de procesar la música. Puede tener lugar como consecuencia de una lesión cerebral o una enfermedad, pero algunas personas tienen amusia congénita, es decir, son «sordos para los tonos» e incapaces de cantar adecuadamente o de producir música ellos mismos. No obstante, pueden distinguir frecuencias porque son capaces de imitar los cambios de tono en el habla. La gente con amusia es más sensible a los tonos del habla que a los de la música. Ser sordo a las tonalidades está asociado con la densidad de materia gris en el hemisferio derecho, en torno a la corteza auditiva, pero no correlaciona con ningún otro déficit cerebral conocido. Sin embargo, los estudios sobre la plasticidad cerebral nos muestran que la cantidad de materia gris puede reflejar nuestras experiencias, por lo que el hecho de tener menor materia gris en estas áreas puede resultar del hecho de que esas personas simplemente no se implican tanto con la música. En otras palabras, podría ser una consecuencia, y no una causa, de la amusia. Estudiaremos esto con más profundidad conforme continúe la investigación sobre esta área.

MÚSICA Y BAILE

La mayoría de la gente tiene alguna experiencia produciendo música, aunque sólo sea cantar su canción favorita en el coche o participar en un canto en el campo de fútbol. Cantar, por supuesto, combina nuestro conocimiento y procesamiento del habla con nuestro conocimiento de la música, y hasta el nivel más simple de canciones requiere que el cerebro controle el ritmo y el tono. Incluso las personas sordas a las tonalidades pueden responder al ritmo musical: es bastante habitual dar golpecitos con el pie siguiendo el ritmo o dar palmadas con algunos tipos de música, lo que refleja las fuertes conexiones entre la audición y el procesamiento motor. El hecho de que no respondamos de la misma forma a los estímulos visuales rítmicos (como, por ejemplo, un vídeo de una pelota rebotando) nos muestra lo fuerte que es esa conexión.

Figura 4.6 El baile existe en todas las culturas

También nos demuestra por qué el baile es una parte tan poderosa y universal de la experiencia del ser humano. El estrecho vínculo entre los centros del movimiento y las áreas de procesamiento auditivo del cerebro nos ofrecen una potente tendencia a responder a los sonidos rítmicos con movimiento. Viene integrado y es universal: todas las culturas humanas, independientemente de lo remotas que sean, tienen alguna tradición de baile y música. El baile conecta nuestros estímulos auditivos con acciones musculares, y también con estímulos de la parte del oído interno que nos proporciona el sentido del equilibrio (*véase* capítulo 5). Moverse con música es natural para nosotros, pero algunas formas de baile son más complejas, por supuesto. Igual que con otras habilidades físicas, cuando practicamos mejoramos en ella, y esa práctica desarrolla conexiones neuronales en el cerebro. Los estudios han demostrado que la combinación de ejercicio mental y físico implicada en el baile puede mejorar nuestras capacidades de resolución de problemas y de memoria operativa, además de ayudarnos a estar en forma.

Ya sea bailando o tocando un instrumento musical, estaremos ejecutando música. (Examinaremos las conexiones entre la actividad motora y la ejecución musical en el capítulo 6, que se ocupa del movimiento). Pero cuando pensamos en una ejecución musical, normalmente estamos hablando sobre algo mucho más sofisticado que limitarnos a dar golpecitos con el pie mientras suena una melodía. Tocar un instrumento como el piano requiere que el cerebro conecte una actividad espacial –elegir qué teclas específicas presionar– con un estímulo auditivo, la nota, de una forma que sea precisa, inconsciente y rápida. Esto significa que un pianista tiene que realizar conexiones más o menos automáticas entre la corteza motora, el cerebelo, la corteza auditiva y también la corteza frontal, que está implicada en las acciones planificadas y la toma de decisiones. Los escáneres cerebrales de músicos profesionales demuestran que sus cerebros han cambiado en respuesta a sus años de aprendizaje continuo. Tienen áreas más grandes en la corteza motora como consecuencia de su práctica física exhaustiva, y áreas auditivas mayores y más simétricas.

Los músicos expertos también procesan la música de forma distinta en el cerebro. Para las personas normales, escuchar música involucra principalmente (pero no por completo) al hemisferio derecho del cerebro. No obstante, cuando un músico experto escucha música, se activan ambos hemisferios, y el hemisferio izquierdo suele ser más activo que el derecho. Los músicos profesionales también tienen un cuerpo calloso más desarrollado: la banda de fibras que conectan los dos hemisferios y que transmiten información de uno a otro. Sabemos que el hemisferio izquierdo se ocupa más de actividades computacionales, y es posible que los músicos apliquen un conocimiento más formal a su audición que las personas normales, porque están familiarizados con la sintaxis musical. Mientras que un músico experto analizará conscientemente la música que escucha, quien no es músico simplemente experimentará la música sin analizarla.

El ritmo, como hemos visto, forma parte esencial de la música, y es una de las cosas en que se concentra la práctica musical. Las personas con formación musical son especialmente sensibles al ritmo, y han demostrado procesar, en consecuencia, todo tipo de información auditiva más rápidamente. El habla muy rápida, por ejemplo, requiere rápidas respuestas neuronales para decodificarla, y lo mismo sucede con otros estímulos auditivos rápidos. Los ancianos a menudo encuentran dificultades en el procesamiento neuronal de este tipo de estímulo porque sus células cerebrales responden más lentamente; pero los músicos expertos no sufren este problema. Ni tampoco parece suceder a las personas que recibieron educación musical cuando eran niños. Un estudio de White-Schwoch y colaboradores (2013) comparó a ancianos que habían aprendido a tocar un instrumento en su niñez con otros que no habían tenido formación musical. Incluso los que habían dejado de tocar cuando envejecieron mostraban respuestas neuronales más rápidas al habla que quienes nunca habían aprendido música. Parece que los beneficios de la educación musical pueden ser permanentes, incluso durante cuarenta años.

El oído es un sentido complejo que forma parte importante de nuestra experiencia como seres humanos. Junto con la vista, nos permite detectar, identificar y responder al mundo que tenemos frente a nosotros.

✓ Puntos de atención

- La información auditiva se recoge, amplifica y traduce por impulsos eléctricos en los oídos. Después se transmite al tálamo y a la corteza auditiva.
- El centro de la corteza auditiva codifica la información, mientras que el área del cinturón averigua qué es y de dónde procede, y el paracinturón la pone en relación con los recuerdos y otros sentidos.
- Somos especialmente propensos a detectar el habla, y podemos reconocer fácilmente los sonidos de voces por encima de otros sonidos.
- También somos especialmente propensos a responder a la música. Cada cultura tiene sus propias tradiciones musicales, pero nuestro sistema auditivo las aprende fácilmente. Ambos lados del cerebro procesan la música, pero de forma distinta.
- El oído y el movimiento están estrechamente relacionados, por lo que respondemos naturalmente al ritmo musical mediante el movimiento y el baile. Por eso el baile se encuentra en todas las culturas humanas.

Paso siguiente

Como hemos visto, la vista y el oído son los dos sentidos más importantes para los humanos, pero también tenemos otros, y los estudiaremos en el próximo capítulo.

5

EXPERIMENTANDO OTROS SENTIDOS

¿Alguna vez has olido algo que te ha evocado un montón de recuerdos? ¿O has tocado algo que se sentía bastante distinto de cómo se veía? La vista y el oído son nuestros sentidos más importantes, pero también tenemos otros (*véase* figura 5.1). Los antiguos griegos identificaron tres más –tacto, gusto y olfato–, por lo que solemos suponer que tenemos cinco sentidos. Sin embargo, en realidad tenemos mucho más. Tenemos receptores diferentes para el calor, el movimiento, el dolor y el equilibrio, por ejemplo, y sabemos algo (aunque no todo) sobre cómo el cerebro procesa cada uno de ellos.

En este capítulo estudiaremos los sentidos del olfato, el gusto, el tacto y el dolor, y después pasaremos a examinar ilusiones como el dolor del miembro fantasma y lo que sabemos sobre la sinestesia, situación en la que los sentidos se solapan o parecen reemplazarse uno por otro.

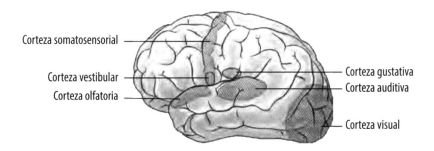

Figura 5.1 Áreas sensoriales del cerebro

El sentido del olfato

Estamos rodeados en todo momento por un mar de información. Nuestra vista detecta una pequeña proporción de la radiación electromagnética que nos rodea; nuestro sentido del oído detecta ciertas longitudes de onda de las vibraciones del aire que nos rodea; y nuestro sistema químicosensorial –los sentidos del olfato y el gusto– detectan sustancias químicas en el aire que nos rodea y en las cosas que nos llevamos a la boca.

Es probable que el sentido del olfato fuera el segundo en evolucionar de los sentidos principales. El gusto fue probablemente el primero, por supuesto, porque es una reacción inmediata a lo que está en contacto con nosotros. No obstante, el olfato nos permite localizar cosas a distancia. Para los primeros animales, el olfato y el gusto seguramente serían lo mismo: un animal que nadara en los océanos primitivos probaría las sustancias químicas que había en el agua que le rodeaba, y utilizaría esa información para detectar aspectos de su entorno. Incluso un animal de una sola célula como la ameba produce ligeros cambios químicos en el agua en que nada, por lo que tener un sentido que pueda detectar los vestigios químicos sería una característica importante para sobrevivir, tanto para detectar comida como para evitar serlo ella misma.

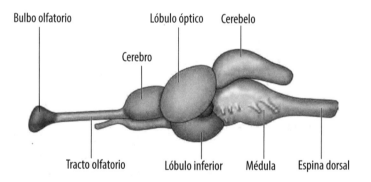

Figura 5.2 Encéfalo de un pez

Para muchos animales, el olfato es su sentido más importante, como queda confirmado por su localización dentro del cerebro y el tamaño de sus **bulbos olfatorios**, las partes del cerebro empleadas para interpretar los olores. Los bulbos olfatorios forman parte del sistema límbico del encéfalo, y no del cerebro, lo que también conlleva que tienen un origen evolutivo más antiguo. En algunos animales, como los peces, los bulbos olfatorios son tan grandes en comparación con otras partes del encéfalo que forman órganos separados (*véase* figura 5.2). En los seres humanos, son simplemente parte del sistema límbico general, por debajo del cerebro, efectúan cierta cantidad de procesamiento y establecen vínculos con otras áreas del encéfalo, como la amígdala y la corteza olfatoria.

¿CÓMO FUNCIONA EL SENTIDO DEL OLFATO?

El sentido del olfato comienza en el epitelio olfatorio, que es una serie de capas de células que recubren la cavidad nasal y que están cubiertas de moco. El moco disuelve las moléculas químicas del aire que entra en la nariz, y estas sustancias químicas son detectadas por neuronas integradas en el epitelio. Estas neuronas tienen pequeñas células pilosas, conocidas como cilios, que son sensibles a sustancias químicas específicas. Producen una respuesta cuando recibe dichas sustancias y transmite ese impulso a los bulbos olfatorios.

En humanos, los bulbos olfatorios son la primera fase del procesamiento de los olores. Sobre el entendimiento de cómo el cerebro codifica los olores, no tenemos información de tanta profundidad que sobre el funcionamiento de la vista, pero se cree que los bulbos olfatorios tienen cuatro funciones generales. Una de ellas es mejorar la sensibilidad de detección de olores, por ejemplo, activándose más rápidamente cuando identifican uno más fuerte. Otra es distinguir entre diferentes olores, identificar sus distintos componentes y clasificarlos en consecuencia. Una tercera función es actuar como una especie de filtro, dando prioridad a los olores más recientes o más fuertes y desechando los que están de fondo. Y la cuarta es establecer conexiones con nuestros mecanismos cerebrales de alerta y arousal, lo cual ayuda a dar más importancia a los olores que pueden indicar algo potencialmente perjudicial.

Es por esta razón por la que los olores pueden ser tan poderosos en las emociones. Los bulbos olfatorios tienen conexión directa con la amígdala, que es el centro de nuestras respuestas emocionales en el encéfalo, y también con el hipocampo, que se ocupa especialmente de la memoria, además de la corteza olfatoria y otras regiones del encéfalo. Su conexión directa con el hipocampo nos muestra cómo los olores pueden asociarse tan poderosamente con recuerdos especiales, y sus conexiones con el bulbo raquídeo y la amígdala muestran cómo el olor puede tener una influencia tan poderosa sobre nuestras respuestas emocionales. La aromaterapia es el uso de los aromas u olores producidos por aceites esenciales para influir en el cuerpo, como por ejemplo generando calma o alerta, y funciona influyendo en estas conexiones extensivas y directas del sistema olfatorio. Es importante recordar que estas conexiones son directas: no pasan por la corteza olfatoria, por lo que es posible que ni siquiera seamos conscientes de lo que experimentamos, aunque los olores pueden afectarnos de formas muy sutiles.

Por tanto, los bulbos olfatorios tienen conexiones con muchas otras partes del cerebro, y una de ellas es la corteza olfatoria. Ésta es una parte del cerebro que se encuentra situada en la punta del lóbulo temporal y que enlaza con otras áreas de la corteza cerebral. También contiene un área conocida como **tubérculo olfatorio**, que es una de las áreas mejor conectadas del cerebro, con más de veinte fuentes distintas de información entrante. El tubérculo olfatorio recibe información de los bulbos olfatorios, el tálamo, la amígdala, el hipotálamo, el hipocampo, el bulbo raquídeo, la retina, la corteza auditiva y muchas otras áreas del encéfalo. También tiene un número similar de rutas que envían información hacia distintas partes del encéfalo (*véase* figura 5.3). Todo esto, por supuesto, nos dice por qué nuestro sentido del olfato puede ofrecernos un rango tan complejo de experiencias. El tubérculo olfatorio está directamente asociado con los sentimientos de recompensa y placer, con el arousal (tanto el relacionado con las alarmas como el sexual), con la atención y con muchos otros aspectos de nuestra experiencia.

Algunas personas tienen un sentido extremadamente agudo del olfato. Se acaba de descubrir, por ejemplo, que algunas personas son incluso capaces de detectar enfermedades en otras personas por los cambios del olor en sus cuerpos. Otras, en cambio, no tienen sentido del olfato en absoluto, o casi nada. Esto se conoce como **anosmia**, y sabemos mucho menos sobre ella que sobre la ceguera o la sordera. La anosmia congénita, en la que alguien nace sin sentido del olfato, es bastante rara. La mayoría de las anosmias son consecuencia del daño de algún tipo, ya sea en áreas encefálicas relevantes o en el epitelio nasal. Y, por supuesto, podemos experimentar anosmia a consecuencia de catarros o resfriados. Pero, aunque no seamos conscientes de él, nuestro sentido del olfato puede seguir activo en el cerebro: una persona anósmica puede experimentar la sensación de que algo va mal, aunque no pueda identificar el olor en sí mismo, como la visión ciega o la capacidad de las personas sordas de reaccionar a ruidos repentinos. Las extensas conexiones del sistema olfatorio, tanto de los bulbos olfatorios como de la corteza olfatoria, nos muestran lo poderoso que es el sentido del olfato y lo importante que ha sido en nuestra herencia evolutiva.

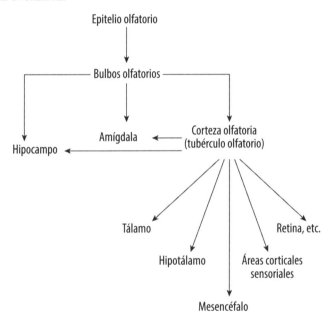

Figura 5.3 Rutas del olfato en el encéfalo

✔ Idea clave

Los humanos que han crecido en contacto directo con su mundo natural normalmente tienen un sentido muy agudo del olfato. La crianza tradicional de los niños australianos nativos, por ejemplo, incluye un entrenamiento explícito en detección y reconocimiento de olores, de la misma forma que a los niños de entornos industrializados se les entrena su oído y su visión mediante rimas, colores y dibujos, Nuestros idiomas son productos de un mundo industrializado, por lo que no tenemos todas las palabras que necesitaríamos para describir qué podría incluir este tipo de entrenamiento del olfato. Sin embargo, sabiendo lo que hacemos con la plasticidad cerebral y cómo se desarrolla el cerebro con el entrenamiento, es probable que la corteza olfatoria, la cual interpreta los olores, se desarrolle mejor en los australianos nativos que han pasado por una crianza tradicional que en los europeos normales, y al menos tendrán más conexiones neuronales.

El sentido del gusto

A menudo oímos que los sentidos del gusto y del olfato son lo mismo, de modo que si nuestra nariz está taponada, no podemos saborear nada. Sin embargo, el sentido del gusto, o **gustación**, es diferente del sentido del olfato. Tiene distintos receptores y lo procesa una parte diferente del encéfalo. No obstante, los dos suelen estar vinculados porque hay algunas células detectoras de olores en la parte posterior de la garganta, que combinan su información con la generada por las papilas gustativas de la lengua. Algunas personas creen que perder su sentido del olfato también conlleva perder su sentido del gusto, pero lo que verdaderamente ocurre es que se hace menos intenso porque se basan sólo en su sentido del gusto, cuando antes estaban acostumbradas a potenciarlo con el olfato. Las personas que se basan menos en el sentido del olfato, como las que han sufrido catarros crónicos o infecciones nasales frecuentes cuando eran jóvenes, se dan cuenta de que su sentido del gusto se ve menos afectado cuando están resfriadas porque están más acostumbradas a concentrarse sólo en el sentido del gusto.

Nuestro sentido del gusto comienza en sus receptores, conocidos como papilas gustativas. Hay miles de ellas en la boca: la mayoría están localizadas en pequeñas protuberancias de la lengua, pero otras se encuentran por toda la parte posterior, los lados y la parte superior de la boca, y también en la garganta.

Las opiniones difieren respecto a cuántos tipos de receptores gustativos hay: los cinco básicos de lo salado, lo dulce, lo ácido, lo amargo y el umami están bien establecidos, pero algunos investigadores actualmente creen que hay un sexto tipo de receptor que responde a la grasa. Las diversas combinaciones de receptores conllevan que podemos detectar un rango muy amplio de experiencias gustativas tanto agradables como desagradables.

En términos de nuestra experiencia humana, por supuesto, el gusto también se ve influido por muchos otros factores. Ya hemos visto cómo el olor de algo puede influir en su sabor, pero también puede ocurrir lo mismo con la temperatura, la textura, la acritud (lo «especiados» que pueden estar los chiles o la mostaza) y la «frescura», como la producida por la menta. Unamos todo eso a factores sociales como el acto de comer con amigos, o el ambiente especial de un agradable restaurante o una comida excelente en casa, y podremos ver cómo nuestro sentido del gusto puede ser un poderoso motivante en nuestras vidas.

Las papilas gustativas contienen células especializadas que reaccionan a diferentes combinaciones de sustancias químicas produciendo un impulso eléctrico y transmitiéndolo por un nervio aferente hasta la médula. Esta conexión directa con la médula muestra lo básico que es nuestro sentido del gusto: como vimos antes, era probablemente el primero de nuestros sentidos «externos»; y en el capítulo 1 hablamos sobre cómo la médula era una de las primeras partes del encéfalo que evolucionó. Desde la médula, la información sobre el gusto pasa a un área situada en la parte posterior del tálamo, que a su vez está conectada con la corteza gustativa primaria.

Los estudios sobre la corteza gustativa tienden a definirla como un órgano que tiene dos partes: el opérculo frontal, en la base de los lóbulos frontales del cerebro, y la ínsula anterior, que se encuentra en la parte plegada por debajo del lóbulo frontal. Sin embargo, estas dos regiones son continuas y parecen funcionar juntas en lugar de ir por separado. Las neuronas de esta área han demostrado responder a estímulos salados, dulces, ácidos y amargos, y también que indican por su ritmo de activación lo fuertes que son esos gustos concretos. Los estudios sobre cómo las neuronas responden a los estímulos han demostrado además que están vinculados con neuronas que indican sensaciones de placer, tanto en el gusto como en otras clases de recompensa. Todo esto conlleva que la forma en que reaccionamos al gusto, en términos de si lo encontramos agradable o no, es parte fundamental de la sensación, y no tan sólo un añadido posterior.

Esto se relaciona con el propósito evolutivo del sentido del gusto, por supuesto, que sirve para alertarnos de lo que puede ser bueno o malo para comer. El dulzor normalmente indica un alimento rico en energía, mientras que el amargor indica un posible veneno o sustancias tóxicas que es mejor evitar. En la naturaleza, los alimentos que son grasos y dulces son muy poco comunes, pero cuentan con fuentes extremadamente útiles de nutrición. Se ha sugerido que por eso consideramos tan atractiva la comida que combina el dulzor con la grasa, es decir, tartas, budines y tentempiés dulces. En nuestro mundo moderno, la comida es más abundante, por lo que no necesitamos dirigirnos a estos tipos de fuentes de energía, pero algunos investigadores creen que hemos conservado una preferencia hacia ellos por nuestro pasado evolutivo.

Como bien sabemos, el gusto lo configuran el aprendizaje y la cultura. Parte de la alegría de vivir en un mundo multicultural es nuestra exposición a diversos sabores distintos de diferentes grupos culturales. Algunas culturas dan más importancia a los alimentos muy picantes, por ejemplo, mientras que otras se concentran en el dulzor o en la complejidad del sabor. Pero en todas las culturas tendemos a evitar los sabores que contienen compuestos perjudiciales. Ése es, por supuesto, el otro valor del gusto para la supervivencia, que consiste en asegurarse de evitar las cosas que son dañinas o venenosas. Aunque hay variantes culturales en la forma en que las personas aprecian diversos sabores, prácticamente todo el mundo considera que los sabores amargos son desagradables. Esto se debe en parte a que esos sabores indican la presencia de compuestos derivados del nitrógeno, que pueden dañar el cuerpo si se consumen en ciertas cantidades. Algunas frutas, bayas y plantas no maduras pueden también ser tóxicas, y suelen tener un sabor desagradable. Por tanto, nuestra tendencia a evitar los sabores desagradables ha sido fundamental para nuestra supervivencia como especie.

El sentido del tacto

El sentido del tacto se localiza en la piel, y se incluye en el grupo de sentidos conocidos como **somatosensación** («somato» significa «relacionado con el cuerpo»). El tacto es, de hecho, uno de los tres sentidos distintos de la somatosensación, o al menos hay tres tipos diferentes de receptores, que responden a tres tipos distintos de estímulos. Uno de ellos es la **me-**

canorrecepción, que es la forma en que discriminamos entre los distintos tipos de tacto, como por ejemplo una ligera caricia o una presión sostenida. Es el sentido principal en el que tendemos a pensar como sentido del tacto, pero también tenemos la **termorrecepción**, que es la forma en que percibimos el calor y la temperatura; y una tercera fuente de información en la piel es la **nocicepción**, que es la forma en que percibimos el dolor. Estudiaremos la nocicepción más adelante, en este mismo capítulo.

Como sabrás por tu propia experiencia, nos pueden tocar de varias maneras diferentes, y los receptores de nuestra piel traducen esto en impulsos eléctricos. Nuestra piel tiene varias capas distintas, y el toque ligero, la presión constante y la textura son detectados todos ellos por receptores situados relativamente cerca de la superficie, en la raíz de los pelos y en la parte superior de la piel, conocida como epidermis. Algunos de estos receptores son terminaciones nerviosas libres en la raíz del pelo, mientras que otros son receptores especializados con terminaciones en forma de disco en la epidermis. Los diferentes receptores situados bajo la epidermis detectan sensaciones como las palpitaciones o las caricias, mientras que los receptores de la siguiente capa hacia abajo, la dermis, responden al tacto que conlleva la vibración o el estiramiento (*véase* figura 5.4).

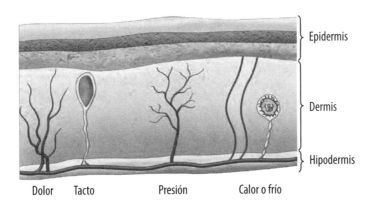

Figura 5.4 Receptores de la sensación de la piel

La termorrecepción –el sentido de la temperatura– procede de la estimulación de terminaciones nerviosas libres de la piel, que responden muy rápidamente a los cambios en la temperatura y transmiten esa información directamente a la espina dorsal. Ésta puede entonces iniciar un reflejo de evitación, si es necesario, contrayendo nuestros músculos, de forma que nos retiremos de algo demasiado caliente o demasiado frío. Otros receptores del tacto transmiten sus mensajes al tálamo (mediante la espina dorsal), lo cual nos hace conscientes de si algo está demasiado caliente o demasiado frío. Desde el tálamo, la información se transmite a la corteza somatosensorial. Ésta es una franja de la corteza cerebral que corre a lo largo de la parte frontal del lóbulo parietal, al contrario de una franja similar –la corteza motora– que corre a lo largo de la parte posterior del lóbulo frontal. Las diversas partes de la corteza somatosensorial responden a mensajes procedentes de distintas partes del cuerpo, y las áreas más sensibles tienen una mayor parte de la corteza dedicada a ellas.

Contamos con un conocimiento bastante detallado de cómo responde la corteza somatosensorial del encéfalo a las sensaciones táctiles. Está dispuesta en una especie de orden corporal, con los dedos de los pies en la parte superior de la franja sensorial de la corteza, y la boca en la parte inferior. El primer mapeo de esta área nació de la estimulación de los cerebros de personas que se sometían a cirugía a cerebro abierto, que informaban sobre sensaciones, como si una parte específica del cuerpo hubiese sido tocada cuando un área particular era estimulada. El «homúnculo sensorial» mostrado en la figura 5.5 es un resumen de los descubrimientos de uno de los pioneros en esta área, el neurocirujano Wilder Penfield, e ilustra la sensibilidad de diferentes partes del cuerpo.

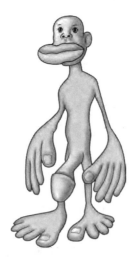

Figura 5.5 Un homúnculo sensorial

Está distorsionado y es distinto del cuerpo usual porque refleja los niveles de sensibilidad de diversas áreas, con partes más grandes que representan a las más sensibles. El torso, por ejemplo, es una parte bastante grande del cuerpo, pero ocupa una parte menor del área somatosensorial que los labios porque es mucho menos sensible. Nuestros dedos y manos son muy sensibles también, por lo que son más grandes en el homúnculo y ocupan mucho espacio en la corteza somatosensorial; mucho más, por ejemplo, que la parte superior del brazo.

Sentir dolor

Nuestro sentido del tacto puede estar estrechamente relacionado con nuestras sensaciones de dolor. Los receptores del dolor están principalmente localizados en la piel, aunque el dolor forma también parte del sentido conocido como **interocepción**, que tiene que ver con sensaciones internas como el dolor de estómago y el movimiento de los órganos internos. Tenemos neuronas receptoras del dolor en nuestros órganos internos, articulaciones y músculos, pero no tantas como tenemos en nuestra piel. Por eso una sensación de dolor interno puede ser engañosa cuando intentamos averiguar de dónde procede.

Los receptores del dolor se llaman **nociceptores**, y responden a tres clases de estimulación: mecánica, como cortarse o golpearse; térmica, como calor o frío intensos; y química, como el picor del polvo de mostaza sobre la piel o un poco de polvo de chile en los ojos. Las terminaciones nerviosas de las neuronas nociceptoras responden a estos estímulos dolorosos si son suficientemente fuertes, y transmiten la información a la espina dorsal. Esto produce un reflejo de dolor directo, que envía mensajes para que se contraigan los músculos, y también transmite la información al cerebro. No hay que pensar para retirar la mano de algo que pincha: nuestro sistema nervioso lo hace automáticamente. Como podemos ver, este tipo de reflejo es un mecanismo de supervivencia útil para minimizar el daño.

La estimulación de los nociceptores de la cara transmite la información al nervio trigémino, que actúa como una «espina dorsal» más pequeña para la cabeza. Pero la mayoría de los nociceptores transmiten información a la propia espina dorsal, donde la información del dolor se separa en varias ramificaciones. Algunas neuronas llevan información de la espina dorsal al tálamo, otras la llevan al bulbo raquídeo y otras la llevan a la médula, el puente y la materia gris periacueductal, un área del interior del mesencéfalo. Esto se debe a que hay diferentes rutas para distintos tipos de dolor. Por ejemplo, aunque ambos tipos de dolor pasan por el bulbo raquídeo, el dolor repentino y a corto plazo toma una ruta lateral y se transmite por un lado del bulbo raquídeo, mientras que el dolor crónico, como el dolor de espalda a largo plazo, toma una ruta media y llega directamente a través de su núcleo central.

Los escáneres de personas que experimentan dolor han tendido principalmente, aunque no en exclusiva, a concentrarse en la estimulación dolorosa a corto plazo. Los investigadores han identificado lo que se conoce como la **matriz del dolor**, una serie de áreas del sistema nervioso que se activan cuando las personas sienten dolor, y que parecen funcionar todas juntas. El tálamo es una parte activa de la matriz del dolor, y también transmite información a una parte del cerebro conocida como corteza insular. La ínsula, como vimos en el capítulo 1, está plegada profundamente dentro de la cisura que separa el lóbulo temporal de los lóbulos frontal y parietal. Se sabe que está implicada en la percepción y el control motor, así como en muchas otras funciones, lo que podría explicar por qué a veces el dolor hace que queramos movernos. Otras neuronas transmiten información dolorosa del tálamo a la corteza cingulada, que rodea la parte frontal del cuerpo calloso.

Podemos ver, entonces, que en el cerebro no hay ninguna área concreta encargada del dolor. En su lugar, implica a varias áreas del encéfalo, pero especialmente a la ínsula y a la corteza cingulada (*véase* figura 5.6). Esto es interesante porque, aparte de su papel en la percepción y el control motor, la corteza insular está activamente implicada en la conciencia, y también interviene en nuestra experiencia de las emociones. Su papel en la percepción del dolor se cree que consiste en separar la información del dolor de sensaciones menos significativas como el picor o el calor, haciéndonos saber que es algo más serio. Por otra parte, se cree que la actividad en la corteza cingulada es la responsable de que el dolor nos resulte tan desagradable. Sin embargo, los investigadores no se pronuncian de forma absoluta sobre estas funciones; en parte porque hay muchos tipos distintos de dolor, en parte porque el propio encéfalo es tan complejo en su funcionamiento, y en parte porque todo el mundo es diferente en el modo en que siente el dolor.

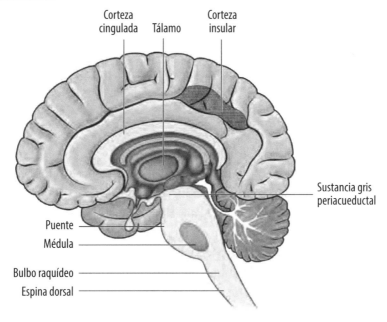

Figura 5.6. Áreas del dolor en el encéfalo

Otra forma en que la corteza cingulada anterior regula nuestras sensaciones de dolor es mediante sus conexiones con la sustancia gris del mesencéfalo, que es muy rica en opiáceos naturales, conocidos como endorfinas y encefalinas. Éstas son neurotransmisores que actúan como analgésicos naturales, y se liberan en momentos de conmoción extrema, mucho estrés físico o ejercicio intenso. Las drogas opiáceas potentes como la heroína y la morfina son eficaces porque imitan esos analgésicos naturales del cerebro (más sobre esto en el capítulo 13), aunque sus efectos secundarios conllevan que no siempre sean una forma efectiva de manejar el dolor. Tienden a utilizarse más comúnmente para aliviar el dolor del cáncer terminal, ya que los problemas de la adicción son mucho menos importantes para estas personas que aliviar el dolor que experimentan.

A menudo hacemos referencia a las experiencias sociales como algo que es «doloroso». Un momento de vergüenza, el sentimiento de pérdida experimentado por una discusión con una persona amada, la soledad y

101

el rechazo social, son todas experiencias que describiríamos como dolorosas. Pero esto parece ser más que tan sólo una metáfora: algunas pruebas interesantes han demostrado que el dolor social de esta clase activa las mismas áreas del encéfalo que se activan con el dolor físico: la ínsula, la corteza cingulada y también otras áreas. Por tanto, tal vez las descripciones poéticas de experiencias como el luto o el rechazo social como «dolorosas» pueden ser más adecuadas de lo que pensamos. Volveremos a esta idea en el capítulo 9.

CONTROLAR EL DOLOR

A algunas personas con dolor crónico se les ha colocado implantes eléctricos en la sustancia gris periacueductal, los cuales pueden activarse para estimular el área directamente. Para algunos, esto les ofrece cierto grado de control sobre su dolor, pero no todo el dolor crónico puede controlarse de esta forma. En 1982, Melzack y Wall propusieron que el encéfalo tiene sus propias «puertas», que pueden, o no, permitir el paso de la información, dependiendo de las experiencias pasadas o actuales. Una puerta puede cerrarse mediante los impulsos neuronales que proceden de otras partes del encéfalo, como los impulsos generados durante el arousal o el interés extremos. Otros tipos de estímulos, como la presión, pueden a veces cerrar también la puerta, lo que explica por qué frotar un punto doloroso puede a veces ayudar a aliviar el dolor.

Algunos investigadores han estudiado si se puede aprender a controlar el dolor utilizando estrategias mentales. Ésta es una táctica muy utilizada por los deportistas expertos, que necesitan llevar sus cuerpos más allá de la zona de comodidad para lograr un rendimiento máximo. Un metaanálisis de cuarenta estudios diferentes realizado por Fernández y Turk (1989) demostró que desarrollar técnicas de imaginación mental puede tener un efecto decisivo sobre el control del dolor. Más recientemente, Woo y colaboradores (2015) exploraron la actividad cerebral de las personas en respuesta a estímulos de calor doloroso en sus brazos. Había tres condiciones en su estudio: en una, a los participantes se les pedía que aclarasen la mente y no pensaran en nada; en la segunda, se les pedía que imaginasen que el calor estaba dañando su piel de verdad (era incómodo, pero no dañino); y en la tercera condición, a los participantes se les pedía que imaginaran que el calor era una experiencia placentera en un día muy frío.

En las tres condiciones, los escáneres cerebrales mostraron la misma actividad en las rutas físicas del dolor. Las tres condiciones también produjeron las reacciones esperadas en los participantes: su percepción del dolor aumentó en la segunda condición y disminuyó en la tercera. Pero las condiciones también activaron una segunda ruta neuronal, dependiendo de cómo pensaran los participantes. Esta ruta implicaba al núcleo accumbens y a la corteza prefrontal ventromedial, las áreas de los lóbulos frontales del encéfalo que ya se sabe que están implicadas en la motivación, la valoración y la estimación emocional, pero que no se habían asociado previamente con el control del dolor. Esto, respaldando los estudios, demostró, tal como los investigadores y los deportistas habían sospechado desde hacía tiempo, cómo estrategias cognitivas como la imaginación, la distracción e incluso la hipnosis pueden influir en la actividad cerebral de formas que pueden afectar directamente al dolor que experimentamos.

El modelo general que tenemos sobre cómo nos afecta el dolor tiene tres dimensiones distintas. La primera es la dimensión sensorio-discriminativa, que consiste en lo fuerte que es el dolor, dónde ocurre y cuánto tiempo dura. La segunda es la dimensión afectivo-motivacional, que tiene que ver con la sensación desagradable y nuestro deseo de escapar de ella. La tercera es la dimensión cognitivo-evaluativa, que consiste en cómo pensamos en el dolor y en las estrategias cognitivas que utilizamos para distraernos de él. Esta dimensión incluye el modo en que las distintas culturas perciben el dolor, y cómo podemos utilizar experiencias como la hipnosis, la música o incluso un sabor agradable como un caramelo para controlar nuestra atención y concentrarla en algo que no sea el propio dolor.

Ilusiones y sinestesia

Sin embargo, hay otro tipo de dolor que es incluso más difícil de controlar. Se trata del **dolor del miembro fantasma** que ciertas personas a veces experimentan en extremidades u otras partes del cuerpo que les han sido amputadas. En una serie de estudios de caso, Melzack (1992) mostró que es extremadamente común y que podría incluso considerarse el resultado normal de amputaciones, sean deliberadas o accidentales. Es un ejemplo particularmente desagradable de cómo la memoria puede afectar a la actividad cerebral. El dolor del miembro fantasma solía considerarse imaginario porque es evidente que no se origina en el cuerpo. Pero sí influye en el cerebro, y los escáneres de personas que lo experimentan demuestran que se activan las mismas áreas del encéfalo. Por tanto, no hay nada imaginario en el dolor que sufren esas personas. El dolor del miembro fantasma, parece ser, se origina en el área somatosensorial, que contiene la imagen corporal interna del encéfalo.

Todos tenemos una imagen corporal, que parece venir integrada en el sistema nervioso, y no aprendida mediante la experiencia. Las personas nacidas sin extremidades suelen experimentar que tienen miembros fantasma completos, aunque no dolor. Cuando un miembro se ha perdido mediante amputación, la imagen corporal sigue siendo completa, aunque el cuerpo no lo sea. Los que hace poco tiempo que han sido amputados suelen olvidar que han perdido un miembro, lo que les hace vulnerables a sufrir accidentes.

Incluso más perturbador es lo que Katz y Melzack (1990) demostraron sobre que los miembros fantasma pueden conservar la memoria del dolor sentido antes de la amputación. En un caso, por ejemplo, un hombre de camino al hospital para que le quitaran una espina que le causaba dolor bajo una uña se vio implicado en un accidente que le aplastó el brazo. Siguió sintiendo el dolor de la espina después de que le amputaran el brazo.

Algunos dolores del miembro fantasma responden a los tratamientos médicos estándar, como los analgésicos, o a otras formas de terapia. Sin embargo, en otros casos los tratamientos pueden ser ineficaces, por lo que el amputado tiene que encontrar otras formas de sobrellevarlo. Las amputaciones suelen realizarse después de un período de intenso dolor, como por ejemplo un miembro aplastado, y Katz y Melzack descubrieron que anestesiar esas dolorosas lesiones durante un período de tiempo antes de llevar a cabo la amputación genera mucho menos dolor del miembro fantasma. Sugirieron que esto ocurre porque el cerebro ha tenido tiempo de recuperarse del dolor y adaptar su imagen corporal en consecuencia, por lo que recomendaron que ésta fuera la práctica médica estándar.

Hay otras formas de imaginación sensorial, e incluso de ilusiones. A veces hay personas que experimentan **fantosmia**, olores imaginados, y huelen algo que no está ahí delante. Suele experimentarse como el olor de algo desagradable –quemado o cáustico, por ejemplo–, y puede darse en una o en ambas fosas nasales. Como podemos imaginar, experimentar una fantosmia de esta clase puede también distorsionar el sentido del gusto, y puede ser causada por una serie de factores, entre ellos los pólipos nasales o problemas dentales, que influyen en las células receptoras, o incluso alteraciones en la corteza olfatoria.

Pueden tener lugar alucinaciones en cualquiera de los sentidos. Además de la experiencia de un sabor que no está ahí en términos de estimulación externa, podemos también experimentar una sensación engañosa de propiocepción, como una sensación de falta de equilibrio cuando estamos sentados, una sensación de ser tocados cuando nadie está cerca de nosotros, o algo similar en cualquier otra modalidad sensorial. Aunque las alucinaciones extremas pueden ser un síntoma de enfermedad mental, las leves, que suelen clasificarse como perturbaciones en lugar de alucinaciones, no son poco frecuentes. La mayoría de la gente las experimenta ocasionalmente. Se cree que pueden reflejar poco más que una actividad neuronal aleatoria, o incluso una imaginación mental extremadamente vívida, provocada por recuerdos. Examinaremos la imaginación y la memoria en el capítulo 7.

A veces, asimismo, una persona experimenta un cruce entre un sentido y otro, por lo que experimenta los colores como si fueran sonidos, los números como colores o los sonidos como sensaciones táctiles. A esto se le conoce como **sinestesia**, y los informes sobre ella se remontan largo tiempo atrás. En 1925 Wheeler y Cutsforth informaron sobre un caso de un hombre que había sido ciego desde los once años. Aunque no podía ver, experimentaba el tacto y el sonido en términos de colores. Había hecho esto desde niño, por lo que los colores siguieron formando parte de su experiencia normal de este modo, aunque ya no pudiera verlos.

Vernon (1962) sugirió que la sinestesia podría ser normal para los bebés, y que sólo aprenden gradualmente a diferenciar entre las diferentes modalidades sensoriales cuando tienen más experiencia del mundo físico. Otros investigadores han sugerido que la sinestesia puede ser la consecuencia de confusiones neuronales en el tálamo, tal vez como resultado de la acción de neurotransmisores en las rutas neuronales de toda esa región del encéfalo. Esta idea es apoyada parcialmente por la forma en que la droga LSD parece crear experiencias de sinestesia en quienes la toman. En resumen, en realidad no sabemos cómo se desarrolla exactamente la sinestesia en las personas que la experimentan sin LSD.

Sí sabemos, sin embargo, que parece haber dos tipos de sinestesia. La sinestesia proyectiva es cuando la persona cree que ve directamente colores, formas o imágenes en respuesta a un estímulo particular, mientras que la sinestesia asociativa es cuando el estímulo se siente conectado con otros tipos de sensación, generando imaginería sensorial o recuerdos. La sinestesia puede afectar a cualquiera de las rutas sensoriales en cualquier número de combinaciones, y suele ser única para cada individuo, por lo que es difícil hacer generalizaciones sobre ella.

Idea clave

La forma más común de sinestesia ocurre cuando se asocian colores con estímulos visuales, como números, letras o notas musicales. Varias personas famosas, entre ellas Richard Feynman y Franz Liszt, han descrito cómo experimentaron estímulos sensoriales de este tipo. Pero hay por lo menos sesenta tipos distintos de sinestesia: algunas personas descubren, por ejemplo, que su sentido del tacto les genera imágenes del gusto, de forma que el tacto de un pasamanos de hierro podría generar un sabor salado, y el tacto de un trozo de terciopelo, sabor a chocolate. Otras personas conectan el tacto con las emociones, de forma que las naranjas se sienten como algo alarmante y la seda se siente como algo tranquilizador. Algunas personas ven el tiempo como una serie de diferentes sombras y colores, con los minutos, las horas y las semanas presentando distintas tonalidades; parece que el cerebro puede combinar prácticamente toda sensación con cualquier otra. Por qué lo hace, sin embargo, es algo que aún queda por descubrir.

La sinestesia no se considera un problema clínico: la mayoría de las personas que la experimentan son bastante felices y no se dan cuenta de que sus sensaciones son inusuales hasta que descubren que otras personas no las comparten. Muchas personas con sinestesia consideran que enriquece su experiencia en lugar de limitarla, y ha habido alguna sugerencia de que tal vez sea más probable que se impliquen en actividades creativas, quizás porque son más conscientes de las interacciones entre las modalidades sensoriales.

✓ **Puntos de atención**

- El olfato es un sentido antiguo, importante para la supervivencia. Los detectores del olfato están directamente conectados con la amígdala, que procesa las emociones, además de con la corteza cerebral.
- Nuestro sentido del gusto nos hace sensibles a muchos sabores y texturas distintos. Conecta con áreas subcorticales del encéfalo y con los circuitos de recompensa, además de con un área especial de la corteza cerebral.
- El sentido del tacto combina la mecanorrecepción, que detecta presión de diferentes tipos; la termosensación, que detecta la temperatura; y la nocicepción, que detecta el dolor.
- El dolor implica a varias áreas del cerebro, no sólo a una. Los sentimientos de dolor social, como la vergüenza, utilizan las mismas áreas cerebrales que el dolor físico.
- Hay muchos tipos de ilusiones sensoriales, entre ellas el dolor del miembro fantasma. Algunas personas experimentan sinestesia, en la que las imágenes sensoriales se entrecruzan o se mezclan.

Paso siguiente

Podemos ver que nuestros otros sentidos se combinan con la vista y el oído para ofrecernos una experiencia especialmente rica de nuestro entorno. Pero no nos limitamos a experimentar nuestro entorno de forma pasiva. Somos activos en nuestro mundo, y en el capítulo siguiente estudiaremos cómo podemos actuar en nuestro entorno mediante el movimiento.

6

ACCIÓN Y HABILIDADES

Hemos visto cómo el encéfalo recibe información del mundo externo y del interior del cuerpo. El resultado fundamental de esto es que ha evolucionado para ayudarnos a sobrevivir, pero recibir toda esta información sobre el mundo externo sólo es útil si podemos hacer algo con ella. Por eso tenemos varias áreas del encéfalo que nos ayudan en eso.

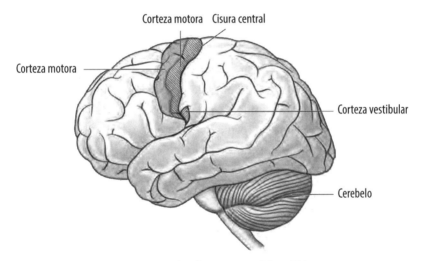

Corteza motora   Cisura central

Corteza motora

Corteza vestibular

Cerebelo

Figura 6.1 Las áreas motoras del encéfalo

Moverse y equilibrarse

Para movernos necesitamos saber por dónde empezar. Los capítulos anteriores se han ocupado principalmente de nuestros sentidos externos, pero también tenemos otros internos, que nos hacen saber sobre la posición de nuestros miembros y cómo nos movemos. La **propiocepción** es uno de estos sentidos. Es la información que recibimos de los receptores de nuestros músculos y articulaciones, y también de una parte especial del oído interno conocida como sistema vestibular. Los propioceptores en sí mismos son pequeños husos musculares localizados en los músculos, los tendones y las articulaciones. Detectan la posición y si los músculos están relajados o contraídos, y convierten esta información en señales eléctricas que llegan al encéfalo. De este modo, el encéfalo puede mantener una representación de la posición del cuerpo y dónde está localizado en el entorno inmediato.

La propiocepción es un sentido importante porque necesitamos saber dónde nos encontramos en relación con otros objetos del mundo. Está muy bien poder ver objetos, pero, a menos que sepamos dónde estamos –lo cerca que nos encontramos de las cosas y lo que necesitamos hacer para aproximarnos o alejarnos–, seremos incapaces de actuar eficazmente con los objetos de nuestro entorno. Por tanto, la propiocepción está estrechamente vinculada con la **cinestesia**: nuestro sentido del movimiento.

La cinestesia es una parte esencial de las acciones de habilidad, y podemos entrenarla deliberadamente cuando aprendemos cualquier tipo de destreza física. Las acciones cotidianas como escribir, dibujar, subirse al autobús o incluso prepararse una taza de té dependen de que podamos mover nuestros músculos de la forma que queremos. Eso a su vez significa que necesitamos poder detectar esos movimientos con nuestro sentido cinestésico para que podamos corregirlos si fuera necesario. La cinestesia es un componente clave de la coordinación física, y también de la memoria muscular.

Los receptores implicados en la propiocepción y la cinestesia están localizados en los músculos, los tendones y las articulaciones. Traducen la información sensorial en impulsos eléctricos, a veces mediante receptores que responden si son comprimidos o estirados por movimientos musculares, y a veces mediante receptores que pueden detectar las posiciones pasivas, como los ángulos implicados en la posición de las articulaciones. Estos impulsos después viajan hacia el sistema nervioso central, tomando una de dos rutas distintas. Una ruta permanece activa en el movimiento consciente. Las neuronas que siguen esta ruta viajan hasta la base de la médula, donde sus mensajes los recogen otras neuronas y los transmiten al tálamo. Otra información sensorial relevante, como la vista, se vincula con ella en este punto, y después la información llega a la zona situada en la parte inferior del área somatosensorial de la corteza encefálica, un área conocida como corteza vestibular.

La otra ruta la activa el movimiento inconsciente o automático, y termina en el cerebelo en lugar de en el cerebro. La información de los propioceptores llega en primer lugar a la espina dorsal y después pasa por la médula y el puente, antes de terminar en el cerebelo. Como vimos en el capítulo 1, el cerebelo es la parte del encéfalo que coordina el movimiento relacionado con la habilidad, por lo que necesita recibir información sobre la propiocepción y la cinestesia.

EQUILIBRIO

Tanto la propiocepción como la cinestesia están implicadas en la sensación de equilibrio, que a veces se llama **equilibriocepción**. Conseguimos y mantenemos nuestro equilibrio cuando nuestros músculos reaccionan a la información sobre nuestro movimiento y orientación corporales, haciendo ligeros ajustes si es necesario. La información procede de tres fuentes. Parte de ella procede de nuestra vista: ¿alguna vez has estado en una de esas «casas locas» que te hacen sentir como si estuvieras en una pendiente aunque no lo estés? Ofrecer a tus ojos información errónea puede afectar realmente a tu sentido del equilibrio. Otra información sobre el equilibrio procede de la propiocepción: si te colocas sobre una pierna y te pones erguido, sentirás que los músculos de tu pierna y tu pie hacen pequeños movimientos para mantenerte en esa posición. El encéfalo está utilizando esa información propioceptiva para mantenerte equilibrado y firme.

También tenemos un sistema especial para detectar a qué altura nos encontramos, y si nos están moviendo. Ésta es la tercera fuente de información, y la detecta una parte del oído interno conocida como **sistema vestibular**. El oído interno está lleno de líquido, y parte de él contiene el órgano de Corti, que, como vimos en el capítulo 4, es con lo que detectamos el sonido. Pero también contiene tres estructuras conocidas como canales semicirculares. Éstos son circuitos llenos de líquido situados aproximadamente a un ángulo recto los unos respecto de los otros. El líquido responde a la gravedad, por lo que hay diferente presión a lo largo de las distintas partes de los canales. Forman una especie de sistema de «empujón-tirón»: cuando una parte del canal tiene más presión, su canal correspondiente en la otra oreja tendrá menos. Comparando los estímulos de ambos oídos conforme el líquido se arremolina en respuesta al movimiento, el encéfalo puede identificar cómo se mueve o rota la cabeza.

Es el movimiento del líquido de los canales semicirculares lo que produce la sensación de vértigo que sientes si has dado vueltas y de repente te detienes. Algunos artistas, como los bailarines de ballet, controlan esto moviendo su cabeza muy rápidamente a medida que giran, y después se detienen más tiempo en posición de avance para minimizar la alteración de ese líquido. Otros artistas, como los patinadores sobre hielo, no pueden hacer eso, por lo que tienen que aprender a patinar como sea, ignorando el vértigo y confiando en que sus músculos realicen sus acciones bien practicadas.

Los canales semicirculares también detectan movimientos lineales por medio de membranas sensibles que contienen partículas diminutas conocidas como **otolitos**. Si tu cabeza está quieta, los otolitos presionan hacia abajo sobre la membrana, pero si te mueves hacia delante o en otra dirección lineal, los otolitos presionan hacia atrás o hacia los lados. La presión la detectan las células pilosas, que se estimulan produciendo un impulso eléctrico. La información de estas dos fuentes llega a la médula y después al cerebelo, donde se enlaza con los estímulos visuales para generar nuestro sentido del equilibrio. Las personas que sienten mareo ante el movimiento descubren a menudo que es peor si intentan leer o hacer algo que implique una visión estática. Puede parecer que no es muy diferente, pero con frecuencia mirar hacia fuera de la ventana reduce un poco las náuseas porque el encéfalo se considera más capaz de dar sentido a lo que está experimentando. Los fármacos contra el mareo debido al movimiento actúan directamente sobre el cerebelo para suprimir esta actividad.

Realizar acciones

Recibir información es sólo parte de la historia: también debemos ser capaces de actuar de acuerdo con la información que recibimos, y eso conlleva ser capaces de movernos, de realizar acciones. Imagina que has estado sentado algún tiempo y que decides que quieres ir a la cocina con el propósito de coger algo para beber.

Todo comienza en los lóbulos frontales, en la parte frontal del cerebro inmediatamente delante de la cisura central, y por encima de la cisura lateral. Los lóbulos frontales tienen que ver con el control de lo que hacemos. En su parte más frontal, éstos se ocupan de aspectos del pensamiento, como la planificación, el razonamiento y la toma de decisiones, mientras que si vamos hacia atrás, hacia la cisura central, se ocupan más de las acciones y del movimiento.

La parte delantera (la anterior) del lóbulo frontal se dedica normalmente, como hemos dicho, a la toma de decisiones, el pensamiento y otras actividades cognitivas, por lo que es la parte del cerebro que permanece activa cuando decidimos hacer algo. En la parte posterior del lóbulo frontal, hay una franja de corteza que corre a lo largo de la cisura central, frente al área somatosensorial (*véase* capítulo 5). Se trata de la **corteza motora**, que es la parte que envía mensajes directos a las distintas partes del cuerpo de forma que puedan moverse. Pero hay varios pasos entre decidir emprender una acción y realmente llevar a cabo ese movimiento, y algunos pasos se reflejan en las áreas de los lóbulos frontales que hay en medio.

✓ **Idea clave**

Uno de los logros más estimulantes de este siglo ha sido la forma en que los neurólogos y cibercientíficos han trabajado juntos para desarrollar eficazmente prótesis para personas a las que alguna lesión importante les ha dejado sin el uso de sus miembros. Por ejemplo, a veces las personas que se han quedado tetrapléjicas (los brazos y las piernas paralizados) a consecuencia de una lesión espinal siguen teniendo una actividad neuronal relevante en la corteza motora. Algunas personas han podido entrenar sus cerebros a fin de utilizar los impulsos de esa parte de su cerebro para mover un cursor en la pantalla de un ordenador. Más recientemente, algunas personas han podido utilizar estas señales corticales para hacer funcionar manos o miembros robóticos especialmente diseñados. Se necesita una práctica considerable, pero en muchos casos les proporciona una nueva vida.

Justo detrás del lóbulo frontal anterior, hay otra área, conocida como la corteza prefrontal. Esta área está también implicada en lo que consideramos funciones mentales superiores, como la memoria operativa, el pensamiento y la toma de decisiones, y es aquí donde tiene lugar la planificación. Esta parte del cerebro no se ocupa de movimientos específicos, pero sí del propósito de la acción; por ejemplo, el objetivo de hacer algo sobre el hecho de sentir sed. En un estudio, por ejemplo, a los sujetos se les pidió que movieran un dedo, en respuesta a ser tocados o como resultado de su propia decisión sobre qué dedo elegir. Ambas acciones activaron las partes de la corteza prefrontal que se ocupan de acciones específicas, pero la segunda tarea también generó actividad en la región prefrontal, con lo que demostró que está implicada en tomar decisiones y tener intenciones.

En otro estudio, a unos adolescentes se les pedía que manipularan palancas de mando de videojuegos mientras se escaneaba su actividad cerebral. Se les dieron dos condiciones: una en la que movían la palanca de mando en respuesta a una señal auditiva y otra en la que tomaban sus propias decisiones sobre cuándo y cómo la moverían. Aunque ambas condiciones implicaron actividad en el área premotora y el área motora, sólo la segunda condición mostró actividad en la corteza prefrontal. Los escáneres del cerebro reflejaban sus decisiones sobre la naturaleza y el ritmo de los movimientos –es decir, lo que iban a hacer y cuándo iban a hacerlo–, lo que refuerza la idea de que esta parte del cerebro se ocupa directamente de la planificación y la toma de decisiones implicadas en el movimiento deliberado.

Las personas cuya corteza prefrontal queda dañada suelen tener una conducta desorganizada o inapropiada. Pueden, por ejemplo, realizar innecesariamente actividades habituales, como encender o apagar luces, o abrir y cerrar armarios aleatoriamente, o pueden repetir las acciones una y otra vez. Llevan a cabo acciones automáticas o secuencias de acciones, pero lo que parece que son incapaces de hacer es coordinar sus ideas e intenciones con su actividad. También pueden volverse muy sugestionables y responder rápidamente a propuestas de acción hechas por otras personas y quedar hipnotizadas fácilmente. En resumen, si tomamos nuestras propias decisiones sobre nuestras acciones, lo hacemos utilizando la corteza prefrontal. Pero si solamente respondemos a demandas externas de otras personas o actuamos automáticamente ante la situación, no la utilizamos.

Detrás de la corteza prefrontal y delante de la corteza motora, hay un área llamada corteza premotora. Es la parte del cerebro que prepara a la corteza motora para actuar y que ajusta qué neuronas se utilizarán. La parte de la corteza premotora situada hacia el centro del cerebro a veces se llama el área motora suplementaria, o AMS, y recibe información propioceptiva sobre cómo están situadas las partes del cuerpo. El AMS está implicada en las acciones bien aprendidas, como tocar una melodía conocida en un instrumento o escribir en un teclado: en otras palabras, acciones que no requieren que el cerebro esté comprobando constantemente el entorno externo para obtener nueva información. Esta área del cerebro parece preparar las secuencias motoras de movimientos bien aprendidas que deben ejecutarse con un ritmo preciso. Hace esto combinando la retroalimentación procedente de otras áreas sensoriales, como el oído o la vista. Por tanto, es muy importante para la ejecución musical (volveremos a ello más adelante), y también permanece activa en otras acciones bien aprendidas.

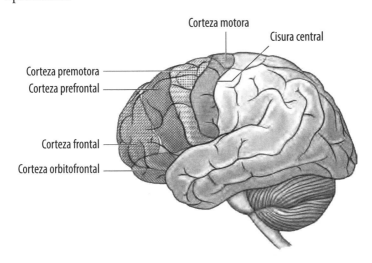

Figura 6.2 Áreas del lóbulo frontal

El área motora suplementaria es la parte de la corteza premotora situada en la parte superior y central del cerebro. Desplazándonos hacia el lado del cerebro, la corteza premotora tiene un nombre distinto –la **corteza premotora lateral**– y una función distinta. Se activa cuando actuamos sobre objetos en el entorno, en otras palabras, en situaciones en que necesitamos escanear el entorno para obtener información externa, como reaccionar a un semáforo o abrir la puerta del microondas cuando este suena. La corteza premotora lateral recibe algo de información de los otros sentidos, pero responde con más fuerza a la información visual procedente de los lóbulos parietales, es decir, a la información que ha sido procesada por su significado y sus implicaciones. Es la corteza premotora lateral la que está implicada cuando disparamos un arma en respuesta a la vista de un «enemigo» en un videojuego, presionamos un botón para indicar que sabemos la respuesta a una pregunta o pisamos con fuerza los frenos si vemos un ciervo andando por la carretera.

Uno de los descubrimientos más fascinantes desde la década de 1990 tiene que ver con las **neuronas espejo**. Se creía que éstas son células nerviosas especializadas que responden cuando realizamos acciones nosotros mismos, y también cuando vemos los mismos movimientos en otras personas. Sin embargo, desde esos primeros hallazgos, hemos descubierto que el acto de imitar no está relacionado con neuronas especializadas. En su lugar, las mismas neuronas que utilizamos para representar nuestras propias acciones se activan cuando vemos a otras personas hacer lo mismo. Ver a otra persona mover sus brazos de una forma concreta genera la misma actividad neuronal en la corteza premotora que se utilizaría si nosotros mismos moviéramos así nuestros brazos, sólo que en ocasiones no con tanta fuerza.

Hay también neuronas espejo en otras partes del cerebro, y todo el sistema de imitación es especialmente interesante porque refleja la naturaleza social del ser humano. Lo que hacen otras personas es importante para nosotros, y entender sus acciones nos ofrece una forma de responder adecuadamente a lo que hacen. Volveremos a esta idea cuando examinemos los aspectos sociales del cerebro, en próximos capítulos.

Volviendo al asunto de la acción: la corteza premotora envía mensajes directamente al área situada en la parte superior del encéfalo, en la parte posterior de los lóbulos frontales, la corteza motora. Cuando se estimulan neuronas de la corteza motora, las partes relevantes del cuerpo responden mediante movimientos. Esto se debe a que algunas de las neuronas de la corteza motora envían mensajes directamente al tálamo y se transmiten inmediatamente a los músculos, estimulando las fibras musculares para que se contraigan. Igual que la corteza somatosensorial, la corteza motora está organizada de acuerdo con las diferentes áreas del cuerpo. Los pies se encuentran en la parte superior, seguidos por el torso, las manos, que ocupan un área grande de la corteza porque utilizamos nuestras manos de muchas formas, después la cabeza y la cara, que también ocupan mucho espacio por la misma razón, y por último la lengua (*véase* figura 6.3). Aquí hay un cruce: igual que con la corteza somatosensorial, la corteza motora del lóbulo frontal izquierdo controla la parte derecha del cuerpo, mientras que la corteza motora del lóbulo frontal derecho controla la parte izquierda del cuerpo.

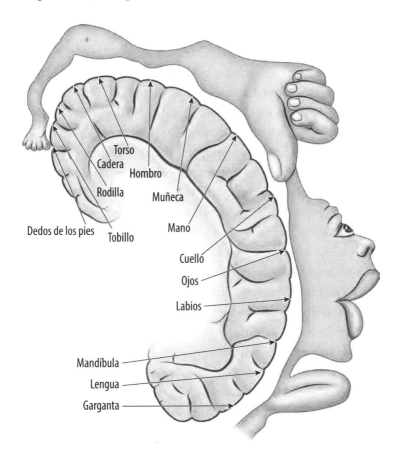

Figura 6.3 Homúnculo motor

Todo esto está muy bien, pero ¿cómo decide el cerebro qué neuronas deben activarse? Los investigadores han descubierto que el patrón de actividad neuronal de la corteza motora se ocupa de la dirección del movimiento. Cada neurona de esta área tiene una dirección «preferida», y se encuentra más activa cuando el movimiento se hace en esa dirección específica. Pero también se activan, aunque con menos fuerza, si la acción implica movimiento en una dirección similar. El propio movimiento –es decir, la serie de impulsos eléctricos que finalmente activarán la contracción muscular– es el resultado de una combinación del número de neuronas que se activan y de la fuerza con que se activa cada una.

SISTEMAS DE MOVIMIENTO

Parte de lo que hacemos consta de acciones deliberadas y planificadas, pero muchas de nuestras acciones no implican un nivel elevado de conciencia: se realizan automáticamente sin nuestra acción consciente. Por tanto, el encéfalo tiene dos sistemas distintos para organizar el movimiento: uno que se ocupa del movimiento deliberado, conocido como **sistema motor piramidal**, y otro que se ocupa de las acciones inconscientes y automáticas, conocido como **sistema motor extrapiramidal**. Ambos sistemas involucran a las áreas que ya hemos examinado, es decir, a la corteza prefrontal y la premotora, y especialmente al área motora suplementaria. Pero después de eso, sus mensajes se transmiten en distintas direcciones.

En el sistema motor piramidal –el que se ocupa de las acciones conscientes que hemos decidido– los mensajes van directamente desde la corteza motora hasta las fibras musculares pasando por el tálamo. Así es como respondemos con movimiento si se estimula la parte relevante de esta área, y es también como los investigadores pudieron construir el mapa del homúnculo del área motora mostrado en la figura 6.3. Algunas personas que han sufrido lesiones o infartos cerebrales han aprendido a utilizar esta área para manejar cursores de ordenadores, o en algunos casos, incluso brazos o piernas robóticos. Es un campo relativamente nuevo porque la electrónica es muy compleja y las personas implicadas necesitan hacer mucho esfuerzo para aprender cómo hacerlo, pero en esencia implica que la persona se imagine el movimiento específico. Las señales nerviosas que son activadas como resultado se utilizan después para dirigir el ordenador o el robot.

Los mensajes que toman la ruta extrapiramidal a través del cerebro también terminan en los músculos, pero menos directamente. En su lugar, siguen una de estas dos rutas: circulando a través de los ganglios basales, o bien a través del cerebelo antes de llegar al tálamo, y después a los músculos. Los ganglios basales son grandes masas redondas que rodean el tálamo y que forman parte del sistema límbico del encéfalo. Son especialmente activos en el ritmo de nuestros movimientos, lo cual es importante para la coordinación. Los estudios en los que se pide a los sujetos que golpeen rítmicamente con los dedos, por ejemplo, muestran una mayor actividad en esta área del encéfalo. El daño a esta área puede ocasionar temblores y falta de coordinación muscular, como vemos en quienes padecen la enfermedad de Parkinson.

Los ganglios basales también reciben información de muchas otras áreas del encéfalo. La información sobre el movimiento que circula por los ganglios basales conecta con la información procedente de las áreas sensoriales de la corteza: información sobre la vista, el oído, la cognición y la propiocepción, por ejemplo. Desde allí, la información (o su mayor parte,) se dirige hacia el tálamo, que transmite los mensajes que llegan a los músculos. Ésa es la ruta tomada por nuestros reflejos inconscientes, como esquivar si vemos algo volando por el aire que se dirige hacia nosotros.

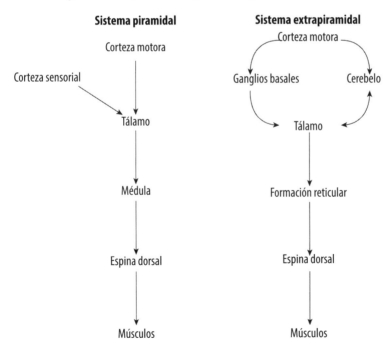

Figura 6.4 Los dos sistemas motores del encéfalo

La ruta que pasa por el cerebelo también se ocupa de las acciones que hacemos sin pensar. Las acciones bien aprendidas y los movimientos fluidos están controlados por él, que almacena secuencias de acción automatizada y programas motores para generar acciones suaves y coordinadas. Una persona que escriba bien con el teclado, por ejemplo, no piensa dónde coloca sus dedos; un jugador de videojuegos experto mueve la palanca de mando y otros controles sin pensar, y un conductor experto no piensa en las acciones implicadas en cambiar de marcha. Aunque un conductor tome la decisión consciente de cambiar de marcha, las acciones musculares en sí mismas se realizan mediante una secuencia firme y bien practicada. Un conductor novato, por el contrario, no tiene estas secuencias de acciones almacenadas en el cerebelo, y por eso tiene que pensar todo lo que hace, con lo que la acción de conducir se percibe como un proceso muy complicado.

Un daño al cerebelo puede conllevar que la persona se mueva sola con indecisión: puede moverse, pero carece de equilibrio, y también le falta la confianza que procede de ser capaz de moverse fluidamente y sin pensar. A diferencia de la corteza motora, el cerebelo es ipsilateral, es decir, el lado izquierdo del cerebelo controla la parte izquierda del cuerpo y el lado derecho del cerebelo controla la parte derecha del cuerpo. Si se daña en un lado, normalmente la persona puede seguir moviéndose, pero es probable que ese lado esté mal coordinado, lo cual produce vacilaciones, habla ininteligible o problemas similares.

✔ Estudio de caso: Síndrome de la mano extraña

Uno de los síntomas más raros que pueden resultar del daño al encéfalo se conoce como síndrome de la mano extraña. En él, la persona afectada no tiene retroalimentación sensorial de una de sus manos —normalmente la izquierda—, que parece tener vida propia. Los registros de personas con este síndrome incluyen un hombre cuya mano izquierda bajaba sus pantalones cuando se los subía con la mano derecha, un jugador de cartas cuya mano izquierda se negaba a soltar una carta cuando estaba jugando, e incluso una mujer cuya mano derecha intentó estrangularla. Las autopsias y los estudios de fIRM indican que es la consecuencia del daño a la corteza motora primaria derecha y también a otras áreas de los lóbulos frontales que se ocupan de intenciones y de planificación de acciones.

Aprender habilidades

¿Cómo desarrollamos las secuencias de acción fluidas que damos por supuestas en nuestra vida diaria? Efectivamente, entrenando grupos de células nerviosas para que se acostumbren a ser utilizadas juntas. Allá por la década de 1950, mucho antes de que el escaneo cerebral se convirtiera en realidad, D. O. Hebb propuso que el aprendizaje tiene lugar porque las células forman lo que se conocía como ensamblaje de células. Cuanta mayor sea la frecuencia con la que una neurona estimula a otra, más fuerte será su conexión: Hebb creía que los botones sinápticos que establecían la conexión entre las células se hacían más grandes, por lo que su efecto era mayor. Como vimos en el capítulo 2, la investigación actual muestra que estaba muy cerca de lo considerado correcto: el botón sináptico no crece él mismo, pero el número de vesículas y de receptores asociados con esa sinapsis aumenta cuanto más frecuente sea la conexión. Esto se conoce como **plasticidad sináptica**, y supone que la siguiente célula nerviosa reciba un mensaje más potente cuando la primera libera su neurotransmisor, haciendo que sea más probable que se active.

Por eso la práctica es tan importante. Cada vez que practicamos una secuencia de acciones, estamos haciendo que nuestras células cerebrales sigan una secuencia particular de conexiones, y no otra. Cuanta mayor sea la frecuencia con que hagamos esto, más probable será que tenga lugar la secuencia particular, porque esas neuronas se activarán más fácilmente. Hay también otras formas por las que la práctica supone una diferencia para las neuronas. Bengtsson y colaboradores (2005) descubrieron que la práctica del piano incrementa la cantidad de mielinización de las fibras cerebrales, especialmente en los lóbulos frontales y en el cuerpo calloso. Como vimos en el capítulo 2, la mielinización permite que el impulso se transmita más rápidamente por la neurona, por lo que aumentar la cantidad de mielinización ayuda a que las secuencias de acción tengan lugar más rápidamente.

Como te dirá cualquier deportista, aprender una nueva habilidad no es sólo un proceso directo de mejorar todo el tiempo. En lugar de eso, el aprendizaje queda reflejado por una serie de curvas de aprendizaje, rotas por estancamientos. La figura 6.5 muestra cómo es esto. Al principio, cada sesión de práctica, o cada serie de sesiones de práctica, produce una notable mejora. Sin embargo, después de cierto tiempo, tiene lugar un estancamiento y no parece haber demasiada mejora. Aunque a veces esto se puede considerar desalentador, es un período de consolidación en el que el cerebro está integrando esos programas de movimiento en su repertorio de acciones. Llega un momento en que de nuevo hay mejoras y en esta ocasión la habilidad se hace más sólida. Después la mejora continúa hasta que se llega al siguiente período de estancamiento. Esto significa que si intentas aprender algo y estabas mejorando pero parece que ya no avanzas, es importante seguir practicando. ¡Vale la pena!

Figura 6.5 Aprendizaje con estancamiento

La práctica puede ser tanto mental como física. Los estudios han demostrado que imaginar mentalmente las acciones puede producir cambios muy ligeros en la fuerza de los músculos implicados, aunque no tanto como practicar físicamente las acciones, por supuesto, pero lo suficiente como para marcar una diferencia en las pruebas físicas. A consecuencia de esto, el entrenamiento con imágenes mentales forma parte importante del entrenamiento de un deportista profesional. Ensayar mentalmente las acciones físicas implicadas en una ejecución con éxito ayuda a las neuronas a consolidar sus conexiones y fortalece las rutas neuronales relevantes.

PLASTICIDAD NEURONAL

También hay pruebas de que el cuerpo puede regenerar neuronas, lo cual es una buena noticia para quienes han sufrido lesiones que han dañado las conexiones neuronales con los miembros. La regeneración neuronal es más probable en el sistema nervioso periférico que en las complejidades del sistema nervioso central: como regla general, el cerebro tiende a responder a las lesiones recuperando las conexiones neuronales y a veces haciendo uso de células nerviosas que estaban implicadas en otras funciones menos importantes. Pero en el resto del cuerpo parece que es posible, siempre que el cuerpo de la célula nerviosa esté intacto y en contacto con algunas células de Schwann, que aportan las sustancias químicas relevantes. Lo que sucede es que la célula nerviosa genera un cono de crecimiento en su extremo roto, lo cual reconstruye gradualmente el axón que llega a la extremidad. Esta recuperación puede ser bastante rápida –tanto como cinco milímetros diarios en los nervios más largos–, pero puede quedar perjudicada por el tejido cicatricial y tal vez necesite la ayuda de sustancias químicas que estimulan el crecimiento nervioso.

También parece estar directamente influida por el esfuerzo: cuanto más intente la persona mover la parte afectada, más parece responder la célula nerviosa. Aunque esto no se entiende muy bien, sabemos que el cerebro envía señales de movimiento a los músculos, y puede ocurrir que una estimulación de esa clase, en el comienzo de la célula nerviosa, ayude a estimular el crecimiento neuronal en el otro extremo. Algunas personas han mostrado con el paso del tiempo recuperaciones asombrosas de lesiones graves gracias a sus esfuerzos determinados y sostenidos, guiados por la terapia, mientras que otros que han sufrido lesiones similares quedan dañados o incluso paralizados toda su vida.

Otros aspectos del movimiento pueden también influir en la plasticidad neuronal. Hay cada vez más pruebas de que el ejercicio físico en edades muy jóvenes puede tener efectos protectores sobre el funcionamiento cerebral conforme se envejece. Éstos son principalmente estudios retrospectivos, por supuesto, y no estaremos seguros de este efecto hasta que hayamos podido hacer un seguimiento de sujetos durante toda su vida. Pero una serie de estudios han demostrado cómo el ejercicio físico en una edad media, como adultos maduros, puede también ayudar al funcionamiento mental general, y también parece reducir la probabilidad de desarrollar enfermedades cerebrales degenerativas. Raichlet y colaboradores (2016) escanearon los cerebros de deportistas de resistencia jóvenes. Cuando los comparaban con individuos sanos de la misma edad que no hacían ejercicio, descubrieron una conectividad mucho mayor en muchas áreas diferentes del cerebro, no sólo en las encargadas del funcionamiento visual y motor, sino también en áreas que se ocupan de la memoria operativa y la cognición.

Por tanto, nuestros mecanismos neuronales del movimiento no están configurados de forma simple. Responden constantemente a la práctica, al aprendizaje y a los retos que se les presenta. Mediante la práctica, podemos desarrollar habilidades físicas que van más allá de lo que pensábamos que seríamos capaces. Una de las conexiones entre el cerebro y el movimiento que conocemos bastante bien es la relación entre la actividad cerebral y la ejecución musical.

Tocar música

En la ejecución musical, el movimiento en sí mismo lo producen las contracciones musculares, pero exactamente qué músculos se contraen, y cuándo, es una cuestión mucho más compleja. No obstante, la existencia del escáner cerebral significa que podemos pedir a los músicos que toquen sus instrumentos mientras se les escanea su cerebro, y así podemos hacernos una idea de qué áreas del cerebro están implicadas y en qué tipo de secuencia. En una extensa revisión de estudios sobre el funcionamiento cerebral y la música, Zatorre, Chen y Penhune (2007) describieron cómo la ejecución musical incluye tres aspectos básicos del control físico: ritmo, secuenciación y organización espacial. Cada uno de ellos involucra a diferentes áreas cerebrales.

El ritmo, por supuesto, es esencial en la ejecución musical, y parece implicar a tres áreas principales: el cerebelo, los ganglios basales y el área motora suplementaria (AMS) de la corteza premotora. Las investigaciones que utilizan TEP y otras fuentes indican que el cerebelo está implicado en el control preciso de intervalos cortos, medidos en milisegundos, mientras que los ganglios basales y el área motora suplementaria son más importantes para los intervalos de tiempo mayores, medidos en segundos. Sin embargo, vimos en el capítulo 4 cómo nuestro sentido del oído tiene rutas neuronales que se ocupan directamente del ritmo de los sonidos y la actividad rítmica, por lo que no son las únicas áreas cerebrales encargadas del ritmo (aunque sí parecen ser las principales). La ejecución y la respuesta a ritmos complejos implican también a otras áreas de la corteza cerebral.

Figura 6.6 Ejecución musical

Además hemos visto cómo la corteza premotora, especialmente el área conocida como AMS, participa en la preparación de la corteza motora para llevar a cabo secuencias de acción rítmicas. Las secuencias rítmicas, por supuesto, son una parte esencial de la ejecución musical, por lo que esta parte de la corteza premotora permanece especialmente activa cuando se toca un instrumento. Pero lo mismo sucede con la corteza premotora lateral, la cual recordemos que se activa cuando responde a señales del entorno. Los músicos están también alerta a la retroalimentación que reciben de sus propias acciones, así como a la información sobre las acciones de otros, especialmente cuando tocan juntos. Por tanto, ambas áreas de la corteza premotora están implicadas en la secuenciación.

El cerebelo también está implicado en la secuenciación; su capacidad de responder en milisegundos significa que puede controlar las trayectorias de movimiento de una forma muy precisa. Vimos antes cómo el cerebelo recibe e integra estímulos de muchos sentidos distintos. Utiliza esta información sensorial para desarrollar modelos predictivos de los probables resultados de las acciones, y emplea esos modelos tanto para la retroalimentación como para la proalimentación, es decir, en la rápida corrección o ajuste de acciones en respuesta a los errores y al tratar con lo que podrían ser errores si no se ajustan con rapidez. Combinando la información propioceptiva, auditiva, táctil y visual, el cerebelo genera la secuenciación de acción fluida que es tan importante para la ejecución musical experta.

Muchos estudios han demostrado cómo está implicado el cerebelo en el aprendizaje de secuencias de acción y en vincular estas secuencias de acción con unidades mayores. Es de resaltar que cuando los músicos practican una pieza que están aprendiendo, no corrigen notas aisladas si cometen errores, como a veces hacen los principiantes. En su lugar, vuelven atrás y repiten secuencias completas. Esto enfatiza lo importante que es la secuenciación de acciones. Estimula al cerebelo a integrar trozos completos de una melodía o pieza musical para crear unidades mayores de ejecución experta. Un tipo parecido (aunque menos sofisticado) de aprendizaje tiene lugar al escribir con teclado, en que las secuencias relacionadas con palabras completas se almacenan y ejecutan, en lugar de cada letra aislada, siendo tocadas conscientemente una detrás de la otra.

Los estudios de escáneres cerebrales también han mostrado cómo los ganglios basales están implicados en este aspecto de la ejecución musical. Las conexiones entre la corteza frontal y los ganglios basales se vuelven especialmente activas mientras se aprenden las secuencias de movimientos, pero también están activas cuando se ejecutan secuencias bien aprendidas. En un estudio (Bengtsson y colaboradores, 2004), se escaneó la actividad cerebral de los sujetos mientras se les pedía que siguieran ritmos complejos golpeando con el dedo índice de la mano derecha. A veces estaba implicada sólo una tecla, pero se les pidió que produjeran un ritmo complejo, insistiendo en la necesidad de controlar el ritmo. En otros ensayos había un ritmo simple, pero la persona tenía que golpear varias teclas, enfatizando la necesidad de secuenciación. Los investigadores descubrieron que estaban implicadas distintas áreas encefálicas en los dos tipos de tarea. Los ganglios basales, el cerebelo y la parte lateral del cerebro, que implicaban a los lóbulos frontales y parietales, estaban más activos durante la tarea de secuenciación. El área premotora y partes del lóbulo temporal estaban más activos en la tarea de marcar el ritmo. Por tanto, las ejecuciones musicales, que exigen tanto ritmo como secuenciación, combinan la actividad de todas esas áreas encefálicas.

Ha habido relativamente poca investigación que examine de forma explícita cómo está implicada la organización espacial en la ejecución musical. Sin embargo, algunos estudios con escáner cerebral han descubierto que la parte de la corteza premotora más cercana a la corteza motora está involucrada especialmente en el aprendizaje espacial. Un estudio con violonchelistas expertos mostró que, en comparación con la mayoría de las demás personas, tenían un nivel inusualmente alto de precisión al colocar sus dedos. Normalmente vemos una compensación entre precisión y velocidad: cuanto más rápidamente realice alguien la acción, menos precisa es. Pero los músicos de cuerda expertos tienen que ser precisos en la colocación de sus dedos, porque la más ligera variación afectará a la nota que produzcan, y no muestran en absoluto la compensación entre velocidad y precisión. Realizan perfectamente incluso los movimientos muy rápidos.

REPRESENTANDO LA MÚSICA

El ritmo, la secuenciación y la organización espacial pueden ser los elementos de la ejecución musical, pero los músicos expertos también procesan la información de otras maneras. Los estudios han demostrado, por ejemplo, que es mucho más probable que utilicen representaciones cinestésicas cuando recuerdan piezas musicales. Mientras que una persona sin práctica puede solamente recordar el sonido, los músicos expertos probablemente también recuerden la sensación de los movimientos musculares implicados en producirlo. Estas representaciones cinestésicas pueden actuar como una clase de práctica mental, que ayuda al músico a consolidar su aprendizaje de habilidades de la misma forma que la imaginación mental puede ayudar en la ejecución deportiva o en habilidades físicas.

La ejecución musical experta suele involucrar también un alto nivel de creatividad. Liu y colaboradores (2012) realizaron escáneres cerebrales en artistas de rap de estilo libre mientras se implicaban en dos tareas. La primera era producir un rap improvisado y espontáneo, y la segunda ejecutar una serie bien practicada de letras de rap. Los artistas mostraron una actividad similar en la corteza motora y la corteza premotora en ambas tareas. Sin embargo, la ejecución improvisada mostró mucha más actividad en torno al área motora suplementaria (la corteza prefrontal medial) y en las áreas del lenguaje, lo cual refleja la necesidad de que los artistas puedan elegir palabras rápidamente, tanto por el ritmo como por el significado. De hecho, en la ejecución improvisada había por lo general más actividad en el hemisferio izquierdo. Cuando ejecutaban la letra ya ensayada, en cambio, había más actividad en la corteza prefrontal lateral, pero no en otras áreas del cerebro. Como hemos visto, la corteza prefrontal lateral se ocupa de los movimientos producidos en respuesta a las demandas internas. Las dos tareas de este estudio implicaban el uso del lenguaje, pero la tarea improvisada mostró más actividad en las áreas del lenguaje en el hemisferio izquierdo que la tarea ensayada, que tenía que ver más con el recuerdo.

✔ Puntos de atención

- Los sentidos corporales de la propiocepción, la cinestesia y la equilibriocepción (equilibrio) nos ayudan a saber lo que están haciendo nuestros cuerpos y a movernos eficazmente.
- La corteza premotora planifica el movimiento y la corteza motora dirige el movimiento deliberado a través del sistema motor piramidal. El sistema extrapiramidal implica rápidos reflejos de supervivencia sin control cortical.
- El aprendizaje de habilidades implica, a consecuencia de la práctica, la transferencia del control de movimientos de la corteza motora a través del cerebelo.
- A veces podemos recuperar las neuronas o entrenar las áreas de la corteza motora para utilizar nuevas rutas cuando nos recuperamos de infartos cerebrales o lesiones, pero se necesita un esfuerzo sostenido.
- La ejecución musical requiere acciones de mucha habilidad realizadas con precisión y en secuencia, e involucran a los ganglios basales, la corteza premotora y el cerebelo, además de a la corteza motora.

Paso siguiente

Aunque estudiaremos de nuevo el procesamiento del lenguaje en el capítulo 10, en el próximo capítulo nos ocuparemos de estudiar las áreas cerebrales implicadas en la memoria.

7

RECORDANDO

Una de las cosas que probablemente dirías si alguien te preguntara para qué sirve tu cerebro sería: «Para recordar cosas». Y es muy cierto. Puede incluso decirse que la memoria es aquello en que consiste el cerebro. Sabemos por estudios de plasticidad neuronal que todas las áreas del cerebro pueden adaptarse y aprender de la experiencia, y ese proceso es en sí mismo un tipo de memoria. Pero hay también otros tipos, y lo que solemos considerar memoria en realidad supone distintos procesos que involucran a áreas de todo el encéfalo. Por ejemplo, podemos representar la información de muchas formas distintas. Almacenamos algunos recuerdos utilizando imágenes, sensaciones como sabores, olores e imágenes visuales. Podemos también almacenar información verbalmente, utilizando el lenguaje, o simbólicamente, utilizando otras clases de conceptos.

Además poseemos diferentes tipos de memoria. Tenemos nuestros recuerdos autobiográficos a largo plazo de cosas que hemos hecho y de lo que nos ha ocurrido en el pasado, que los psicólogos llaman memoria episódica. Guardamos recuerdos de otras cosas, que aunque no nos han afectado personalmente, siguen siendo información que conocemos: memoria semántica. Tenemos recuerdos que consisten menos en información almacenada y más en cómo debemos manejarnos al hacer cosas, que se conocen como memoria procedimental. Y también tenemos memoria prospectiva, que consiste en la planificación y el recuerdo para hacer cosas en el futuro.

La mayoría de nuestros recuerdos permanecen inconscientes hasta que los necesitamos. Vuelven a nosotros si tenemos pistas de algún tipo; en otras palabras, si algo nos los evocan. Podríamos reconocer algo o puede parecernos conocido, aunque no podamos recordarlo sin esas pistas, y ése es también otro tipo de memoria. E incluso si no somos conscientes de ellos, nos basamos en nuestros recuerdos para resolver problemas y tomar decisiones. Los psicólogos saben mucho sobre los distintos tipos de memoria: han estudiado el tema desde el siglo XIX (mi libro *Understand Psychology* te contará más sobre ello), pero aquí estamos más interesados en la actividad del cerebro y en cómo funciona la memoria en él. No sabemos todas las respuestas, pero sí sabemos bastante.

Memoria operativa y pensamiento activo

Cuando estamos pensando y resolviendo problemas, utilizamos un tipo de memoria llamada **memoria operativa**, que es como mantenemos las cosas en mente mientras pensamos sobre ellas. La memoria operativa es a muy corto plazo, y suele incluir nueva información que no se ha almacenado a largo plazo. Sin embargo, está limitada: los estudios han mostrado que no podemos retener mucha nueva información en un momento determinado, y que esa nueva información suele olvidarse en cuanto el cerebro ha terminado lo que estaba haciendo con ella. Por eso la agenda de memoria de nuestro teléfono móvil es tan importante: puede que recuerdes el número de teléfono de alguien mientras lo tienes reciente, pero después lo olvidas con facilidad. Si el teléfono no hiciera el «recuerdo» para ti, tendrías que buscar el número en tu memoria cada vez que quisieras utilizarlo, y tal vez no te encuentres en condiciones de hacer eso.

La parte más frontal del cerebro –lo que se conoce como la corteza frontal anterior de los lóbulos frontales– es la parte del cerebro más activamente implicada en el pensamiento consciente (*véase* figura 7.1). No maneja recuerdos como tales, aunque se basa en ellos mientras trata de otros asuntos cognitivos. Pero inmediatamente detrás de esta área, hay otras dos áreas: la corteza prefrontal dorsolateral, en la parte superior, y la corteza prefrontal ventrolateral, por debajo de ella, y ambas están relacionadas activamente con la memoria operativa. A propósito, la parte «lateral» de sus nombres se refiere a la forma en que ambos se encuentran en el lado del hemisferio cerebral en lugar de en la parte central, y los prefijos «dorso» y «ventral» significan «hacia la parte superior» y «hacia la parte inferior». Por tanto, la corteza prefrontal dorsolateral es la parte de la corteza cercana a la parte superior, pero a un lado, y justo antes de la propia corteza frontal. Los nombres parecen complicados, pero todo lo que hacen es indicar en qué parte del cerebro se encuentran.

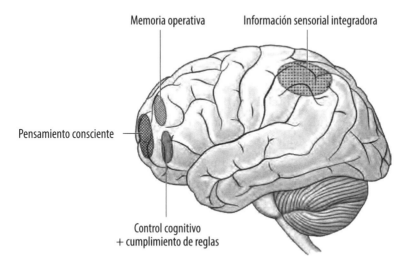

Figura 7.1 La memoria en los lóbulos frontales

La corteza prefrontal dorsolateral (CPD) está relacionada con la memoria operativa. Se activa más cuando nos piden que nos acordemos del contexto de un recuerdo –como en qué vacaciones fue cuando vimos por primera vez un conocido punto de referencia– en lugar de, por ejemplo, reconocer el punto de referencia en sí mismo. Se activa si nos piden que agrupemos los recuerdos en series significativas («¿Cuántos tipos diferentes de medios de transporte puedes recordar?»), pero no en tareas aleatorias de recuerdo libre («Dime de qué te estás acordando en este momento»). Se vuelve más activa si se le presentan cadenas de dígitos (números o letras) con alguna estructura en ellas, como por ejemplo números que sigan una secuencia concreta, pero no cuando vemos series de dígitos sin conexión. Por tanto, en resumen, esta área del cerebro se activa cuando organizamos información o exploramos relaciones entre elementos.

Los estudios de laboratorio que incluyen escáneres de la corteza prefrontal dorsolateral han demostrado que también está relacionada con la incertidumbre. La mayoría de nosotros conocemos el **fenómeno de tener**

algo en la punta de la lengua, en el que sabemos que conocemos algo y casi podemos recordarlo, pero no es suficiente. Los escáneres cerebrales de personas que experimentan este fenómeno muestran mucha actividad en la corteza frontal dorsolateral del hemisferio derecho. Esa actividad no está ahí si están seguros de que no saben la respuesta o cuando confían en poder recordarla. Lo que esto nos dice es que la corteza frontal dorsolateral se activa cuando pensamos vivamente, evaluando y manipulando información.

La otra parte de la corteza prefrontal, la **corteza prefrontal ventrolateral**, está (como el nombre indica) bajo la corteza prefrontal dorsolateral. Parece estar principalmente relacionada con el control cognitivo y el seguimiento de reglas. Muchas de nuestras actividades, especialmente en el mundo moderno, exigen que seamos selectivos con aquello a lo que prestamos atención. Conducir, por ejemplo, requiere un control visual constante y atención por parte del conductor –serías un conductor muy peligroso si permitieras que tu vista se distrajera continuamente con otras cosas de tu entorno–, y muchas otras actividades tienen «reglas de tarea» de este tipo. Eso es lo que los investigadores entienden por control cognitivo, y es una parte importante de la memoria operativa. Si no permanecemos concentrados en un problema, olvidamos sus elementos importantes y no alcanzamos una solución sensata.

Los estudios TEP han demostrado que esta parte del cerebro se vuelve activa cuando tratamos con aspectos espaciales de la memoria operativa, es decir, tareas que incluyen localizaciones o poner cosas en sitios concretos para resolver problemas. El daño en la corteza prefrontal ventrolateral influye en la capacidad de coordinar acciones musculares (como los músculos de los ojos que utilizamos para enfocar claramente) con las demandas de la memoria operativa y la monitorización cognitiva. Por tanto, esta área se ocupa de lo que hacemos en realidad con nuestros recuerdos, en el sentido de integrarlos con nuestras acciones y pensamientos.

La información que va a almacenarse durante más tiempo tiene que consolidarse, de forma que se integre con el resto de lo que sabemos. La corteza prefrontal ventrolateral también parece desempeñar un papel importante en el establecimiento de nuevos recuerdos. La corteza prefrontal dorsolateral también hace esto, pero sólo puede hacerlo con información estructurada, no con hechos aleatorios. La corteza prefrontal ventrolateral puede en ocasiones ayudarnos a almacenar información desestructurada, pero el éxito depende de cuánto procesamiento cognitivo esté implicado. Los psicólogos saben desde hace mucho tiempo que cuanto más se procese la información por parte del cerebro, más factible es que la conservemos en el almacén a largo plazo: es más probable que olvidemos información aleatoria o desestructurada.

En el capítulo 6 vimos cómo otras partes de la corteza prefrontal se activan en respuesta a nuestras intenciones: cuando tomamos la decisión de actuar o cuando planificamos una acción. Las cortezas prefrontales ventrolateral y dorsolateral trabajan juntas para coordinar la memoria operativa implicada en ese tipo de planificación, vinculándose con otras partes de la corteza prefrontal en pleno proceso. Cada una de estas áreas de los lóbulos frontales también extraen información del lóbulo parietal del encéfalo, el área cercana a su parte posterior, en la parte superior, que integra diversos tipos de información sensorial, relacionando la vista, el oído, el olfato, el tacto, la propiocepción, etc.

Al hacer esto, el lóbulo parietal transmite toda esa información por una ruta que tiene múltiples conexiones con áreas de los lóbulos frontales, incluidos los que acabamos de estudiar. Esa ruta suele llamarse corriente visual dorsal, pero el nombre confunde un poco porque, como hemos visto, incluye mucho más que tan sólo información visual, como ocurre con nuestros recuerdos. Volveremos a la idea de las imágenes en la memoria más adelante, en este mismo capítulo.

Recordar hechos y lugares

Por tanto, los lóbulos frontales están relacionados con cómo utilizamos nuestros recuerdos para ayudarnos a pensar. Pero eso nos deja la cuestión de cómo almacenamos nuestros recuerdos por primera vez, y entender que necesitamos examinar lo que está ocurriendo bajo los lóbulos frontales, en un área conocida como **corteza temporal medial**, el trozo de la corteza temporal escondido en la zona media del encéfalo.

Los lóbulos temporales, como hemos visto, se encuentran a los lados del encéfalo, y se pliegan en la cisura lateral, por lo que se encuentran bajo ella. En los extremos de estos lóbulos, junto a la estructura subcortical conocida como hipocampo (sobre la que hablaremos después), hay dos áreas de la corteza temporal. No son visibles desde fuera, porque están escondidas en lo más profundo del encéfalo, a cada lado de un hondo surco conocido como **surco rinal**. El área por encima del mismo lado del surco que el hipocampo se llama corteza entorrinal, y el área del otro lado es la corteza perirrinal. Cerca de la corteza perirrinal, y curvándose de forma que queda cerca del hipocampo, hay una tercera área conocida como corteza parahipocampal (*véase* figura 7.2). Estas áreas están tan estrechamente relacionadas con el hipocampo y también las unas con las otras que aunque todas forman parte de la corteza, a veces se consideran áreas subcorticales en lugar de parte del lóbulo temporal.

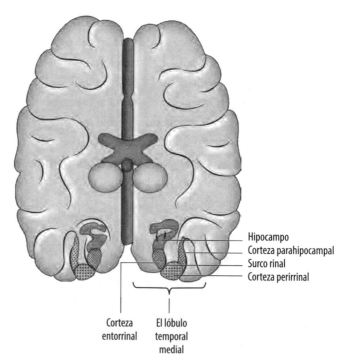

Hipocampo
Corteza parahipocampal
Surco rinal
Corteza perirrinal

Corteza entorrinal   El lóbulo temporal medial

Figura 7.2 La corteza temporal medial

La **corteza entorrinal** parece ser la principal interconexión entre la corteza y el hipocampo. Su tarea primaria es transferir recuerdos entre ellos, por lo que es un elemento esencial en cómo el encéfalo es capaz de utilizar sus recuerdos. Maneja los recuerdos episódicos y semánticos, y actúa como un punto focal principal para las rutas neuronales implicadas en la memoria y la orientación. Sin embargo, no se ocupa de la memoria procedimental. Las personas con daño en esta área siguen siendo capaces de interactuar con su entorno y hacen las cosas cotidianas que podían hacer antes, pero su capacidad de almacenar nuevos recuerdos se ve gravemente limitada.

Los registros unicelulares en la corteza entorrinal han identificado células específicas que responden a dónde nos encontramos localizados en el entorno. Hay tres tipos de estas células: células de red, células de ruta y células de velocidad. Las células de red parecen estar dispuestas en forma de patrones hexagonales y se cree que representan lugares en un mapa cognitivo. Las células de ruta responden a las direcciones y las orientaciones. Y las células de velocidad responden al ritmo en que está teniendo lugar el movimiento. No obstante, es interesante que estas células no responden a la acción física en sí misma, sino al movimiento que percibimos que hacemos nosotros mismos. En la vida normal las dos cosas suelen ser lo mismo, pero no en la realidad virtual. Los registros unicelulares de personas que juegan a videojuegos han descubierto células de ruta que responden de forma distinta dependiendo de si la persona se ve a sí misma moviéndose en el sentido de las agujas del reloj o en el sentido contrario, independientemente de dónde se encuentre en su localización percibida. Y estas células actúan del mismo modo sin importar si es el propio jugador quien se mueve o es su avatar el que se mueve en un espacio virtual.

Al otro lado del surco rinal está la **corteza perirrinal**. Esta parte del encéfalo está directamente involucrada en el reconocimiento y los sentimientos de familiaridad. Codifica si los objetos son familiares o no familiares, envía esa información al hipocampo además de a otras áreas del cerebro, y está implicada en la percepción de objetos complejos. Ayuda a procesar las representaciones de cosas y establece conexiones entre distintos tipos de estímulos. Puede hacer esto porque tiene fuertes vínculos con la percepción visual y otras rutas sensoriales, así como con las rutas de la memoria en el encéfalo. Todo esto demuestra que es importante para establecer la significatividad de los objetos o artículos.

Muchas personas tienen una buena memoria para situaciones y lugares. Pueden recordar dónde han estado, aunque hayan visitado un lugar sólo una vez muchos años antes. Esto es posible gracias a la tercera de estas áreas, la corteza parahipocampal, que transmite información a la corteza entorrinal y a la corteza perirrinal. También desempeña una función importante en la codificación de los recuerdos, pero mientras que la corteza perirrinal se ocupa de codificar representaciones de objetos, la corteza parahipocampal se ocupa de la representación de contextos, incluyendo cómo percibimos las escenas y los paisajes. Se comunica con el hipocampo para codificar estos recuerdos en la memoria a largo plazo, y también se activa cuando recuperamos este tipo de recuerdos.

Un grupo especial de células de la corteza parahipocampal está implicado directamente con la identificación y el reconocimiento de lugares específicos. A esto se le conoce como área de lugar parahipocampal. Los estudios que utilizan fIRM han demostrado cómo esta área del cerebro se activa cuando miramos imágenes de paisajes, habitaciones o grupos de edificios.

Los participantes en otros estudios que han estimulado eléctricamente esta área han hablado sobre ver lugares o escenas, a menudo con la suficiente nitidez como para ser casi una alucinación. A propósito, hay otra área, muy próxima a ésta, que responde de forma similar, pero específicamente con las caras. La estudiaremos en el capítulo 9.

Los contextos de nuestras acciones pueden ser sociales además de físicos. Hay alguna prueba de que la corteza parahipocampal responde al contexto social de nuestras interacciones, especialmente el contexto social generado por diferentes formas de utilizar el lenguaje. Todos utilizamos muchos registros distintos de lenguaje: podemos hablar con otros de una serie de maneras que incluyen la muy formal, la amistosa o la estimulada. Cada una de estas maneras de utilizar el lenguaje genera un contexto social diferente, o «sensación» de la interacción social, que parece ser interpretada por esta área del cerebro.

Por ejemplo, un área de la corteza parahipocampal derecha se activa especialmente cuando la persona responde al sarcasmo. Para detectar el sarcasmo necesitamos saber lo que la otra persona está pensando, o al menos conocer que lo que se dice es una ironía y no debe tomarse literalmente. Como animales sociales, podemos ver cómo este tipo de contexto es tan importante para elegir la acción apropiada como el contexto físico.

Almacenar nueva información y mapas

Las tres áreas que acabamos de examinar rodean el **hipocampo** y le aportan información. El hipocampo es una estructura con forma de caballito de mar (de ahí su nombre), en ocasiones descrita como parte del lóbulo temporal medial, pero escondida debajo de él. Es el principal centro para la consolidación y almacenamiento de recuerdos en el cerebro. El hipocampo integra la información de las tres áreas que hemos examinado y la procesa para su almacenamiento a largo plazo. Las personas con daños graves en el hipocampo se vuelven incapaces de almacenar nuevos recuerdos, mientras que las que tienen daños más leves también encuentran dificultad en esta área, que puede ser generalizada o sólo respecto a información específica, dependiendo del daño.

Una cosa que hace el hipocampo es relacionar fragmentos de información con su contexto. Esto genera «mapas mentales» significativos, que podemos utilizar para movernos por entornos. El hipocampo contiene células de lugar, que se activan sólo en respuesta a una localización y contexto determinados. Estas células de lugar combinan su información generando una representación alocéntrica de un lugar o lugares (alocéntrico significa independiente de la localización real de una persona, como en un mapa).

En un estudio clásico, Maguire y colaboradores (2000) descubrieron que los taxistas de Londres tenían un hipocampo derecho agrandado en comparación con otras personas. Un estudio de seguimiento de 2011 descartó otras posibles explicaciones y demostró que este agrandamiento estaba relacionado directamente con las demandas de su trabajo, que requieren un conocimiento potente de lugares y rutas.

Es la memoria espacial, y en concreto un extenso mapa cognitivo de Londres, lo que forma «el conocimiento» necesario para todos los taxistas de Londres, por lo que es el hipocampo derecho, y no el izquierdo, el que se ve influido por su trabajo. El estudio de 2011 de Woollett y Maguire fue un estudio longitudinal que demostró que cuanto más tiempo pasaban los conductores en su trabajo, más grande se hacía el hipocampo derecho. También estudiaron a un taxista que sufrió un accidente que le produjo daños en ambos lados del hipocampo. Conservaba un amplio conocimiento de las calles de Londres, en términos de las principales carreteras, pero había perdido todo su conocimiento detallado de las carreteras secundarias y las rutas menos comunes.

El hipocampo del lado derecho del encéfalo se ocupa principalmente de la memoria espacial, incluyendo mapas alocéntricos a gran escala del entorno, mientras que el hipocampo derecho parece almacenar otros detalles contextuales. En un estudio, a sujetos con daño en el hipocampo se les dio una tarea que incluía aprender un camino por una ciudad virtual. Se les daba objetos en localizaciones específicas a lo largo del camino, y cuando finalizaban, se les pedía que dibujaran un mapa e identificaran los objetos y las escenas con que se habían encontrado. Las personas con daño en el hipocampo izquierdo tenían problemas para recordar los objetos, pero podían dibujar el mapa razonablemente bien, mientras que las que tenían daños en el hipocampo derecho reconocían los objetos, pero tenían problemas para reconocer escenas y dibujar el mapa.

Examinando cómo trabajan juntas estas áreas, podemos ver cómo la corteza perirrinal y la corteza parahipocampal procesan el contenido y el contexto por separado. La corteza perirrinal procesa representaciones y la corteza parahipocampal procesa el contexto, mientras que el hipocampo las combina y sitúa representaciones de objetos en su contexto y las consolida en la memoria a largo plazo. Hay distintas formas de recordar, además de diferentes tipos de memoria, y se ha sugerido que las dos primeras son importantes para la familiaridad y el reconocimiento, mientras que el hipocampo es importante para la rememoración, es decir, para el recuerdo total.

Algunos recuerdos los tenemos toda la vida, mientras que otros sólo se quedan con nosotros unas cuantas semanas. Cuando repasamos para los exámenes, por ejemplo, demandamos una rápida consolidación de la memoria, en una hora aproximadamente, pero esos recuerdos no tienden a permanecer mucho tiempo en nosotros. Pueden durar un par de semanas, o incluso un mes o más antes del examen, pero la mayoría de ellos (los menos significativos) decaen muy rápidamente después de tener lugar el examen. Los recuerdos más significativos, como los que tienen que ver con las relaciones interpersonales o la información que realmente entendemos o utilizamos, duran mucho más. Se cree que esto puede tener que ver con cuáles de estas áreas consolidan los recuerdos. La consolidación efectuada por las áreas entorrinal, perirrinal y parahipocampal parece ser bastante rápida, y se necesita quizás una hora, pero esos recuerdos no duran mucho. La consolidación realizada por el hipocampo tarda días o incluso meses, pero el recuerdo es más profundo y dura más tiempo.

Imágenes y memoria

Los recuerdos consisten por completo en cómo almacenamos la información, y cuando recordamos cosas a menudo utilizamos imágenes de un tipo u otro. Por ejemplo, puede que almacenemos recuerdos en forma de dibujos o imágenes, tal vez de personas que conocemos en situaciones graciosas, o de imágenes o dibujos animados que hayamos visto. Podemos recordar cómo sonaba algo. Un olor familiar puede despertar recuerdos; y almacenamos algunos recuerdos como «recuerdos musculares»: **representaciones enactivas** de cómo se siente algo, como montar en una montaña rusa o doblar una esquina a mucha velocidad. Y nos acordamos de cómo hacer cosas: correr, estirarse o mantener el equilibrio sobre una pierna. Todas éstas son formas de imágenes mentales.

Se ha realizado mucha investigación sobre cómo funcionan las imágenes mentales. Los estudios con escáner han mostrado que utilizar estas imágenes mentales activa áreas de casi todo el encéfalo. Parece empezar con actividad en las regiones frontal y parietal, pero también incluye algunas áreas del lóbulo temporal. Antes se pensaba que las imágenes mentales de un sentido en particular implicaban a las mismas áreas que tratan la información externa del mismo tipo; por ejemplo, que las imágenes visuales activaban las áreas de percepción visual, o que las imágenes auditivas activaban la corteza auditiva. Sin embargo, en un metaanálisis de más de sesenta estudios con escáner cerebral de las imágenes mentales, McNorgan (2012) demostró que no parece ser tan simple. Aunque las imágenes sensoriales sí involucran las zonas muy próximas a las áreas de percepción primaria para ese sentido, a menudo no implican a las áreas principales en sí mismas.

La investigación de McNorgan incluyó estudios de imágenes visuales, imágenes auditivas, imágenes táctiles, imágenes motoras, imágenes gustativas (gusto) e imágenes olfatorias (olfato). Cada una de éstas implicaba a áreas cercanas a la corteza primaria para ese sentido; por ejemplo, las imágenes visuales implicaban a áreas de las regiones occipitales-temporales, mientras que las imágenes auditivas involucraban a áreas próximas a la corteza olfatoria del lóbulo temporal (*véase* figura 7.3). Pero existe también una red general de imágenes que parece verse activada por todos estos tipos de imágenes. Las áreas implicadas en esta red se difunden por todo el encéfalo, pero las investigaciones han demostrado consistentemente que están implicadas la parte superior de los lóbulos parietales, la parte frontal de la ínsula y la parte inferior del lóbulo frontal izquierdo.

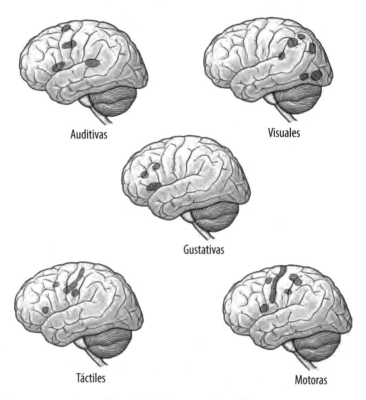

Figura 7.3 Imágenes en el encéfalo

Parece, por tanto, que nuestros recuerdos de experiencias sensoriales se procesan de forma ligeramente distinta por parte del encéfalo al modo en que procesamos originalmente las propias experiencias. Los psicólogos que estudian la memoria han demostrado lo flexibles que son nuestros recuerdos: pueden verse fácilmente influidos por hechos posteriores y a menudo se adaptan para ser consistentes con lo que creemos que debería haber ocurrido, o lo que esperábamos. Experimentamos nuestros recuerdos como si fueran registros factuales, pero en realidad no hay nada de eso, como descubrirás si ves una película que era una de tus favoritas, pero que no has visto desde hace muchos años. Tu recuerdo de algunas de tus escenas favoritas es ligeramente distinto de lo que ves en la película, porque tu cerebro ha adaptado tus recuerdos. Nuestro cerebro también hace esto con las imágenes, no sólo con los significados, por lo que el descubrimiento de que las imágenes mentales activan áreas repartidas por todo el encéfalo no es de extrañar. Lo que recordamos se basa mucho más en nuestra experiencia personal y utiliza más partes del encéfalo que la experiencia cuando tuvo lugar por primera vez.

Olvido y amnesia

Todo esto nos lleva a la cuestión del olvido, tanto el usual que nos ocurre cada día como el que padecemos debido a un problema en la actividad encefálica, que se conoce como amnesia. El olvido es necesario para que podamos vivir nuestras vidas. Si siempre recordáramos todo lo que sabemos, seríamos por completo incapaces de funcionar de forma cognitiva. Simplemente, habría demasiada información. Si tenemos que tomar decisiones, seleccionar entre aquello a lo que prestamos atención o tener conversaciones con otras personas, necesitamos poder recordar lo que es relevante en ese contexto y olvidar el resto durante esos momentos. Por tanto, el contexto –tanto social como físico– es importante en la memoria, y hemos visto cómo el cerebro lo codifica como parte esencial del procesamiento de los recuerdos. Suele ser útil recrear mentalmente un contexto cuando intentamos recordar algo que no nos viene inmediatamente a la mente.

Existe la creencia común de que las personas se vuelven más olvidadizas cuando envejecen, pero en realidad es uno de tantos mitos populares. Algunas personas sí se vuelven olvidadizas a consecuencia de alguna forma de trastorno degenerativo como la demencia, por supuesto, pero eso no ocurre a la mayoría. Los estudios que han comparado a personas jóvenes, de veintitantos años, con personas mayores, antes o después de su jubilación, han demostrado que, en realidad, las personas mayores experimentan menos olvidos cotidianos que las más jóvenes. Pero cada vez que olvidan algo –como ir a una habitación y olvidar por qué fueron– se dan cuenta de ello y les preocupa olvidar más cosas porque están envejeciendo. Las personas más jóvenes, por el contrario, no se preocupan por ello, por lo que no hacen caso especial a las ocasiones en que olvidan algo.

✓ Estudio de caso: Demasiada memoria

Olvidar es tan esencial para una vida normal como recordar. El neurólogo Aleksandr Luria estudió a una persona que parecía carecer de capacidad para olvidar. Solomon Shereshevsky había sido reportero, pero nunca tomaba notas, y llegó un momento en que su director, desconcertado por sus recuerdos increíblemente precisos, le envió a Luria para que le examinara. Luria estudió a Shereshevsky durante muchos años y documentó su experiencia en un libro, *La mente de un mnemonista* (1968). Mientras fue un joven periodista, la capacidad de Shereshevsky de recordar todo había sido beneficiosa para él, pero conforme envejecía, en su mente se agolpaba todo lo que recordaba. Pasó algunos años trabajando en un programa de viajes, demostrando asombrosas hazañas memorísticas, a menudo utilizando técnicas mnemotécnicas para asegurarse de que las listas eran exactas e iban en el orden correcto, pero poco a poco se vio perturbado por las listas y la información antigua: una simple petición desencadenaba tal torrente de asociaciones que era incapaz de manejarlo. Pasó sus últimos años sumido en la confusión mental: se puede tener demasiada memoria, igual que muy poca.

AMNESIA

Por tanto, olvidar algo es perfectamente normal y nada de lo que preocuparse. Pero hay otras formas de olvido, conocidas como **amnesia**, que tienen lugar como resultado de una lesión o daño al cerebro. La amnesia puede adoptar distintas formas, y en gran parte depende de la localización exacta del daño. Ya hemos visto cómo un taxista con daño en el hipocampo perdía su conocimiento detallado de las calles de Londres, pero no su conocimiento general de la disposición de la ciudad y de sus carreteras principales. Tal vez la persona más estudiada en la historia clínica, Henry Molaison (conocido como H. M. en los informes clínicos), resulte muy útil para mostrar lo importante que es el hipocampo en la memoria.

144

En la década de 1950, Molaison sufrió una operación en la que el hipocampo de ambos lados del encéfalo se destruyó en un intento por controlar su epilepsia grave. La operación tuvo como consecuencia una profunda forma de amnesia global por la que era incapaz de recordar los once años anteriores a su operación (amnesia retrógrada), y también totalmente incapaz de almacenar nuevos recuerdos (amnesia anterógrada). Podía recordar hechos de su niñez hasta los dieciséis años, pero nada de lo que había ocurrido después. Incluso varios años más tarde, no podía recordar dónde vivía, quién le cuidaba, e incluso no se reconocía a sí mismo en las fotografías a menos que fueran de cuando era mucho más joven.

Una cosa que se dedujo de esto es que la amnesia tiende a afectar a lo que los psicólogos llaman memoria declarativa, nuestra memoria de hechos o episodios que han ocurrido en nuestra propia vida, o de la información que hemos leído o escuchado de otras maneras. Sin embargo, normalmente no afecta a la memoria procedimental, por lo que las personas con amnesia pueden utilizar el lenguaje, efectuar tareas cotidianas y tener conversaciones con otras personas. Tampoco parece afectar a la memoria a corto plazo: H. M. en una ocasión pudo retener una cadena de números en su memoria repasándola una y otra vez durante un cuarto de hora, pero sólo un par de minutos después de hacerlo, no tenía recuerdo ni siquiera de haber intentado recordar números.

✔ Estudio de caso: El hipocampo y la memoria

El hipocampo es una de las áreas del encéfalo en que se generan nuevas neuronas. A consecuencia de esto, las personas que experimentan un daño leve en el hipocampo suelen ser capaces, con un esfuerzo sostenido, de recuperar la capacidad de recordar. Sin embargo, en algunos casos quirúrgicos, como el de Henry Molaison, la eliminación de prácticamente todo el hipocampo constituye demasiado daño para que tenga lugar la neurorregeneración. No obstante, es interesante que, aunque Molaison nunca recuperó la capacidad de almacenar recuerdos conscientemente, sí mantuvo o recuperó parte de su memoria espacial. Se había mudado a un bungalow en 1958. En 1966, los neurocientíficos le pidieron que dibujara un plano de su casa basándose en su memoria y pudo hacerlo.

Después de H. M., se estudiaron a muchas más personas con amnesia y daño en el hipocampo. Una mujer con daño similar a H. M. mostraba algo de recuerdo básico a otro nivel: en una ocasión, un experimentador la pinchó con un imperdible cuando se dieron la mano, y al día siguiente se mostró reticente a dar la mano. No recordaba el evento y no podía explicar su reticencia, pero cuando le preguntaron que adivinara alguna posible razón, dijo que quizás la gente escondiera imperdibles en sus manos. Por tanto, tenía algún tipo de recuerdos, aunque sin conciencia de ellos. La consecuencia es que aprender a evitar el dolor implica un procesamiento neuronal en la espina dorsal y el bulbo raquídeo, y no implica en absoluto a la corteza ni al hipocampo. Esto tendría sentido en términos evolutivos, puesto que es una función de supervivencia muy básica.

Como resultado de estas pruebas clínicas y de otras más, los investigadores creen que es el proceso de consolidación lo que se ve afectado cuando el hipocampo o el área que lo rodea queda dañado. El hipocampo y la corteza temporal medial parecen ser la ruta central del establecimiento de recuerdos. Hemos visto cómo los recuerdos pueden ser inmediatos o a largo plazo, y hay un debate sobre si la memoria a corto plazo es el primer paso para el almacenamiento a largo plazo. Pero, independientemente de esto, es evidente que los recuerdos sí tienen un período de consolidación antes de convertirse en duraderos, y el papel que juega el hipocampo al combinar distintos aspectos de la memoria en su contexto puede ser esencial para consolidar recuerdos firmes en el encéfalo.

SÍNDROME DE KORSAKOFF Y DEMENCIA

No todas las amnesias están directamente relacionadas con daño en el hipocampo. Una forma muy común de amnesia, el **síndrome de Korsakoff**, es consecuencia del daño a parte del propio tálamo, y se debe a una deficiencia crónica de tiamina causada por un consumo excesivo de alcohol y una alimentación desequilibrada; en otras palabras, por beber en exceso sin comer adecuadamente. Las personas con síndrome de Korsakoff pueden mantener conversaciones normalmente y en su vida cotidiana puede parecer que no están afectadas, hasta que ocurre algo que requiere la memoria episódica, como recordar en qué año nos encontramos, dónde dejó alguien un objeto, o el nombre de alguna figura pública importante. Su memoria procedimental les permite vivir el día a día, por lo que su amnesia no es inmediatamente obvia para el observador casual.

Otro tipo de amnesia puede ser el resultado de la **demencia**. La demencia es un trastorno neurocognitivo que tiene como consecuencia un deterioro gradual de la capacidad de alguien para recordar personas y cosas; también conlleva problemas emocionales; y a veces problemas con el lenguaje, mientras que no suele resultar afectada la conciencia. Puede estar causada por una serie de enfermedades cerebrales, la más común de las cuales es la enfermedad de Alzheimer, que afecta a más de la mitad de las personas con demencia. El alzhéimer es el resultado del desarrollo de placas que se forman en el encéfalo y que comprimen o inhiben fibras nerviosas, y también de ovillos que aparecen entre las fibras neuronales del encéfalo. Produce un encogimiento extremo de la corteza cerebral y el hipocampo, lo que conlleva que los ventrículos del encéfalo se agrandan conforme la masa encefálica se hace más pequeña.

El encogimiento extremo del hipocampo se cree que explica la grave pérdida de memoria experimentada por personas que sufren las últimas fases del alzhéimer, y el encogimiento cortical se cree que explica parte de la confusión y la alteración emocional experimentadas por quienes sufren esta enfermedad. El alzhéimer es una enfermedad progresiva, con síntomas leves al principio, pero los síntomas posteriores son tan extremos que la persona afectada puede ser un peligro para ella misma y experimentar alucinaciones o situaciones imaginadas, y necesita un cuidado continuo. Tal vez lo que más duele a sus familiares sea la forma en que la enfermedad puede afectar al reconocimiento de personas, por lo que en sus últimas fases la persona afectada puede no reconocer ni siquiera a sus propios hijos o a su cónyuge, o puede confundirlos con otros miembros de su familia. Esto también parece surgir por la degeneración de las partes del cerebro implicadas en el reconocimiento de personas.

Aunque se han defendido varias teorías en un intento por explicar el origen de la enfermedad de Alzheimer, pocas de ellas han sido concluyentes. Unos cuantos factores ambientales pueden hacer a las personas más vulnerables: el tabaco, la contaminación, los aditivos alimentarios sintéticos y el uso de aluminio en los utensilios de cocina se han identificado en distintos momentos como factores que contribuyen. Algunas personas han informado de una mejora de los síntomas como resultado de eliminar esos factores y mantener al afectado en un entorno libre de estrés, pero ninguno de estos factores ha demostrado ser concluyente, por lo que la investigación continúa.

Por tanto, hemos visto cómo la memoria involucra a los lóbulos frontales del cerebro, el hipocampo y las regiones que lo rodean.

✔ Puntos de atención

- La memoria es compleja y está localizada en varias áreas del encéfalo. La memoria operativa, que utilizamos al pensar, implica actividad en los lóbulos frontales del cerebro.
- Ciertas áreas especiales del encéfalo están relacionadas con la memoria episódica y la memoria semántica. Estas áreas, escondidas bajo el cerebro, nos permiten identificar objetos y lugares conocidos.
- El hipocampo es esencial para almacenar recuerdos. Pone la información en contexto, especialmente contextos físicos, y esto permite el almacenamiento en la memoria a largo plazo.
- La memoria suele conllevar el uso de imágenes mentales, y los escáneres cerebrales demuestran que estas imágenes mentales utilizan partes similares del encéfalo a las que las experiencias sensoriales reales habrían usado.
- Aunque la mayor parte del olvido es normal, la amnesia puede ser consecuencia de lesiones encefálicas, enfermedades o abuso de sustancias. La forma que adopta depende del tipo de daño encefálico implicado.

Paso siguiente

Nuestros recuerdos son más que factuales; en el próximo capítulo estudiaremos la forma en la que el encéfalo está implicado en nuestras experiencias emocionales: cómo respondemos a las recompensas y al placer, así como a emociones negativas como el miedo y la ira.

8

SINTIENDO EMOCIONES

Nuestras emociones son una parte importante de lo que nos convierte en humanos. Como seres humanos, experimentamos un amplio rango de emociones: positivas como la ilusión, la alegría, la felicidad y la satisfacción, y negativas como el miedo, la ira y la repulsión. La emoción es la base de todo nuestro entretenimiento de ficción: videojuegos, películas, libros y televisión. Pero sentir emociones no es algo único de los humanos. Como te dirá cualquier dueño de una mascota, muchos animales comparten la capacidad de la respuesta emocional. Eso no es de extrañar porque, como veremos, una cantidad considerable de la forma en que procesamos emociones en el encéfalo implica a las estructuras subcorticales del mismo, en lugar de a las áreas de procesamiento «superiores» del cerebro.

Definir la emoción no es fácil. ¿Cuál es la diferencia entre un estado de ánimo y una emoción, por ejemplo? Aunque parece que hay algunos conceptos básicos. Ekman (1992) identificó ocho emociones fundamentales: felicidad, tristeza, repulsión, odio, ira, vergüenza, asombro y excitación. Cada una de ellas tiene diferentes expresiones faciales características y, defiende Ekman, habrían evolucionado porque tuvieron algún tipo de valor para la supervivencia. Ekman creía que las otras emociones que experimentábamos eran distintas facetas de las mismas emociones básicas; por ejemplo, consideraba la satisfacción, la alegría y el alivio como clases de felicidad.

Sin embargo, no todo el mundo está de acuerdo con esta clasificación. Otros investigadores han combatido la idea de que hay una serie de emociones básicas, y han propuesto en su lugar que las emociones tienen que ver con cómo valoramos las situaciones: si las juzgamos potencialmente amenazantes, agradables o aterradoras, por ejemplo. Nuestras respuestas emocionales, en este modelo, dependen de las valoraciones cognitivas más complejas que hacemos una vez que se ha establecido la valencia (positiva o negativa) inicial.

Figura 8.1 Expresiones de las emociones faciales

El modelo real parece estar a medio camino entre las dos propuestas. Sí parece haber diferentes respuestas cerebrales implicadas en las distintas emociones; la repulsión, por ejemplo, parece activar distintas partes del encéfalo que la ira, aunque algunas partes de sus rutas sean iguales. Nos encontramos muy lejos de identificar las rutas encefálicas específicas de todas las emociones «básicas»; sin embargo, sí sabemos bastante sobre cómo responde el encéfalo a los estímulos agradables o recompensantes, y esa investigación tiene una larga historia.

Mecanismos de recompensa

Allá por el año 1954, el gremio de científicos se sintió muy estimulado por un artículo publicado por Olds y Milner en el que estos investigadores informaban sobre el descubrimiento de un «centro de recompensa» en el encéfalo. Se trataba de un área, presente en los seres humanos y en los animales, que ofrecía toda la apariencia de generar placer cuando se estimulaba eléctricamente. Los animales a los que se ofrecía la oportunidad de recibir estimulación en esta área en respuesta a una tarea, como por ejemplo presionar una palanca, lo hacían repetidamente. Las personas a las que se ofrece una oportunidad similar también repiten la estimulación, y la describen como intensamente placentera. Los experimentos también demostraban que algunos animales incluso ignoraban sus necesidades básicas de comida o agua para seguir recibiendo estimulación encefálica directa de este tipo.

Además de aportar mucho material para los autores de ciencia ficción de entonces y desde aquella época, este descubrimiento generó una gran cantidad de investigación científica. Se concentró en dos puntos: en primer lugar, en qué zonas del encéfalo estaban implicadas, y en segundo lugar, en si ciertas sustancias podían afectarles, y si era así, qué neurotransmisores estaban implicados. Los investigadores determinaron rápidamente que el mismo efecto podía obtenerse de varias áreas del interior del encéfalo y que parecía acceder a circuitos naturales de recompensa que normalmente habrían sido estimulados por la actividad sensorial de algún tipo. Dentro del encéfalo, estos circuitos de recompensa implicaban a varias áreas del sistema límbico y también del diencéfalo, un nombre dado generalmente al grupo de estructuras subcorticales que incluyen el tálamo, el hipotálamo, la glándula pineal y parte de la glándula pituitaria.

Las investigaciones sobre las sustancias químicas implicadas en estos circuitos de recompensa demostraban que tendían a implicar a los receptores de dopamina y noradrenalina de las estructuras relacionadas. Además, las pruebas demostraron que las drogas de las que se suele abusar, como la anfetamina, la cocaína, los opioides y la nicotina, tienden a activar el mismo circuito de recompensa. Efectivamente, estas drogas actúan sobre los receptores neuronales que normalmente responden a la dopamina o la noradrenalina, y por eso estimulan el sistema de recompensa. Pero los investigadores también descubrieron que tanto la estimulación eléctrica de los «centros de recompensa» como las drogas que la imitaban tenían efectos muy a corto plazo y no parecían producir saciedad, razón por la que los animales que recibían estimulación eléctrica repetían sus acciones una y otra vez. A diferencia de los sentimientos de recompensa natural, como, por ejemplo, comer cuando tenemos hambre, no recibían un mensaje diciendo «es suficiente», por lo que no se detenían de forma natural.

Otros estudios demostraron que la anticipación placentera, o la búsqueda de una recompensa, activa también estas rutas. En un estudio, los registros unicelulares de neuronas dopaminérgicas demostraban que las del estriado ventral respondían a una señal que una recompensa estaba a punto de ofrecer; en este caso, que a un mono se le daba una golosina o un zumo de fruta. Las mismas neuronas se activaban si el zumo se ofrecía en forma de regalo inesperado, pero se inhibían si no se materializaba un regalo esperado. Schultz y colaboradores (1997), que llevaron a cabo este estudio, propusieron que estas neuronas responden a la diferencia entre recompensa y no recompensa, en lugar de a la recompensa en sí misma.

Desde ese primer descubrimiento, la investigación cerebral ha desarrollado muchos métodos nuevos, incluidas las técnicas de escáner cerebral, por lo que ahora entendemos bastante más sobre cómo funciona el encéfalo. La existencia de circuitos de recompensa en el cerebro se ha confirmado, aunque no son exactamente los que propusieron originalmente los investigadores. Sabemos que la información fluye desde muchas áreas del encéfalo hacia tres áreas principales que están implicadas en las recompensas. El **estriado ventral** (parte de los ganglios basales del sistema límbico) responde a las recompensas y también a la anticipación de las recompensas. La **corteza orbitofrontal** –es decir, la parte de la corteza frontal justo por encima de los ojos– para calcular el valor motivacional de una recompensan prospectiva, integra la información procedente del estriado ventral con otros estímulos como la información emocional de la amígdala. Y la parte superior de la **corteza cingulada anterior**, justo por encima del cuerpo calloso, que une los dos hemisferios, está implicada en los riesgos de evaluación y en averiguar si es probable que una acción sea recompensada o castigada (*véase* figura 8.2).

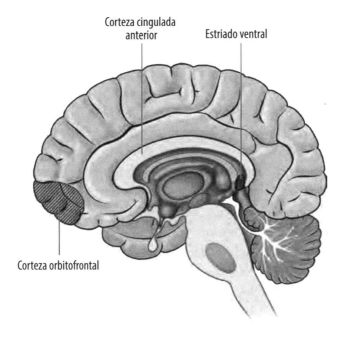

Corteza cingulada anterior

Estriado ventral

Corteza orbitofrontal

Figura 8.2 Áreas de los circuitos de recompensa

En los seres humanos, la corteza orbitofrontal es una parte importante de cómo experimentamos las recompensas. He dicho que calcula su valor motivacional, que consiste en juzgar si pensamos que algo será agradable o no. Comer chocolate, por ejemplo, normalmente es una recompensa positiva, pero si hemos engullido toda una caja no funcionará de la misma forma. La corteza orbitofrontal es una parte importante del encéfalo para mantenerse flexible: valora el contexto interno (y externo) de la recompensa y de este modo juzga lo importante, agradable o recompensante que será la experiencia. Las personas que tienen lesiones en la corteza orbitofrontal no ajustan el valor de las recompensas de la misma forma; sus respuestas siguen siendo consistentes independientemente de la experiencia previa.

Blood y Zatorre (2001) utilizaron escáneres TEP para identificar las respuestas del encéfalo a una música agradable. Eligieron música que era intensamente recompensante para sus participantes, escogiendo piezas descritas como especialmente estimulantes: «Me produce escalofríos en mi espina dorsal». Cuando observaron las reacciones fisiológicas y neuronales implicadas en esas ocasiones, descubrieron actividad en las áreas del encéfalo que se sabía que estaban asociadas con los circuitos de recompensa: el estriado ventral, el mesencéfalo, la amígdala, la corteza orbitofrontal y la corteza prefrontal. Los investigadores señalaron que son también las estructuras activas en otros tipos de recompensa, especialmente la comida, el sexo y algunas drogas de las que se suele abusar. Por tanto, la experiencia recompensante que puede obtenerse escuchando música que nos gusta es similar a la experiencia positiva que obtenemos de otras fuentes.

La recompensa, por tanto, es una parte importante de cómo experimentamos las emociones, pero para la mayoría de nosotros, nuestra experiencia emocional es mucho más compleja que eso. El miedo y la ira, por ejemplo, son dos de las emociones negativas que nos vienen a la mente. Los sentimientos de repulsión, tanto física como social, son también emociones muy básicas que incluyen mecanismos cerebrales especiales, como son las emociones sociales del estilo de la vergüenza. Como muchos otros aspectos de la investigación psicológica, sabemos bastante más sobre las emociones negativas que sobre las positivas. Ha habido relativamente menos investigación neurológica sobre la felicidad, por ejemplo, pero algo ha habido. Examinaremos todas estas áreas en este capítulo.

Miedo

Las dos emociones del miedo y de la ira fueron las primeras en ser estudiadas con profundidad, principalmente porque ambas producen un estado de estimulación característico en el cuerpo. El miedo conlleva tensión muscular, respiración y latidos cardíacos aumentados, así como cambios en el sistema digestivo y en el torrente sanguíneo para liberar energía, entre otras cosas. Encontrarás más detalles sobre esto en mi libro *Understand Psychology*. Pero lo que el miedo nos ofrece es un estado fisiológico conocido como **respuesta de lucha o huida**, llamado así porque ayuda a un animal a luchar contra un enemigo o a escapar de él.

Las respuestas de miedo son relativamente fáciles de detectar porque causan cambios inmediatos en nuestros niveles de transpiración, haciendo que la superficie de la piel sea menos resistente a la electricidad. Puesto que es una emoción tan poderosa, las respuestas del miedo se aprenden fácilmente: son comunes las fobias a las serpientes y a las arañas, por ejemplo, y se suelen aprender en la niñez a partir de las reacciones de otras personas. Los niños que crecen con personas que no tienen miedo de las serpientes ni de las arañas raramente desarrollan esas fobias. Pero la naturaleza común de estos miedos hace que sea relativamente fácil utilizar técnicas de escáner cerebral para estudiar cómo el miedo afecta al cerebro.

Uno de los descubrimientos fue que el área de los lóbulos frontales del cerebro, conocidos como corteza prefrontal ventromedial, es especialmente activa en las situaciones que conllevan miedo. También se activan cuando afrontamos peligros o situaciones amenazantes. Esta área del encéfalo ha demostrado ser especialmente activa en el trastorno de estrés postraumático (TEPT), y tiene vínculos directos con la parte del sistema límbico conocida como amígdala.

La **amígdala** es un grupo de neuronas enterradas profundamente en el extremo frontal del lóbulo temporal; o más bien dos grupos de neuronas porque, por supuesto, hay uno a cada lado del encéfalo. Tiene conexiones con los lóbulos frontal y temporal, especialmente fuertes con las áreas de los lóbulos temporales implicadas en el procesamiento sensorial y el conocimiento conceptual. Tiene también fuertes conexiones con el hipocampo y la zona que lo rodea, y ya hemos visto lo importantes que son para la memoria. Por ello, no es de extrañar que la memoria pueda desempeñar una función tan importante en las reacciones de miedo, y es fácil ver qué valor evolutivo tiene esto.

La amígdala está implicada activamente en el procesamiento del miedo. Recibe estímulos de las áreas sensoriales en sus primeras fases –es decir, desde el tálamo en lugar de desde la corteza visual o auditiva–, y también recibe información del hipocampo y el hipotálamo. Es interesante que la amígdala también tenga fuertes vínculos con las áreas de procesamiento olfatorio.

Se dice comúnmente que los animales pueden «oler el miedo», y se ha demostrado que nuestra propia sensibilidad a los olores aumenta cuando nos encontramos en una situación de miedo. Vimos en el capítulo 5 cómo nuestro sentido del olfato tiene relación con mecanismos subcorticales muy básicos, y el aumento de la transpiración producida por las respuestas de miedo son detectables por un animal con un buen sentido del olfato.

La amígdala puede enviar mensajes a muchas áreas del encéfalo: a los lóbulos temporal y frontal del cerebro, al tratar con la conciencia; al hipotálamo, que actúa como el regulador de los procesos corporales y tiene vínculos con el sistema nervioso simpático, que estimula la respuesta de lucha o huida; y con el estriado ventral, que forma parte de un «circuito límbico» más general. Está también implicada en algunas formas de apego, que estudiaremos más detenidamente en el capítulo 9. Pero su implicación en la respuesta de lucha o huida y sus fuertes conexiones con el hipocampo y las áreas de procesamiento sensorial conllevan que esté inevitablemente relacionada con la reacción de ira, además de con el miedo.

Ira

Es interesante que no sepamos tanto sobre la emoción de la ira como lo que sabemos sobre el miedo, principalmente porque la ira suele identificarse con la agresión. Sabemos, por supuesto, sobre la respuesta de lucha o huida, que se activa tanto en la ira como en el miedo, aunque no de la misma forma. Y sabemos que la función principal de la amígdala en la ira parece ser regular las respuestas de agresión de forma que sean menos automáticas y más adecuadas a la situación. Pero la mayor parte de nuestro conocimiento de los mecanismos cerebrales de la ira procede de estudios de la conducta agresiva. Sin embargo, el problema es que la agresión no es necesariamente lo mismo que la ira. Las personas pueden actuar agresivamente por muchas razones distintas, y tal vez no estén especialmente enfadadas mientras lo hacen. Volveremos al asunto de la agresión en el capítulo 12.

Ha habido relativamente pocos estudios sobre la ira, pero ha habido algunos. Los estudios de personas con lesiones en la corteza orbitofrontal han demostrado que es más probable que se impliquen en conductas imprudentes, y hay ciertos indicios de que pueden sentir ira más fácilmente que otras personas. También se ha demostrado que la estimulación directa del mesencéfalo puede producir respuestas de rabia en gatos, y que esas reacciones también se ven influidas por la amígdala y el hipotálamo. Pero hasta qué punto estas reacciones de rabia muestran paralelismo con la experiencia humana está abierto a la investigación, porque la estimulación de las mismas áreas en otros animales puede producir somnolencia o conducta relajada.

Stanton y colaboradores (2009) demostraron que incrementar en varones el nivel de la hormona testosterona, utilizando inyecciones, aumentaba la actividad neuronal de la corteza prefrontal cuando veían fotografías de caras enfadadas, y también disminuía la actividad de la amígdala, que parece controlar y regular las reacciones de ira. Las fotografías de caras neutras no producían este resultado, ni tampoco las mismas pruebas realizadas con mujeres. La hormona testosterona es importante en el desarrollo, y estimula aspectos específicos del crecimiento, además de mantener el funcionamiento de algunos circuitos neuronales. Aunque se suele considerar una hormona masculina, las mujeres también producen testosterona, pero los hombres tienen niveles mucho más elevados, especialmente durante la pubertad.

Existe imitación en la corteza prefrontal, como hay en muchas otras partes del encéfalo. Los investigadores han descubierto que cuando vemos las expresiones de otras personas, nuestras neuronas producen reacciones similares a lo que sucedería si nosotros mismos tuviéramos esa experiencia. Estudiaremos esto de nuevo en el capítulo 9. Pero sí quiere decir que observar caras enfadadas produce en el encéfalo una reacción similar a estar enfadado, y esto ha sido útil en la investigación en esta área.

Podemos volver a experimentar nuestras emociones cuando las recordamos. Dougherty y colaboradores (1999) utilizaron escáneres TEP para estudiar la actividad cerebral mientras los sujetos leían recuerdos de sus propias vidas o hechos que les habían llevado a enfadarse. Mientras los leían, tuvieron de nuevo sentimientos de ira, y los escáneres mostraron una mayor actividad en la corteza prefrontal y el estriado ventral. Estos descubrimientos fueron también confirmados por estudios con fIRM. Pero el problema era que se encontraron reacciones similares en otros estados emocionales, lo que significa que la actividad en estas áreas no está relacionada con la ira como tal, sino sólo con la excitación emocional. Sin embargo, estudios que utilizaron los tres tipos principales de escáner –TEP, TC y fIRM– también encontraron pruebas consistentes de que la corteza ventromedial se activa cuando se reviven estados de ira.

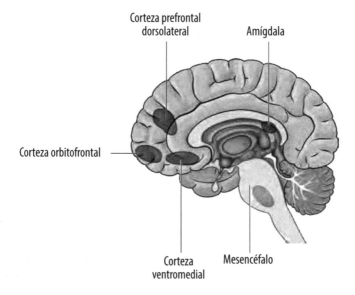

Figura 8.3 La ira en el encéfalo

Sin embargo, en términos absolutos, los estudios de la ira como respuesta emocional a una situación son relativamente pocos en comparación con los estudios sobre la agresión; y la mayoría de ellos se basan solamente en pedir a los sujetos que revivan sus experiencias de enfado, lo cual tal vez no sea exactamente lo mismo. Lo que sí sabemos es que la amígdala y la corteza prefrontal están definitivamente implicadas, y que sus actividades parecen capaces de inhibir los estímulos de la corteza orbitofrontal. Parte de la corteza prefrontal, el área prefrontal dorsolateral, también se activa cuando estamos enfadados. Como vimos en el capítulo anterior, esa área está implicada en la memoria operativa, y su activación en el estado de ira parece inhibir la corteza orbitofrontal, tal vez reduciendo nuestro nivel absoluto de control cortical sobre la forma en que reaccionamos. Ésta puede ser la razón por la que es tan fácil que actuemos irracionalmente cuando estamos enfadados, y hacemos o decimos cosas que no haríamos si pensáramos con claridad.

Repulsión

No solemos pensar en la repulsión cuando pensamos en emociones; es más probable que pensemos en felicidad, ira o miedo. Pero, no obstante, es una emoción poderosa que podemos reconocer fácilmente en otras personas a partir de su expresión facial. La repulsión es una de las emociones universales; es decir, se encuentra en todas las sociedades humanas, lo que implica que podemos suponer que es una reacción heredada. Pero aquello ante lo que sentimos repulsión en parte es aprendido. Las cosas que algunas personas aceptan como normales, otras personas pueden considerarlas repulsivas; comer carne de caballo o vísceras, por ejemplo. La palabra «repulsión» en realidad significa «mal gusto», y la expresión facial que ponemos cuando la sentimos parece como si hubiéramos probado algo malo, aunque estemos tratando de algo totalmente diferente. Como respuesta emocional, la repulsión probablemente haya evolucionado como un mecanismo de supervivencia. Si sentimos una emoción desagradable con la idea de manipular carne podrida o excrementos humanos, es probable que los evitemos o los toquemos lo menos posible, lo cual nos ayuda a evitar contaminarnos o contraer una enfermedad por el contacto.

Hay una parte específica del cerebro, conocida como **ínsula**, que está directamente implicada en los sentimientos de repulsión. No es de extrañar que se encuentre localizada muy cerca de la corteza gustativa primaria, que realiza el primer procesamiento cortical del sentido del gusto. La ínsula, escondida dentro del cerebro, tiene muchas conexiones con otras áreas del encéfalo, como la corteza orbitofrontal, el tálamo y los lóbulos temporal y parietal del cerebro. Por ello recibe estímulos de muchas áreas, incluidas las relacionadas con la memoria y la conciencia social. La parte frontal de la ínsula también recibe información interoceptiva, es decir, información sobre el estado interno del cuerpo, como por ejemplo la rapidez de nuestro latido cardíaco o lo tensos que están los músculos, y es una parte importante del encéfalo a la hora de monitorizar las reacciones corporales producidas por estados emocionales. Aunque volveremos a algunas de las muchas funciones de la ínsula en próximos capítulos, ahora debemos saber que tiene una fuerte implicación específica en la emoción de la repulsión.

En realidad, hay dos áreas encefálicas principales de la repulsión: la ínsula y un área del encéfalo conocida como **corteza cingulada anterior**. La corteza cingulada es la parte del encéfalo que rodea al cuerpo calloso, la franja de fibras nerviosas que conectan las dos mitades del cerebro; y la corteza cingulada anterior es su parte frontal. Se conecta con las partes del tálamo que se ocupan de la percepción del dolor, con la corteza orbitofrontal, la amígdala y la propia ínsula. Estas otras conexiones están implicadas también en otras emociones, pero son la ínsula y la corteza cingulada anterior las que permanecen especialmente activas cuando experimentamos repulsión.

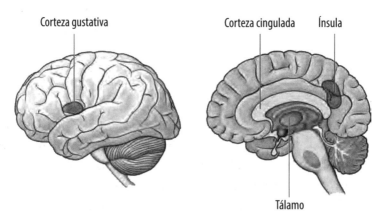

Figura 8.4 La repulsión en el encéfalo

Wicker y colaboradores (2003) realizaron una serie de estudios con fIRM sobre la repulsión, monitorizando la actividad del encéfalo mientras los sujetos reaccionaban a olores repulsivos. Como habían hecho otros investigadores, descubrieron una fuerte respuesta de la ínsula, y también en la corteza cingulada anterior. Pero cuando solicitaron que vieran vídeos de las caras de otras personas que sentían repulsión de la misma forma, descubrieron que ver a esas otras personas experimentar la misma emoción activaba las mismas áreas de su encéfalo. Había una fuerte respuesta en la ínsula y menos fuerte en la corteza cingulada anterior. Vimos en el capítulo 6 cómo nuestras representaciones internas del movimiento en la corteza prefrontal también imitan las acciones físicas que vemos realizar a otras personas. La actividad de la ínsula y la corteza cingulada anterior demuestra que tenemos un sistema de imitación similar en la emoción de la repulsión: podemos compartir –al menos en parte– la experiencia de otras personas viendo cómo reaccionan.

Hay otro tipo de repulsión que experimentamos, conocida como repulsión moral. No la desencadenan contaminantes físicos o cosas similares, sino las acciones de otras personas cuando consideramos que son moralmente malas y personalmente desagradables de imaginar. Incluyen hechos como actos de genocidio, tortura o crueldad. Es interesante que la repulsión moral parezca activar los mismos mecanismos encefálicos que la repulsión física, incluyendo la amígdala, la ínsula, etc., pero también conlleva más actividad en los lóbulos frontales, especialmente en los implicados en hacer juicios y percepciones personales. Utilizar la misma palabra para describir la emoción física y la social es, por tanto, bastante más que tan sólo una metáfora: las consideramos repulsivas a las dos, y esto se refleja en la actividad del encéfalo.

Felicidad

Las emociones positivas como la felicidad normalmente se ignoraron en el pasado, como si sólo importaran las emociones negativas. Pero poco a poco vamos siendo conscientes de que la felicidad, la alegría y otras emociones positivas son igualmente parte esencial de nuestra vida, y en muchos sentidos incluso más importantes. Sabemos, por ejemplo, que las emociones positivas tienen un efecto beneficioso sobre nuestra salud física. Al permitir al cuerpo escapar del constante agotamiento de energía causado por el estrés de emociones negativas como la ansiedad, el miedo o la ira, nuestros recursos físicos se ven libres para tratar con otros retos, como manejar enfermedades o combatir infecciones.

Una serie de estudios recientes han explorado los mecanismos encefálicos que participan en las emociones positivas, y una de las cosas que han quedado claras es que activan áreas de muchas partes del encéfalo. Suardi y colaboradores (2016) descubrieron que cuando a los sujetos se les pide que recuerden hechos felices, las áreas del encéfalo que se activan incluyen las implicadas en otras emociones básicas como la tristeza o la ira: la ínsula, la corteza cingulada y la corteza prefrontal. Pero no activan las mismas neuronas. En su lugar, activan grupos de neuronas sutilmente distintas de las mismas áreas, y también inhiben algunas rutas existentes mientras estimulan otras.

Otra área que se ha descubierto que está implicada en la experiencia subjetiva de la felicidad es la parte del lóbulo parietal del extremo superior, escondida en la cisura central. Forma parte del área de la corteza conocida como lóbulo parietal superior. Los estudios con IRM han demostrado que esta parte del encéfalo permanece activa cuando está cambiando nuestra experiencia subjetiva; por ejemplo, cuando nos hundimos en el sueño o nos calmamos después de ser alertados por algo. Las personas que normalmente son felices y que informan de más experiencias emocionales intensas –negativas y positivas– han demostrado tener más materia gris en esta región del encéfalo que las personas que no se consideran especialmente felices.

Los estudios con escáneres han demostrado una tendencia de las emociones positivas a producir más actividad en el hemisferio izquierdo del encéfalo y menos en el derecho. Varios estudios de emociones positivas han mostrado una mayor actividad en la corteza prefrontal del hemisferio izquierdo, pero una actividad significativamente menor en el otro lado del encéfalo, en la corteza prefrontal derecha. Esto encaja con la idea de que emociones negativas como el miedo o la repulsión, que desencadenan conductas de evitación, se procesan principalmente en el hemisferio derecho, mientras que las emociones positivas se procesan en el hemisferio izquierdo. Sin embargo, esto no es algo generalizado: ambos tipos de emoción activan los lóbulos frontales hasta cierto punto, y los investigadores actuales se sienten menos inclinados a hacer una distinción tan rígida entre los dos hemisferios.

Otra característica distintiva de las emociones positivas es que parecen reducir la actividad neuronal en el área del encéfalo que abarca los lóbulos temporal y parietal en ambos hemisferios. Pero las neuronas del giro cingulado, la amígdala y el estriado ventral aumentan su actividad con las emociones positivas, como hacen cuando experimentan otro tipo de emociones. Las áreas son las mismas, pero hay una mayor actividad en la corteza cingulada cuando recordamos experiencias felices de nuestras vidas que cuando recordamos experiencias tristes. Lo mismo es cierto para la actividad neuronal de la parte central de la corteza prefrontal y en la parte superior del lóbulo temporal. Recordar experiencias felices también produce una actividad significativa en el cerebelo.

Por supuesto, no podemos estar seguros de que recordar una experiencia feliz involucre la misma actividad cerebral que ser feliz antes, pero es un poco difícil generar experiencias realmente felices por primera vez en alguien a quien se está escaneando su cerebro. Sin embargo, es posible hacer tres afirmaciones claramente definidas sobre la neuropsicología de la felicidad. Una es que las emociones positivas de este tipo parecen involucrar más áreas de la corteza que las emociones negativas: su influencia es mucho mayor en los dos hemisferios. La segunda es que muchas áreas del encéfalo están implicadas tanto en la emoción de felicidad como en emociones negativas, pero no involucran exactamente las mismas neuronas. Y la tercera es que hay áreas específicas del encéfalo que se ven activadas por la felicidad y otras emociones positivas, pero no implicadas en emociones negativas, incluyendo zonas de la corteza prefrontal izquierda, el cerebelo y partes específicas del estriado ventral.

Emociones sociales

La pena, la vergüenza y la culpa son algunas de las conocidas como emociones sociales, las que tienen relación con vernos a nosotros mismos y a nuestras acciones en relación con otras personas. La pena y la vergüenza tienen que ver con cómo creemos que otros perciben nuestras acciones. La pena es distinta de la culpa porque necesariamente implica la conciencia de otras personas o la conciencia potencial, mientras que la culpa tiene que ver con cómo juzgamos nosotros mismos nuestras acciones: podemos sentirnos culpables aunque otras personas nunca sepan nada sobre lo que hemos hecho. Es interesante que la culpa a veces se considera una emoción prosocial en lugar de antisocial, porque al haber tenido una experiencia de culpa, la gente ha demostrado que es más probable que actúe de forma positiva hacia otros.

Ausubel (1955) consideraba la culpa como un mecanismo social importante: ofreciendo un tipo de «freno» sobre los impulsos o la conducta antisociales, ayuda a ajustar o mantener sus relaciones interpersonales, por lo que puede prosperar de una forma razonablemente armoniosa o por lo menos efectiva.

La vergüenza suele considerarse una forma menos extrema de pena, y esto lo confirman los estudios neurológicos de la actividad cerebral implicados en las dos emociones. Los estudios realizados utilizando escáneres con fIRM muestran exactamente los mismos tipos de actividad cerebral cuando los sujetos recuerdan episodios vergonzosos que cuando recuerdan incidentes en los que se habían sentido avergonzados. Además de las áreas más generales del encéfalo implicadas en el procesamiento emocional, estos escáneres mostraban una mayor actividad en las áreas del lóbulo frontal conocido como giro frontal medial e inferior, y en las áreas del lóbulo temporal conocidas como corteza cingulada anterior y corteza parahipocampal.

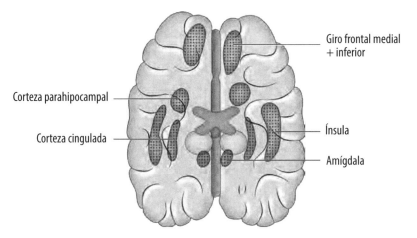

Figura 8.5 La pena y la vergüenza en el encéfalo

La culpa, por otra parte, produce en el encéfalo un patrón de actividad diferente. Michl y colaboradores (2014) pidieron a sus sujetos que respondieran a frases que se había demostrado que provocaban sentimientos de culpa o de pena. Los estímulos relacionados con la culpa también produjeron actividad en el lóbulo temporal, pero fue en el giro temporal medio y en el giro fusiforme; y también mostraron actividad en la amígdala y la ínsula, que fue distinta de la generada por los estímulos relacionados con la pena. Se han obtenido resultados similares de otros estudios que utilizaron escáneres cerebrales y estas emociones.

Puede haber también alguna diferencia entre la actividad de los hemisferios izquierdo y derecho. Takahashi y colaboradores (2004) exploraron las diferencias entre la actividad encefálica de la pena y la de la culpa, de nuevo utilizando escáneres por fIRM, y descubrieron que cuando se procesaban los estímulos vergonzantes, había claramente más actividad en el lóbulo temporal derecho que en el izquierdo. Pero esta diferencia no se dio cuando los sujetos sentían culpa. Takahashi utilizó una muestra de japoneses, pero lo mismo se descubrió en un estudio similar utilizando europeos, así que podemos estar razonablemente seguros de que los resultados no eran sólo una consecuencia de las distintas formas en que la pena y la vergüenza se socializan en la cultura japonesa.

Las emociones sociales en general han demostrado producir actividad en el **giro orbitofrontal**, la parte del lóbulo frontal inmediatamente por encima del centro de los ojos. También conllevan actividad en las neuronas hacia la parte posterior de la corteza cingulada, y en la parte frontal y superior de los lóbulos temporales. Y, por supuesto, generan actividad en las estructuras subcorticales implicadas en otros tipos de procesamiento emocional, como la amígdala y el hipotálamo (*véase* figura 8.6). En términos absolutos, la investigación de las emociones sociales nos indica que los lóbulos frontales están más asociados con la aplicación de normas y estándares sociales, mientras que los lóbulos temporales están más asociados con la realización de juicios sobre los propios pensamientos o sobre nuestra conducta y con las inferencias sobre las mentes de otras personas. Volveremos a esta idea en el capítulo 9.

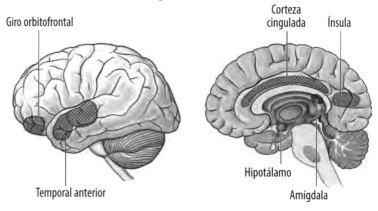

Figura 8.6 Las emociones sociales en el cerebro

Cuando examinamos de forma más general cómo se procesan las emociones, encontramos actividad en numerosas partes del encéfalo: en los lóbulos frontales, en los lóbulos temporales y en el sistema límbico. El patrón exacto de actividad varía ligeramente para distintas emociones: algunas conllevan una mayor implicación de la memoria y la experiencia, otras de estímulos sensoriales inmediatos. Pero la «forma» absoluta de la actividad neuronal es razonablemente constante. La mayoría de las rutas neuronales asociadas con las emociones son generales, independientemente de qué emoción específica esté implicada.

Una parte del encéfalo sobresale realmente cuando intentamos entender cómo tiene lugar la emoción, y se trata de la amígdala. Está implicada en emociones negativas como el miedo y en emociones positivas como la felicidad, y sus conexiones van desde los lóbulos frontales y temporales hasta otras partes del sistema límbico. Mediante la amígdala, nuestras respuestas emocionales conectan las áreas primitivas del encéfalo con las áreas que más se ocupan de la memoria y la experiencia, y éstas tienen que ver con nuestra toma de decisiones.

Puntos de atención

- El encéfalo tiene una serie de circuitos de recompensa, que incluyen muchas áreas subcorticales y, en los seres humanos, la corteza orbitofrontal.
- La amígdala permanece activa en todas las emociones, pero especialmente en el miedo y la ira. Las señales de amenaza procedentes de la corteza prefrontal están también implicadas en estas emociones.
- La repulsión genera fuertes reacciones en la ínsula y la corteza cingulada, que también imitan cuando ven la expresión de repulsión de otras personas.
- Las emociones positivas como la felicidad estimulan áreas de numerosas partes del encéfalo, pero con más actividad en el hemisferio derecho.
- Las emociones sociales activan los lóbulos frontales, los lóbulos temporales y la corteza cingulada, así como otras áreas emocionales como la ínsula y la amígdala.

Paso siguiente

La amígdala está también implicada en nuestras experiencias sociales, lo cual estudiaremos más detalladamente en el capítulo siguiente, en el que trataremos sobre las relaciones y cómo desarrollamos el apego.

9

RELACIONES

A menudo oímos decir que los humanos somos animales sociales, y es muy cierto. Sin otras personas seríamos incapaces de sobrevivir, o al menos de lograr mucho más que una simple vida de subsistencia. Pero en grupos sociales, podemos ayudarnos los unos a los otros, desarrollar y utilizar nuestros talentos individuales, y, en último término, construir sociedades. Sin embargo, vivir en grupos sociales significa que necesitamos ser capaces de reconocernos los unos a los otros, diferenciar a la gente y responder adecuadamente basándonos en lo que sabemos sobre una persona concreta. En el mundo moderno también necesitamos ser capaces de identificar a las personas que no conocemos personalmente. Por tanto, reconocer caras es algo que nuestros cerebros necesitan hacer, y en general son muy buenos en ello.

Reconocer caras

En el capítulo 3 estudiamos cómo vemos objetos. Sin embargo, cuando examinamos caras humanas nuestros cerebros reaccionan a ellas de forma completamente diferente que cuando miramos otras cosas. Las caras son enormemente importantes para nosotros como seres sociales, y muchas de nuestras respuestas a otras personas están basadas en nuestras reacciones a las expresiones faciales que les vemos hacer y en la retroalimentación que recibimos de cómo sus caras reaccionan a nuestras acciones o palabras. Por tanto, poder reconocer caras es una parte importante de la interacción social.

PERCIBIR CARAS

Tenemos por lo menos tres áreas encefálicas especializadas en reconocer caras. La primera de estas áreas está en la corteza visual, un área conocida como el giro occipital inferior. Esta parte del encéfalo parece estar especializada en detectar rasgos faciales, y se activa incluso cuando miramos caras estilizadas o similares a las de los dibujos animados. Es posible que sea la primera área de reconocimiento de caras del encéfalo que se activa. Incluso desde una edad muy joven –sólo unos pocos días–, los bebés sonríen en respuesta a las formas ovales con manchas, dispuestas en patrones parecidos a caras, de modo distinto a sus respuestas a otras formas. A medida que crecen, la «cara» a la que el bebé responde necesita ser mucho más precisa, hasta que al final sólo responde a caras reales o a imágenes que sean muy similares. Esta sensibilidad innata a las formas humanas nos indica lo fundamentales que son las otras personas para nosotros como seres humanos. En los adultos, los estudios con fIRM muestran que incluso las formas de caras distorsionadas o esquemáticas activan las neuronas de esta área.

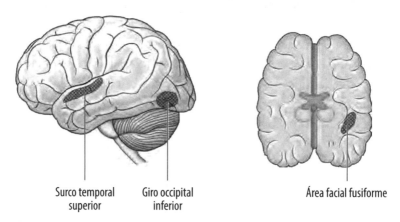

Surco temporal   Giro occipital   Área facial fusiforme
superior   inferior

Figura 9.1 Áreas de reconocimiento facial

La segunda parte del encéfalo que responde a las caras se encuentra en la parte superior de los lóbulos temporales, y se conoce como surco temporal superior, o STS. Responde especialmente a aquellos aspectos de la cara que cambian durante la interacción social, por ejemplo, movimientos de los labios, expresiones faciales y miradas fijas. Se trata de importantes significantes del sentido social. Ya hemos visto cómo los lóbulos temporales están activamente implicados en la comprensión de las expresiones faciales de las personas. Si se nos pide hacer juicios sobre otra persona que nos está mirando, ésta es el área que permanece activa.

No obstante, si se nos pide identificar una cara concreta a la que estamos mirando, es la tercera área la que permanece activa. Se trata del área facial fusiforme, o AFF, y está localizada en el borde inferior de los lóbulos temporales, escondida bajo el cerebro. Está muy próxima a las áreas de la memoria que examinamos en el capítulo 7, y también muy cercana a la amígdala, que, como hemos visto, es extremadamente activa en nuestras reacciones emocionales. El área facial fusiforme es la parte del encéfalo que identifica los aspectos únicos de las caras, esos aspectos invariables de nuestras caras que reflejan nuestra propia identidad personal. Por tanto, podemos ver lo importante que es para nuestras interacciones sociales y por qué tiene fuertes conexiones con nuestra memoria y nuestras estructuras encefálicas emocionales. Las personas con daño en esta área suelen sufrir prosopagnosia —es decir, la incapacidad para reconocer caras—, que puede convertirse en un problema social significativo.

LEYENDO LAS EXPRESIONES

Leer las expresiones faciales es un aspecto distinto al del procesamiento de las caras, pero es también una parte importante de la interacción social cotidiana. Parece involucrar a dos rutas diferentes en el encéfalo. Una de ellas está basada en el procesamiento sensoriomotor, y usa la tendencia de nuestro encéfalo a imitar lo que ve en otras personas. Si vemos a otra persona con una expresión facial característica —una expresión de felicidad, por ejemplo, o de repulsión—, los estudios han mostrado cómo nuestros encéfalos producen pequeños cambios en nuestros propios músculos faciales. Estos cambios reflejan que la emoción se basa en lo que se conoce como retroalimentación facial, que nos ayuda a entender la emoción que estamos viendo.

Las pruebas clínicas demuestran cómo las personas con daños en las partes faciales del área sensoriomotora suelen tener dificultades para identificar emociones, así como para expresarlas. En 2008, Pitcher y colaboradores realizaron estudios que incluían estimular esa área utilizando estimulación magnética transcortical (EMT). Descubrieron que la estimulación artificial influía en la precisión con que los sujetos podían interpretar las expresiones faciales, aunque no afectara a su capacidad para reconocer quiénes eran en realidad esas personas, es decir, sus identidades.

La forma en que el cerebro da sentido a las expresiones faciales es mediante un fuerte vínculo entre la percepción inicial de la expresión emocional en la corteza visual y las áreas centrales del procesamiento emocional del encéfalo, en particular la amígdala y la ínsula (véase capítulo 8). Esta ruta se activa si examinamos caras familiares. Tenemos una respuesta emocional ante las personas que conocemos; puede ser valoración, amor, repulsión o algo más sutil, pero es suficiente para marcar la diferencia entre cómo reaccionamos a las caras conocidas y cómo lo hacemos a las caras de extraños.

Hay un tipo especial de ilusión, conocido como síndrome de Capgras, en el que los afectados están convencidos de que los miembros de su familia han sido sustituidos por extraños: dobles corporales que parecen idénticos, pero que no son la misma persona. Algunos investigadores creen que esto ocurre porque las rutas neuronales que vinculan los centros emocionales con la percepción de la persona se han alterado o dañado. Sin esa asociación emocional, la persona ve al individuo y puede reconocerle, pero sigue sin «sentir» que es la persona correcta. Cuando observamos a personas que están cerca de nosotros, esperamos también responder emocionalmente. Sin esa respuesta, no estaríamos convencidos de la verdadera identidad de alguien.

✓ Estudio de caso: Reconocimiento facial

Reconocer caras es una actividad encefálica distinta de otros tipos de reconocimiento. Esto queda claramente ilustrado por dos estudios de caso de personas que tenían daño localizado en su área facial fusiforme. Un hombre, R. M., era incapaz de reconocer las caras, ni siquiera la de su esposa, pero tenía una colección de más de 5.000 coches en miniatura y podía reconocerlos fácilmente. Cuando le mostraron una serie de dibujos de coches en miniatura, pudo decir el modelo exacto y cuándo se fabricó, para 172 ejemplos distintos. Otro hombre había sufrido un infarto cerebral que le dejó incapaz de identificar las caras previamente familiares para él. Después de este evento, compró un pequeño rebaño de ovejas. No le representaban ningún problema: podía reconocer cada una de sus treinta y seis ovejas, aunque las mezclaran con otras. Reconocer ovejas le resultaba fácil; reconocer caras, imposible

Reconocer cuerpos

Nuestros cerebros están programados para reconocer fácilmente no sólo las caras. También podemos reconocer muy rápidamente a personas a partir de sus formas corporales, incluso desde una distancia lejana y a veces sólo por la forma en que se mueven. Dos áreas del encéfalo parecen estar especialmente activas cuando vemos cuerpos humanos. Una de ellas es el área corporal extraestriada, un área situada justo en el exterior de la corteza visual, que responde a los esbozos corporales generalizados. También responde a las figuras con palitos y a otras cosas que se parezcan a los cuerpos, e incluso ante partes corporales.

Otros objetos pueden también activar esta área del encéfalo, pero cuanto más parecidos son estos objetos a los cuerpos humanos o a las partes corporales, con mayor fuerza responden. Los estudios de la actividad encefálica en el área corporal extraestriada han demostrado que produce respuestas muy fuertes a los bocetos humanos y a partes corporales como manos o piernas, reacciones moderadamente fuertes a las imágenes de animales –cuanto más se parecen a los humanos, mayor es la respuesta– y respuestas bastante débiles a objetos como sillas.

Los estudios de sujetos con anorexia nerviosa han demostrado que algunos de ellos tienen cantidades reducidas de materia gris en el área corporal extraestriada, y que eso correlaciona con las distorsiones de su propio tamaño corporal. Si se les pide que comparen sus propios cuerpos con siluetas, tienden a verse mucho más gordos de lo que realmente son. Sin embargo, como sucede con muchos hallazgos sobre el encéfalo, no sabemos qué fue primero: el trastorno o el déficit cerebral. La reducción de la materia gris podría ser una consecuencia del problema, en lugar de su causa.

La segunda área del encéfalo que se ocupa específicamente del reconocimiento corporal es el área corporal fusiforme. Está localizada junto al área facial fusiforme y la solapa parcialmente. Los estudios con escáner muestran que esta parte del encéfalo parece ocuparse principalmente de representar cuerpos enteros en lugar de partes corporales. También permanece activa al representarnos formas y tamaños corporales, pero sólo en términos generales, y no al hacer juicios personales sobre alguien que esté gordo o delgado. El área corporal fusiforme también desempeña un papel significativo en el reconocimiento de personas: esta parte del encéfalo se vuelve especialmente activa cuando identificamos a distancia a una persona que nos resulta familiar.

MOVIMIENTO CORPORAL

Otra clave que utilizamos al identificar personas a distancia es la forma en que se mueven, y esto implica a una tercera área del encéfalo, el surco temporal superior. Como ya hemos visto, esta área responde a los aspectos variables de las caras, pero también responde a los cuerpos, y en particular a los movimientos corporales y las posturas. Las posturas y los movimientos son identificadores importantes del significado social, por lo que tal vez no sea tan curioso que la misma área se ocupe de ambos tipos de estímulo. Como vimos en el capítulo 3, los estudios del movimiento corporal que incluyen luces adheridas a las articulaciones corporales fundamentales y que ocultan todas las demás claves producen una clara actividad en esta área del encéfalo de quien esté observando.

El surco temporal superior y el área corporal fusiforme tienen conexiones con las áreas emocionales del encéfalo. Esto no es de extrañar, porque la postura y el movimiento corporales pueden indicar estados emocionales además de acciones. Los distintos tipos de postura y movimiento pueden indicar ira, miedo, felicidad, precaución y muchas otras reacciones emocionales; en efecto, la palabra «actitud» originalmente sólo hacía referencia a la postura del cuerpo. Esto se debe a que la postura puede ser tan relevante sobre nuestro estado mental que la palabra cambiase gradualmente su significado. Las pruebas de estudios con escáneres cerebrales han demostrado cómo el lenguaje corporal emocional activa estas dos áreas del encéfalo. Sin embargo, resulta interesante que en las cortezas parietal y premotora, también active otras áreas que contienen neuronas espejo, grupos de células que reflejan las acciones de otras personas de la misma forma que reflejan las nuestras propias. Esta imitación es también una parte importante de cómo interpretamos qué significa en realidad el movimiento emocional.

La forma en que damos sentido a las caras y a los cuerpos, por tanto, es una parte importante de la interacción social y fundamental para nuestras vidas sociales. Pero, como seres sociales, interactuar con otras personas incluye mucho más que tan sólo poder entenderlas. También formamos relaciones con otras personas, y nuestras respuestas ante aquellas a las que nos sentimos próximos son cualitativamente distintas de nuestras respuestas a extraños o a personas que no conocemos bien.

Relaciones y apego

Las relaciones humanas pueden ser muchas y variadas, y pueden ir desde el amor apasionado e intenso hasta un ligero afecto o, en otra dirección, variar desde sentimientos de leve repulsión hasta un odio muy marcado. Experimentamos una respuesta emocional de algún tipo cuando tratamos con prácticamente cualquier persona que nos resulta familiar, y en algunos casos, la respuesta forma un estrecho vínculo entre las personas. Cualquiera que haya experimentado la pérdida de un amigo querido o de un miembro de su familia sabrá lo fuerte que puede ser ese vínculo; como con muchas otras cosas de la vida, a menudo no entendemos en qué medida nos importan ciertas personas hasta que se han marchado, y la experiencia de luto puede ser profunda y cambiar nuestras vidas.

¿Cómo se representa esto en el encéfalo? Incluye una combinación de rutas neuronales y de hormonas que interactúan en las emociones que experimentamos. Los estudios con escáner de la experiencia emocional del amor maternal, por ejemplo, han mostrado actividad en los circuitos de recompensa de la dopamina y también en otras áreas del encéfalo. Sabemos, por ejemplo, que el amor maternal activa algunas áreas específicas de los ganglios basales, en particular el globo pálido y la sustancia negra. También activa los núcleos de Raphé del bulbo raquídeo, que sabemos que están implicados en los circuitos de recompensa de la serotonina, y, por supuesto, activa aquellas áreas que ya hemos visto que están normalmente implicadas en las emociones: el tálamo, la ínsula y la corteza cingulada. Esta serie de áreas y rutas del encéfalo nos muestra cómo el amor maternal puede ser una emoción poderosa.

No es de extrañar que los apegos emocionales también impliquen a la amígdala, el centro emocional del encéfalo, que, como hemos visto, tiene conexiones por todo el sistema límbico y el cerebro. Sin embargo, el grado de activación varía según el tipo de apego: una serie de estudios han demostrado que la actividad en la amígdala es especialmente fuerte en los apegos inseguros, los asociados con algún nivel de ansiedad, y no en los apegos más seguros, en los que las personas se sienten satisfechas y seguras.

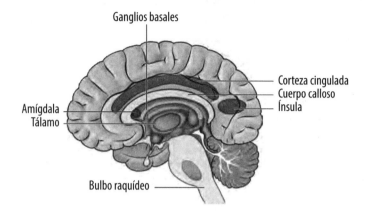

Figura 9.2 El amor maternal en el encéfalo

Esta distinción entre apegos seguros e inseguros se efectuó por primera vez cuando los investigadores estudiaban las relaciones entre la madre y su bebé, pero desde entonces, se ha descubierto que también es aplicable a las relaciones entre adultos. Se estableció por primera vez con el trabajo con bebés de Ainsworth en 1978, en el que identificó tres tipos de estilo de apego. Algunos bebés mostraban apegos seguros, en los que aunque se molestaban moderadamente si su madre salía de la habitación, pronto se adaptaban y la saludaban positivamente cuando volvía. Los bebés inseguros/ansiosos mostraban altos niveles de angustia cuando su madre salía y era difícil reconfortarles cuando volvía, mientras que los bebés inseguros/evitantes mostraban menos alteraciones cuando su madre salía y tendían a evitar el contacto con ella cuando volvía.

Ainsworth descubrió que esos estilos de apego estaban relacionados con el tipo de conducta parental que el niño había recibido (otros investigadores habían establecido que no sólo era cuestión de la madre). Los bebés inseguros/evitantes tenían padres que tendían a dejar solo mucho tiempo a su hijo, mientras que los bebés con apego seguro tenían padres que interactuaban de modo consistente y adecuado con el bebé, captando sus señales y respondiendo a ellas. Los bebés inseguros/ansiosos experimentaban estilos de crianza inconsistentes: a veces sus padres eran atentos y cariñosos, y otras veces no.

Los estudios de cómo las madres reaccionan al oír llorar a su hijo sí muestran algunas diferencias entre las madres de bebés con apego seguro e inseguro. En un estudio con fIRM, Laurent y Ablow (2012) descubrieron que las madres con bebés inseguros/ansiosos mostraban más actividad en la amígdala cuando oían llorar a su hijo que las madres de bebés con apego seguro. Quienes tenían bebés evitantes mostraban en la corteza prefrontal una mayor actividad, la cual los investigadores creyeron que estaba relacionada con un nivel superior de regulación emocional.

Hay algunas pruebas de que podemos llevar a cabo nuestros estilos de apego hasta la edad adulta (pero no inevitablemente). Un estudio longitudinal demostró un 72 por 100 de correlación entre el estilo de apego del bebé y el estilo de apego en los adultos. La diferencia general entre apego seguro e inseguro sin duda caracteriza las diferencias entre muchas relaciones del adulto. En algunas relaciones, ambos se sienten cómodos el uno con el otro y muestran un alto nivel de confianza en su relación. En otras, los miembros de la pareja pueden estar más ansiosos y preocuparse por cómo se siente su pareja ante ellos, y les resulta difícil creer que su amor es válido o real, lo cual es típico de un apego inseguro/ansioso. Y algunos adultos consideran difícil confiar en otras personas, por lo que les parece complicado establecer relaciones personales estrechas. Estos estilos de relación tienden a medirse utilizando las dos dimensiones de relación ansiosa o evitante, y las personas que tienen apego seguro puntúan bajo en ambas escalas.

Algunos estudios con fIRM indican que las personas con distintos estilos de apego pueden utilizar diferentes tipos de mecanismos de control mental al mantener sus relaciones. A mujeres con diferentes estilos de apego se las escaneó mientras imaginaban distintos eventos en su relación, como discusiones o rupturas. Los investigadores descubrieron que las personas con apegos seguros tendían a mostrar actividad en la corteza orbitofrontal, lo que implica un enfoque más analítico ante esos eventos. Quienes tenían apego evitante, por el contrario, mostraban una mayor actividad en las áreas prefrontales laterales, lo que conlleva una reacción más personal y potencialmente emocional. En pocas palabras, las personas con apego seguro se sienten menos molestas emocionalmente por las discusiones y tienen mayor probabilidad de buscar soluciones al desacuerdo; mientras que las personas con apego inseguro sienten angustia y molestias con las discusiones.

Otros estudios han demostrado una fuerte conexión entre cada estilo de apego y cómo responde el encéfalo a las imágenes de caras felices y sonrientes. Los estudios con escáner han demostrado cómo las personas con estilos de relación evitantes tienden, cuando ven esas imágenes, a responder con bajos niveles de actividad en los circuitos de recompensa. Las personas con apego ansioso o seguro, por otra parte, suelen considerar más recompensantes las imágenes de caras sonrientes, a juzgar por los niveles de respuesta en los circuitos de recompensa, pero quienes tienen un estilo de apego ansioso también tienden a mostrar más actividad en la amígdala. Por tanto, nuestro estilo de apego puede influir incluso en bastantes interacciones sociales ordinarias.

Amor

Se ha establecido desde hace mucho tiempo que hay muchos tipos distintos de amor. Sternberg (1988) identificó tres componentes del amor: pasión, intimidad y compromiso, y demostró que los distintos tipos de amor, como la absorción apasionada del deseo o el afecto a largo plazo del amor de los compañeros, pueden distinguirse según los distintos niveles que tengan de estos tres componentes. El deseo, por ejemplo, tiene un nivel elevado de pasión, pero no de compromiso o de intimidad; mientras que el amor de compañerismo entre parejas a largo plazo tiene un nivel alto de compromiso e intimidad, pero menos de pasión.

¿Qué ocurre en el encéfalo con estos diversos tipos de amor? Los estudios del amor intensamente romántico han mostrado consistentemente un nivel elevado de actividad en el área tegmental ventral, que se encuentra en el mesencéfalo y también en los ganglios basales. Las dos áreas forman parte del circuito de recompensa de la dopamina, que probablemente explique la experiencia del amor romántico como una experiencia placentera. Pero el amor romántico normalmente contiene también un elemento obsesivo, asociado con la forma en que la persona piensa en su pareja con ideas e imágenes intrusivas, incluso en los momentos en que

178

podría estar haciendo otras cosas. Esto genera actividad en otras áreas del encéfalo, en concreto en la parte posterior del giro cingulado, en el septum, el núcleo caudado y el hipocampo.

El amor a largo plazo funciona de forma un poco distinta. Acevedo y colaboradores (2012) dirigieron estudios con fIRM de un grupo de personas felizmente casadas a largo plazo, mostrándoles imágenes de su pareja, un conocido y un extraño.

Descubrieron que mirar la imagen de su pareja producía en los circuitos de recompensa de la dopamina y en los ganglios basales, una clara actividad que era muy parecida a la producida en estudios del amor romántico en sus primeras fases. Pero también descubrieron que permanecían activas regiones del encéfalo especialmente asociadas con el apego maternal, en el sistema límbico y el mesencéfalo, incluyendo el tálamo y la ínsula.

Muchas de estas áreas del encéfalo contienen las neurohormonas oxitocina y vasopresina, las cuales han demostrado ser sustancias químicas importantes en la formación de parejas en los animales, y los estudios con escáner indican que pueden ser igualmente importantes en la formación de parejas humanas a largo plazo. Se encontraron altos niveles de oxitocina en el plasma sanguíneo de las personas que experimentaban amor romántico, pero también se encuentra en las personas que sienten preocupación en sus relaciones, lo cual puede reflejar el tiempo que pasan pensando en la propia relación. La vasopresina se conoce peor, pero puede estar implicada en las relaciones sexuales de los machos, y también está vinculada con las reacciones al estrés.

Nuestra naturaleza profundamente social hace que nuestras relaciones sean muy importantes para nosotros, por lo cual ¿qué ocurre cuando se rompen bruscamente? Como la mayoría de las personas saben, en algún momento de sus vidas, la experiencia del luto es profunda e incluye una complejidad de emociones que van desde la insensibilidad hasta la depresión o la confusión, la culpa e incluso la ira furiosa. Estas emociones, evidentemente, activan las áreas del encéfalo asociadas con dichas emociones. Pero el luto también genera actividad en las áreas del encéfalo relacionadas con el dolor, especialmente la corteza cingulada y la ínsula. Por tanto, el dolor del luto es una experiencia muy real, y describir la pena como «dolorosa» es algo más que tan sólo una metáfora.

Para la mayoría de la gente, la intensidad de su pena remite en algún momento. Aunque sigan echando de menos a la persona y pensando en ella, aprenden a aceptar su pérdida y se adaptan a su nueva vida sin esa otra persona. Pero algunos no manejan la pérdida de ningún modo, retienen una obsesión mórbida con la persona que han perdido y se niegan a adaptarse a la vida sin ella. A esto se le conoce como luto complejo. Los estudios de estas personas han demostrado que tienen más actividad en el núcleo accumbens, un área situada en la parte posterior de la amígdala, que otras personas afectadas por la pérdida. Esta área normalmente está asociada con la recompensa y el refuerzo positivo, y se ha sugerido que su actividad puede reflejar un tipo de condolencia u oscura comodidad que la persona obtiene al anhelar a la persona perdida y mantener un sentido continuo de su pérdida.

Por tanto, el apego y el amor son rasgos significativos de cómo interactuamos con otras personas, y activan diversas áreas del encéfalo. Aunque nos encontramos muy alejados de entender todo claramente, podemos ver cómo el amor resulta recompensante, y cómo el luto es doloroso. Éstas no son conclusiones sorprendentes, podríamos pensar, pero sí muestran por qué el amor puede ser una motivación tan fuerte y cómo el dolor que sentimos cuando estamos de luto no es puramente imaginario.

Amistad

La amistad y la afiliación pueden no ser tan dramáticas como las formas profundas de apego, pero siguen siendo una parte importante de nuestra vida social. Nuestras interacciones cotidianas con otras personas pueden ser más importantes para nosotros de lo que creemos; tanto que si van por mal camino y alguien se comporta de una forma inesperadamente desagradable o agresiva con nosotros, puede molestarnos todo el día, o incluso más. La amistad desempeña un papel crucial en nuestra salud mental, así como en nuestro desarrollo social y psicológico. Por tanto, ¿cómo se manifiesta en el encéfalo?

Gilman (2017) utilizó fIRM para investigar cómo responde el encéfalo a la amistad. Pidiendo a personas que respondieran a diversos tipos de relación (por ejemplo, amigos personales o personas célebres conocidas) y a las relaciones que generaban distintas reacciones emocionales (amistad, enemistad o neutra), descubrieron que cuatro áreas del encéfalo respondían de un modo especialmente fuerte cuando las personas interactuaban con sus amigos.

Éstas eran la amígdala, el hipocampo, el núcleo accumbens y la corteza prefrontal ventromedial. La amígdala, como hemos visto, está relacionada con las emociones positivas y negativas; el hipocampo tiene que ver con la memoria y el reconocimiento de personas; el núcleo accumbens está asociado con las acciones de recompensa y compensación; y la corteza prefrontal permanece activa en la regulación emocional. Todas estas áreas están implicadas cuando interactuamos con nuestros amigos, pero no necesariamente cuando tratamos con otras personas.

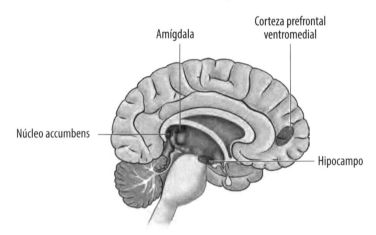

Figura 9.3 El cerebro y la amistad

Estas áreas están también implicadas en la actividad social, y la influencia de nuestros iguales puede ser un factor importante a la hora de determinar nuestra conducta. Gilman (2017) revisó las investigaciones sobre cómo las influencias sociales afectan al cerebro en consumidores de cannabis. Sabemos desde hace mucho tiempo que las influencias sociales influyen en el comienzo del uso de la droga, y en el caso del cannabis, suelen ser un factor importante para su consumo continuo. La revisión de Gilman demostró que las regiones encefálicas relacionadas con la influencia de los amigos pueden funcionar de forma distinta en algunos consumidores de cannabis que en otros grupos de amigos que no lo consumen. En particular, los circuitos de recompensa de los encéfalos de los usuarios de cannabis mostraban más conexiones con las regiones frontales del encéfalo. Estos circuitos de recompensa también se activan en respuesta a la información sobre el resto del grupo de amigos, lo que conlleva que para esos consumidores de cannabis, la información sobre sus amigos era más recompensante e incluía un mayor procesamiento neuronal. Esto podría suponer que esas personas se sentían más dependientes de su grupo de amistad que los no usuarios de cannabis.

Actualmente sabemos que la amistad activa muchas de las áreas del encéfalo relacionadas con el amor y el apego, aunque en un menor grado. Hay también otras conexiones que aún no se entienden por completo. La amistad a largo plazo, por ejemplo, activa especialmente el área del globo pálido de los ganglios basales, que previamente hemos visto que estaba asociada con el control del movimiento. Su participación en la amistad a largo plazo, y también en el amor maternal, es, por tanto, ligeramente desconcertante. No obstante, la investigación sobre el cerebro progresa día a día, por lo que puede ser que en el momento en que leas esto todo se haya aclarado ya.

✓ **Idea clave**

Aunque ser amigo en la vida real es muy distinto a ser un «amigo» de Facebook, parece haber una correlación general entre las dos cosas en el hecho de que las personas que tienen varios amigos en la vida real también tienden a tener muchos «amigos» en Facebook. Podría ser una medida general de la sociabilidad, o lo que solía llamarse extraversión. Pero lo que resulta más interesante es que una serie de estudios han descubierto que las personas con más amigos también tienden a tener más neuronas en la amígdala, la parte del encéfalo vinculada al procesamiento emocional, aunque no tenemos forma de saber cuál de los hechos causa al otro: si su material encefálico adicional se ha desarrollado como consecuencia de su sociabilidad o si son más sociables porque esta parte de su encéfalo es más grande.

Exclusión social y soledad

Es una metáfora muy común hablar sobre que la exclusión o separación social es «dolorosa». Pero, ¿es esto más que una metáfora? Como hemos visto, la experiencia del dolor físico activa la parte frontal de la corteza cingulada. Lo mismo ocurre con la experiencia del dolor por exclusión social. Eisenberg, Lieberman y Williams tomaron escáneres con fIRM de personas jugando a un juego de pelota virtual, que se estableció de forma que en una condición la persona a la que se escaneaba estaba incluida en el juego, en otra se la apartaba del juego debido a «dificultades técnicas», y en la tercera se la apartaba porque los otros jugadores preferían jugar el uno con el otro e ignorarla. Los investigadores descubrieron que esta exclusión social, a diferencia de otras condiciones, activaba las mismas áreas de la corteza cingulada que se activan con el dolor, y también activaba la ínsula, que se sabe que está implicada en la percepción del dolor.

Esto nos muestra que experimentamos el dolor de la exclusión social de la misma forma que experimentamos el dolor físico. Otra investigación también ha demostrado que nuestra sensibilidad a la exclusión social (como se reflejaba en los escáneres por fIRM) correlaciona con lo sensibles que somos al dolor físico: cuanto más sensibles somos al dolor físico, más fuerte es la respuesta de «dolor» del encéfalo a la exclusión social.

Algunas personas compensan el dolor social tomando drogas, y se sabe desde hace mucho tiempo que las drogas que son más efectivas para suprimir el dolor físico también se usan, o se abusa de ellas, para mitigar el dolor mental. Opiáceos como la heroína o la morfina sirven a ambos propósitos, y su uso para reducir la angustia social estaba ampliamente reconocido en el siglo XIX. El naturalista pionero Eugene Marais, por ejemplo, utilizaba morfina para tratar lo que él describía como «el dolor de la conciencia», que creía que compartían los simios además de los humanos. Muchas terapias de tratamientos de drogadicción se concentran en ayudar a desarrollar estrategias positivas para tratar los sentimientos de exclusión social.

La soledad normalmente tiene más que ver con el aislamiento social percibido que con el hecho de estar realmente separado de otras personas. Algunos descubren que se han vuelto solitarios debido a las circunstancias o a consecuencia de una timidez temporal. A menudo pueden tratarla entrando en nuevas redes y haciendo nuevos amigos. Otras personas, sin embargo, son crónicamente solitarias: se siguen sintiendo aisladas y separadas incluso cuando están rodeadas por otras. Debido a la forma en que sienten, tienden a buscar indicios de rechazo social por parte de los demás, y puesto que son tan propensos a ver estos indicios, suelen interpretar la conducta de otras personas como rechazo, cuando la intención no era ésa. Reaccionan apartándose aun más, lo cual, por supuesto, aumenta su soledad.

En un estudio con fIRM, a personas crónicamente solitarias se les enseñó imágenes de diversos tipos de escenas sociales o no sociales, y sus reacciones se compararon con las de otras personas que normalmente no eran solitarias. Las personas no solitarias reflejaron más actividad en el estriado ventral (asociado con el placer) cuando veían escenas no sociales agradables. Sin embargo, en las personas crónicamente solitarias ocurría al contrario: reflejaban más actividad en el estriado ventral cuando veían escenas no sociales que cuando veían escenas sociales.

Cuando miraban situaciones sociales desagradables, el grupo de no solitarios también mostraba más actividad en el área en torno a la unión de los lóbulos temporal y parietal que las personas solitarias. Esta parte del encéfalo se ocupa de analizar la información social, de recordar eventos y episodios, y de otras formas de análisis mental. El hecho de que se activara en personas no solitarias y no en las solitarias conlleva que éstas últimas simplemente aceptaban las escenas sociales desagradables de forma pasiva, mientras que las otras realizaban una aproximación más activa para analizarlas y para averiguar lo que sucedía. Parecían tener un mayor sentido de acción en sus interacciones sociales, mientras que las personas crónicamente solitarias se consideraban a sí mismas receptores pasivos de acciones sociales e incapaces de influir sobre ellas.

Hay también un parecido entre la forma en que el encéfalo responde al calor físico y la forma en que responde a la proximidad social y la intimidad. De nuevo, el lenguaje que utilizamos para describir las relaciones –por ejemplo, describir a personas como cálidas o frías– refleja nuestras respuestas sociales y la actividad encefálica asociada con estas condiciones físicas. Algunos investigadores han sugerido que esto se debe a que conforme evolucionaron nuestros mecanismos sociales, utilizaron las rutas neurales y los mecanismos asociados con la comodidad, los cuales ya se habían establecido antes en nuestra historia evolutiva. A modo de nota relacionada, muy interesante, se ha demostrado que las personas crónicamente solitarias suelen tomar baños o duchas más calientes que las personas no solitarias, lo cual podría interpretarse como el uso del calor físico para compensar la falta de calidez social. O podría ser simplemente que prefieren las duchas más calientes.

✔ Puntos de atención

- El cerebro tiene varias áreas especializadas que responden cuando vemos caras o cuerpos. Se conectan con las áreas de la memoria para permitirnos identificar a otras personas.
- El apego combina las respuestas hormonales con la actividad cerebral, especialmente en las rutas de recompensa. Los apegos inseguros producen más actividad en la amígdala que los apegos seguros.
- El amor romántico está asociado con áreas de los circuitos de recompensa dopaminérgicos, pero el amor a largo plazo activa también otras áreas del encéfalo.
- Hay cuatro áreas principales del encéfalo implicadas cuando pensamos en nuestros amigos. Están relacionadas con el reconocimiento de personas, con las recompensas, las emociones y la regulación emocional.
- Experimentamos el dolor de la soledad y la exclusión social del mismo modo que experimentamos el dolor físico. Los escáneres cerebrales muestran que las personas crónicamente solitarias pueden ser más pasivas en las interacciones sociales que otras personas.

Paso siguiente

Otra faceta importante del ser humano y de la interacción con otras personas es el modo en que utilizamos el lenguaje. En el siguiente capítulo examinaremos cómo nuestros encéfalos hacen que esto sea posible y qué sucede realmente cuando hablamos con otros y mantenemos una conversación.

10

LA COMUNICACIÓN

El lenguaje es una de las características que nos distingue de los animales con los que compartimos nuestro planeta. Aunque otros animales tienen muchas formas distintas de comunicación, y algunos incluso pueden aprender a comunicarse con nosotros, nuestro uso del lenguaje es único. Amplía hasta un grado muy elevado nuestras posibilidades de aprender, explorar, imaginar y recordar.

El lenguaje es una habilidad social, por supuesto. Se origina por nuestra necesidad de comunicarnos con los demás, y nos permite hablar con otras personas, mantener conversaciones y compartir conocimiento, pero también nos permite actuar como individuos: almacenar información, modificar lo que hacemos porque hemos aprendido de la experiencia de otras personas y planificar el futuro. En el capítulo siguiente estudiaremos cómo el cerebro maneja la lectura y la escritura, que son también partes importantes de nuestro uso del lenguaje, y en este capítulo examinaremos los aspectos neuronales del lenguaje y del habla.

Áreas del lenguaje en el encéfalo

El lenguaje fue una de las primeras capacidades humanas identificada como una función localizada en el encéfalo. La idea de que determinadas funciones psicológicas están localizadas en partes correspondientes del encéfalo se remonta a los frenólogos del siglo XIX, quienes intentaron interpretar la personalidad mediante la forma del cráneo. Esto se hacía por la creencia de que las facultades mentales altamente desarrolladas procedían de áreas altamente desarrolladas del encéfalo, que serían más grandes que otras áreas y que mostrarían «protuberancias» en el cráneo. Las cabezas frenológicas que a veces vemos en tiendas de antigüedades (véase figura 10.1) se utilizaban para describir qué áreas hacían tal o cual cosa, y la idea se aceptó ampliamente en la época victoriana, e incluso en ocasiones se consideraba aceptable como prueba en un juicio.

Muchos de los libros de la época reflejaban la creencia popular en la frenología. En la novela Jane Eyre (1847), de Charlotte Brontës, por ejemplo, Rochester pregunta a Jane qué piensa sobre su aspecto:

Él se levantó las ondas negras de pelo que le cubrían horizontalmente la frente y mostró una masa bastante sólida de órganos intelectuales, si bien con una marcada carencia donde debería estar el signo suave de la benevolencia.

En respuesta al comentario de ella, la respuesta de él es:

«No, señorita, no soy un filántropo por lo general, pero tengo conciencia», y señaló las prominencias que se dice indican esa facultad, y que, afortunadamente para él, eran bastante visibles, y daban, de hecho, una anchura notable a la parte superior de su cabeza.

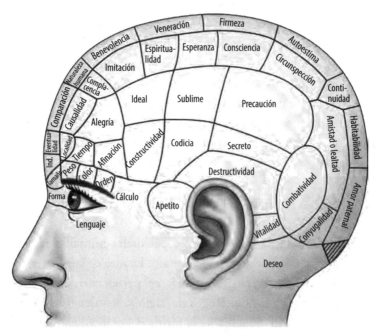

Figura 10.1 Una cabeza frenológica

Actualmente, por supuesto, sabemos que la localización en el encéfalo no es una cuestión sencilla. Sin embargo, hay distintas áreas que realizan funciones específicas. En 1861, el médico francés Pierre Paul Broca identificó la primera de ellas. Tenía dos pacientes con dificultades severas del habla, en el sentido de que tenían problemas para hablar, pero no para entender lo que se les decía. Cuando murieron, Broca realizó autopsias de sus encéfalos y, en ambos casos, descubrió un área dañada en la parte inferior del lóbulo frontal, pero sin pruebas de daño en el resto del encéfalo. Llegó a la conclusión de que ésa debía ser la parte del encéfalo que formula las palabras que se hablan, y el área se conoció como área de Broca.

En 1874, el médico alemán Carl Wernicke identificó otra área específica del lenguaje, en esta ocasión en la parte superior del lóbulo temporal izquierdo. Las personas con daño en ese lugar tenían problemas para entender lo que se les decía, pero podían hablar fluidamente. El examen post mortem de los encéfalos de estas personas de nuevo mostraba daño localizado, pero en esta ocasión en un área específica hacia la parte posterior y superior del lóbulo temporal. Esta área se conoció como área de Wernicke.

Se identificaron otras áreas implicadas en el lenguaje, incluido el giro angular del lóbulo parietal, que se ocupa de identificar los símbolos visuales del lenguaje, una acción clave para la lectura. Pero cuando los investigadores pudieron escanear los encéfalos en actividad en lugar de diseccionar los ya muertos, o hacer EEG generales, que fueron los métodos principales disponibles antes del escáner, todo cambió. Entonces fueron capaces de identificar muchas otras áreas del encéfalo que están implicadas en nuestro uso del lenguaje y que no eran visibles utilizando los métodos antiguos. Examinémoslas con más detalle.

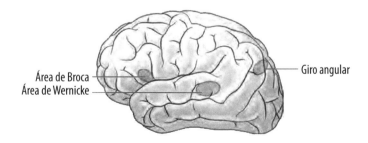

Figura 10.2 Las áreas del lenguaje en el encéfalo

LAS RUTAS DEL LENGUAJE

En la mayoría de las funciones cerebrales, como hemos visto, tratamos con rutas que discurren por el encéfalo en lugar de ser áreas simples, y el lenguaje no es distinto. La investigación con escáner ha demostrado que hay una ruta primaria del lenguaje en el cerebro, que comienza con el área de Wernicke, hacia la parte posterior del lóbulo temporal. Esta área recibe información directamente de la corteza auditiva, en el caso del lenguaje hablado, y de la corteza visual en el caso del lenguaje leído o de signos, y se ocupa principalmente de la comprensión: entender lo que significa el lenguaje.

La segunda parte de la ruta primaria del lenguaje se conoce como fascículo arqueado, que es un haz de fibras nerviosas que conectan el área de la parte posterior de la corteza temporal y la parte inferior del lóbulo parietal con los lóbulos frontales del cerebro. Conecta con otras áreas que hay en su camino, pero lo más importante es que conecta el área de Wernicke con el área de Broca. Ésta forma la tercera parte de la ruta primaria del lenguaje que, como hemos visto, se ocupa de producir un habla con significado. Esto supone que, a su vez, tiene conexiones con las áreas motora y premotora de la parte posterior del lóbulo frontal; necesitamos poder mover nuestros labios y nuestra lengua para hablar.

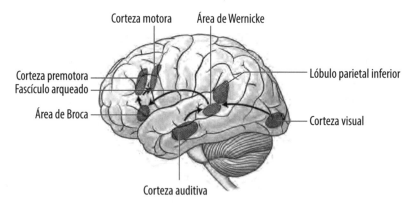

Figura 10.3 La ruta primaria del lenguaje

En el modelo clásico, si estamos teniendo una conversación con alguien, escuchamos lo que dice, lo cual significa que la información se procesa en primer lugar en la corteza auditiva, y también en la corteza visual si le estamos mirando mientras habla. La información pasa después al área de Wernicke, donde la procesamos para darle sentido; y nosotros respondemos a lo que hemos entendido diciendo algo nosotros mismos, utilizando el área de Broca y las partes de la corteza motora que controlan la boca y los pulmones.

Evidentemente, no es tan simple ni tan claro como esto. Si examinamos a personas cuando están utilizando el lenguaje, veremos que los escáneres TEP del encéfalo muestran actividad en muchas regiones distintas dependiendo de lo que esté ocurriendo en ese momento. Escuchar palabras, por ejemplo, activa el área de Wernicke, el área de Broca y una gran parte del lóbulo temporal izquierdo, produciendo actividad en toda la zona. También activa áreas más amplias alrededor de la base del lóbulo frontal, así como partes de la corteza motora y premotora y algunas partes del lóbulo parietal. De hecho, cuando oímos hablar a alguien, casi la mitad del hemisferio cerebral izquierdo permanece activa de alguna forma, y también gran parte del hemisferio izquierdo.

El habla en sí misma no involucra tantas zonas del encéfalo, pero los estudios TEP muestran que activa tanto la corteza premotora como la sensorial, así como la corteza motora, puesto que el encéfalo planifica los requerimientos físicos de nuestras palabras y los convierte en instrucciones dadas a los labios, la lengua y la laringe. También incluye alguna actividad en una parte del encéfalo conocida como el lóbulo parietal inferior, que es un área donde se encuentran el lóbulo occipital y el temporal, cerca de la parte posterior. Pensar en lo que realmente vamos a decir activa un área incluso más amplia: los estudios TEP de personas conjugando verbos muestran una gran cantidad de actividad hacia la parte posterior del lóbulo frontal y una cantidad igualmente grande hacia la parte posterior del lóbulo temporal.

Oír hablar

Como puedes ver, ocurren muchas cosas cuando los seres humanos utilizan el lenguaje, y eso es sin ni siquiera pensar en la lectura y la escritura, lo cual, como he dicho, estudiaremos en el capítulo 11. Probablemente la mejor forma para explorar esto es examinar lo que realmente está involucrado cuando escuchamos hablar y lo entendemos, antes de pasar a ver el proceso de producción del habla.

La percepción del habla comienza cuando oímos a alguien decir algo. Vimos en el capítulo 4 que procesamos sonidos del habla de forma distinta de como procesamos la información de otros sonidos. Nuestros dos hemisferios cerebrales se activan cuando oímos hablar a alguien, pero las partes del lenguaje se procesan más en el hemisferio izquierdo, mientras que el tono y las entonaciones se procesan más en el hemisferio derecho. Hay un área especial de reconocimiento del habla debajo del área auditiva primaria, y éste es el lugar donde se decodifican e identifican los sonidos como potencialmente significativos. La información después pasa desde allí hasta el lóbulo parietal inferior a fin de procesarla para comprenderla.

Cuando escuchamos hablar a alguien, a menudo le miramos y leemos sus labios, que es la razón por la que el procesamiento del lenguaje se basa tanto en información visual como auditiva. Eso es así mientras las dos fuentes de información están de acuerdo, como ocurre normalmente, pero hay una ilusión interesante, conocida como ilusión de McGurk, que tiene lugar cuando recibimos información auditiva y visual distinta. Cuando a una persona se le presente una señal auditiva para una palabra, por ejemplo «baba», oída en un vídeo mientras alguien dice «gaga», no oirá ni una ni otra. En su lugar, percibirá una palabra totalmente distinta; en este caso «dada». La ilusión es tan fuerte que aunque la persona sepa lo que está sucediendo, seguirá oyendo la palabra construida. Con los ojos cerrados oyen «baba», con los ojos abiertos y sin audio ven «gaga», pero incluso después de hacer eso, cuando perciben ambas cosas oyen «dada».

Esto demuestra lo fuertes que son las rutas visuales y auditivas del lenguaje. Todos podemos leer los labios hasta cierto punto: algunas personas son mejores que otras, y otras se entrenan para ser realmente buenas, pero todos tenemos cierta competencia básica para ello. Tal vez no nos demos cuenta, pero leer los labios puede ser una parte importante de la conversación ordinaria, especialmente si la persona a la que estamos escuchando tiene un acento poco familiar o dice algo técnico. Por tanto, aunque podríamos pensar que escuchar hablar sólo consiste en sonidos, en la conversación normal están implicados el sonido y la vista, y hay que recordar que hemos evolucionado con conversaciones cara a cara. Las conversaciones sólo con audición, como con el teléfono, son una introducción muy reciente en la experiencia humana.

Hay otro aspecto de la percepción del habla que hemos descubierto sólo mediante el uso del escáner. Los escáneres cerebrales muestran que cuando oímos hablar a alguien, la información auditiva que recibimos también se refleja mediante actividad en las partes de la corteza motora que tienen que ver con la producción del habla. Las neuronas espejo de la corteza premotora y del área de Broca se activan, reflejando lo que vemos decir a alguien como si se lo dijéramos a nuestros propios programas motores. Mientras escuchamos, ensayamos mentalmente los procesos neuronales que utilizaríamos si nosotros mismos lo dijéramos.

✓ **Idea clave**

Una teoría de cómo oímos hablar consiste en que emparejamos inconscientemente lo que oímos con lo que haríamos si nosotros mismos pronunciáramos esos sonidos. Esta idea ha sido respaldada por el descubrimiento de que hay neuronas espejo en el área de Broca y también en la corteza prefrontal, y ambas responden cuando oímos hablar a alguien. Mientras oímos hablar, nuestros cerebros inconscientemente replican el proceso de decir lo mismo. Es interesante el hecho de que estas neuronas espejo también respondan cuando vemos a personas hacer gestos que tienen sentido, como señalar o encoger los hombros y abrir las manos para decir «no lo sé». Algunas personas han sugerido que esto podría indicar que el lenguaje originalmente se desarrolla para ampliar los gestos de la mano o del brazo, pero puede haber otras explicaciones.

Entender el habla

Entender el habla es un proceso bastante complejo. Comienza entendiendo palabras. Eso puede parecer obvio, pero si escuchas un lenguaje extranjero, es bastante difícil averiguar qué son en realidad las palabras. Cuando hablamos, tendemos a mascullar palabras juntas sin darnos cuenta; y si oímos a alguien hablar separando cada palabra nos parecerá muy extraño. Escuchar un lenguaje extranjero también suena diferente del nuestro, porque cada lenguaje tiene sus propias series características de fonemas, los sonidos del habla que forman palabras. Los bebés balbucean toda clase de sonidos, pero cuando aprenden a hablar, los restringen a los propios de su idioma específico.

Por tanto, el primer paso para entender el lenguaje es decodificar los sonidos que oímos en forma de fonemas, o sonidos del lenguaje. Después estos fonemas tienen que unirse de forma significativa. Hay múltiples teorías distintas sobre cómo el cerebro almacena y accede a las palabras, y muchas discusiones técnicas. No estamos seguros de cómo ocurre, pero sí sabemos en qué parte del cerebro tiene lugar, y es en el área conocida como lóbulo parietal inferior. Es una región bastante grande, donde los lóbulos temporal y occipital forman una especie de nudo, y se encuentra entre las cortezas visual y auditiva y la corteza somatosensorial. El área de Wernicke está a su lado, al que se une por delante. El lóbulo parietal inferior incluye otras áreas que también se han identificado como asociadas con el lenguaje, como el giro angular, que desde hace mucho tiempo se ha identificado con la lectura, y el giro supramarginal, que está asociado con la elección de palabras, y también, lo que resulta interesante, con la empatía.

Esta área –es decir, el lóbulo parietal inferior– es importante para procesar la información. Parece ocuparse especialmente del etiquetado y la clasificación, una parte importante de la tarea de averiguar qué significan realmente las palabras. También tiene células que pueden responder a diversos tipos distintos de información; por ejemplo, las mismas células nerviosas pueden ser activadas por ver una pelota, por oír la palabra «pelota» o por sentir una pelota en la mano. Esta área también tiene conexión directa con las áreas de Broca y Wernicke. Hemos visto cómo esas partes del encéfalo, que incluyen el fascículo arqueado, están implicadas en las rutas primarias del lenguaje, pero el hecho de que también tengan conexiones directas con el lóbulo parietal inferior significa que hay también una segunda ruta del lenguaje en el encéfalo. Es posible que la información pase del área de Wernicke al área de Broca por un camino distinto, complementando la ruta primaria del lenguaje explicada antes.

El área de Wernicke, como hemos visto, está directamente relacionada con la comprensión del lenguaje. Es esta área la que pone en relación nuestros recuerdos y el conocimiento para hacer que la información sea significativa. Para hacer eso, tiene conexiones por todas las partes del encéfalo. También tiene vínculos con la mayoría de las áreas que forman nuestro conocimiento del mundo, las que estudiamos en el capítulo 7, cuando exploramos la memoria. Pero no utiliza sólo nuestros recuerdos de lo que significan las palabras. Cuando oímos el lenguaje hablado, también tenemos en cuenta nuestro conocimiento de la persona que habla; podemos interpretar un comentario de forma muy distinta si procede de un amigo que si procediera de alguien que no nos agrada.

Esto implica a la parte del encéfalo que se ocupa especialmente de interpretar las claves sociales y el significado, un área conocida como corteza cingulada anterior. Ésta se encuentra inmediatamente por encima del cuerpo calloso, que es la franja de fibras nerviosas que unen los hemisferios cerebrales. «Anterior» hacer referencia «al frente», por lo que está particularmente relacionada con los lóbulos frontales del cerebro. Otra área, inmediatamente por encima de ella, es la corteza paracingulada, que se ocupa especialmente de la decodificación y de predecir intenciones sociales. Ambas áreas son importantes para entender lo que nos están diciendo.

El desarrollo de estas partes del encéfalo supone que también podemos incorporar el conocimiento de nuestra cultura. En algunas partes del Reino Unido, por ejemplo, es habitual utilizar un humor «inexpresivo», en el que se dicen las cosas como si fueran en serio, pero se supone por parte de todos que el hablante está siendo irónico. Este tipo de humor suele producir malentendidos en personas de otras culturas; por ejemplo, las personas del sudeste de Inglaterra suelen malinterpretar los comentarios divertidos hechos por personas de regiones del norte asumiendo de forma totalmente literal los comentarios que pretendían ser irónicos o escépticos. El área de Wernicke recibe información sobre palabras, categorías e información fáctica, y la integra con el conocimiento sobre el hablante y el contexto cultural para dar sentido a lo que se dice.

Muchas personas en el mundo hablan más de un idioma. Es frecuente, por ejemplo, que hablen un idioma en casa y otro cuando están en el trabajo o en situaciones sociales. Los estudios han demostrado que quienes hablan más de un idioma tienen más materia gris —es decir, más interneuronas— en su lóbulo parietal inferior que quienes son monolingües. Quienes hablan más de un idioma también parecen ser más resistentes a la degeneración cerebral que tiene lugar con el envejecimiento: es menos probable que sufran alzhéimer u otras enfermedades cerebrales degenerativas, y si las sufren, es cinco años después, de media, que otras personas. Entender y hablar más de un idioma parece ejercitar el cerebro, lo que le permite desarrollar más materia gris y con ello disponer de más reservas en lo relativo al envejecimiento.

Hablando

Cuando hablamos, comenzamos con intenciones al decidir qué queremos comunicar. Esto, como hemos visto, involucra a la corteza paracingulada, que se ocupa de nuestras propias intenciones así como de las de otras personas. Después el cerebro debe seleccionar las palabras que necesitaremos para llevar a cabo esas intenciones. Para hacerlo, nos basamos en nuestro conocimiento del vocabulario almacenado y en nuestro conocimiento sobre la persona con la que estamos hablando. Tenemos en cuenta lo que es probable que entiendan como significado, tal como hacemos cuando oímos hablar a alguien.

El encéfalo también necesita averiguar el tipo de construcción gramatical que necesitará aquello que queremos decir. Todo lenguaje tiene su propio tipo de gramática. La gramática que utilizamos en el habla cotidiana podría no ser el tipo formal y preciso de un libro de texto de gramática, pero aun así debe obedecer ciertas reglas que aprendemos en una fase muy temprana de la vida. Incluso los niños pequeños, por ejemplo, pueden darse cuenta de que Yoda, de las películas de La guerra de las galaxias, utilizaba un lenguaje que incluía construcciones gramaticales inusuales.

Por tanto, incluso desde una edad temprana, el cerebro reacciona a los errores gramaticales. Somos muy sensibles a lo que se considera una gramática adecuada, tanto que tiene lugar una modificación de la actividad cerebral si oímos hablar sin cumplir las reglas gramaticales. Ciertos estudios que incluyeron mediciones con EEG identificaron una elevación clásica en los registros –un repentino aumento de la respuesta EEG, conocida como PRE, o potencial de respuesta evocada– que tiene lugar cuando nos encontramos errores gramaticales. Si oímos hablar a alguien o estamos leyendo y nos encontramos algo gramaticalmente «incorrecto» –como por ejemplo «Está mal gritaron palabras en voz alta»–, nuestra actividad cerebral muestra este pico característico. Se conoce como el P600 porque ocurre unos 600 milisegundos después del comienzo de la palabra implicada, y sólo tiene relación con la gramática. Si una oración no tiene sentido pero está bien construida gramaticalmente, el PRE P600 no aparece.

A propósito, un PRE similar tiene lugar cuando nos encontramos una palabra que es incorrecta para el contexto. No tiene lugar al mismo tiempo que el P600, y se ocupa de los significados en lugar de la gramática. Ocurriría, por ejemplo, si oyéramos la frase «El cielo estaba lleno de jirafas flotando». Esta respuesta se llama N400, y tiene lugar cuando oímos o leemos una palabra «errónea», lo cual sugiere que tiene que ver con el procesamiento del lenguaje, y no con oírlo o verlo.

Estos errores nos indican que cuando estamos a punto de hablar, el cerebro procesa por separado la gramática que vamos a aplicar y las palabras que vamos a usar. Tiene lugar en el área de Broca y en las otras que la rodean, pero también nacen de nuestros recuerdos más amplios, lo cual no es de extrañar. Una vez que todo eso se ha resuelto, el encéfalo lo integra después en un plan para acciones del habla. Igual que los otros movimientos complejos que estudiamos en el capítulo 6, involucra a la corteza prefrontal al planificar la secuencia de acción absoluta, a la corteza premotora al preparar los elementos específicos de las acciones requeridas, y a la corteza motora para llevar a cabo los movimientos.

Veamos cómo cada una de estas áreas puede estar implicada en el funcionamiento normal. Imagina que estás con un amigo y que recibes un mensaje en tu teléfono. Tardas más de lo usual en leerlo. «¿De quién es?», te pregunta tu amigo. «Oh, es de Jane», contestas al comprobar el correo. «Se está mudando».

Si examinamos la actividad cerebral implicada en este episodio, lo primero es leer el mensaje. Esto incluye los estímulos que a través del sistema visual llegan hasta el giro angular del lóbulo parietal inferior, de forma que la información se interpreta como que es lenguaje. Después llega al área de Wernicke para que puedas entender su sentido. Cuando escuchas la pregunta de tu amigo, esa información pasa de tus oídos a la corteza auditiva, en el giro supramarginal del lóbulo parietal inferior para que se identifique como habla, y después al área de Wernicke para darle sentido.

Tu respuesta captaría información del área perirrinal, que, como vimos en el capítulo 7, trata sobre los recuerdos de personas y lugares, y pasaría por el fascículo arqueado hasta llegar al área de Broca, donde formularías los planes del habla y las palabras para expresar lo que querías decir. Después de eso, pasaría a las áreas prefrontal y premotora, y a la corteza motora, que dirige los movimientos musculares de tus labios, lengua y laringe. Éste es un modelo relativamente simple: en medio del proceso, por supuesto, activaría también muchas áreas periféricas del encéfalo, pero éstas serían las principales áreas implicadas. ¡Y sin embargo hacemos todo de forma completamente automática!

✓ Idea clave

El daño en los lóbulos temporales suele ser consecuencia de enfermedades como el alzhéimer, y puede producir lo que se conoce como demencia semántica. Las personas con este problema se vuelven cada vez más incapaces de entender palabras sueltas, incluso las menos comunes. También consideran más difícil nombrar objetos que son distintos de los típicos ejemplos de su categoría: por ejemplo, podrían identificar un estornino a partir de una imagen porque es un pájaro bastante típico, pero podrían considerar más difícil nombrar a un flamenco. Sin embargo, siguen conservando su sentido de la gramática y pueden formar frases con significado, pero en las primeras fases utilizan palabras más simples que las que podrían haber elegido de otro modo. Conforme progresa el trastorno, pueden empezar a utilizar palabras aparentemente sin significado en frases gramaticalmente correctas al sustituir las palabras que ya no pueden recordar. Estas palabras a menudo no carecen totalmente de significado: sí se relacionan de algún modo con lo que la persona está intentando decir, pero no son las correctas para el significado que pretende comunicar.

Problemas del lenguaje

Hasta la llegada del escáner, para inferir lo que podían decirnos sobre los mecanismos cerebrales, los investigadores del cerebro tuvieron que basarse principalmente en los estudios de personas con lesiones encefálicas específicas o en personas con problemas de lenguaje. También podían utilizar formas de monitorización eléctrica, por supuesto; de hecho, los procesos de detección de errores de la N400 y el P600 se descubrieron de este modo. Utilizando estos métodos, y principalmente examinando los distintos tipos de problemas que algunas personas experimentaban cuando utilizaban el lenguaje, los investigadores podían descubrir mucho sobre cómo el lenguaje se procesa en el cerebro.

Los problemas del lenguaje se conocen como afasia, y hay cinco tipos principales: la afasia de Broca, la afasia de Wernicke, la afasia de conducción, la afasia anómica y la afasia transcortical. La afasia de Broca, la primera en descubrirse, trata sobre todo de la producción del lenguaje, es decir, de la producción del habla. Las personas con afasia de Broca no suelen tener dificultades para entender lo que se les dice, ni tampoco con la lectura. En su lugar, tienden a cometer errores cuando hablan o escriben, y a veces les resulta difícil repetir palabras, nombrar cosas o simplemente hablar con fluidez.

Algunas personas con afasia de Broca puede que elijan las palabras correctas, pero se equivocan en los sonidos de las partes de la palabra, aunque sepan cómo debería ser la pronunciación correcta (a menudo pronunciamos mal palabras que hemos conocido sólo mediante la lectura, pero esto no es un síntoma de afasia). Algunas personas con afasia de Broca también saben lo que es comunicarse con lo que se conoce como habla telegráfica, que se limita sólo a las palabras principales, sin adjetivos, conjunciones o sin los otros «extras» que convierten a una cadena de palabras en una oración gramatical. Por tanto, como tal vez deduzcas, hay muchos tipos distintos de afasia de Broca: no todos los diagnosticados con esta condición tendrán la misma serie de problemas, pero todos ellos tendrán dificultades para generar habla.

La afasia de Wernicke, por otra parte, no tiene que ver con la generación de habla como tal; en su lugar, se ocupa de entenderla. Las personas con afasia de Wernicke pueden hablar con facilidad, aunque tienen problemas para entender el lenguaje, para comprender lo que se les dice o lo que acaban de leer. En algunos casos, la afasia de Wernicke puede afectar al habla de una persona, pero suele ocurrir utilizando palabras con significados incorrectos (como por ejemplo decir «azul» en lugar de «amarillo»), o mediante una tendencia a utilizar palabras sin sentido en lugar de otras reales. Para estas personas, la explicación usual es que hay algún tipo de déficit en el sistema de monitorización que les impide comprobar lo que realmente dicen. Las personas con este tipo de afasia de Wernicke pueden también tener problemas al repetir palabras y al nombrar objetos.

Las personas que sufren el tercer tipo de afasia, conocida como afasia de conducción, suelen poder hablar de forma normal, y también pueden entender el habla y leer bastante bien. Pueden mostrar un ligero defecto en el habla, pero por lo demás parecen normales hasta que se les pide que repitan lo que se les ha dicho. La afasia de conducción conlleva la incapacidad para repetir el lenguaje hablado o para leer correctamente en voz alta. No es un problema de comprensión del lenguaje: entienden el significado del material perfectamente bien; es sólo que no pueden reproducirlo. Las personas con este problema de lenguaje pueden demostrar que entienden su significado parafraseándolo, por lo que sabemos que no consiste en ser incapaces de comunicar la información. La afasia de conducción solamente tiene que ver con la replicación de palabras habladas o escritas.

El tipo más común de afasia probablemente sea la afasia anómica. Este tipo de afasia consiste en la dificultad para encontrar las palabras adecuadas para lo que la persona quiere decir. Quienes sufren de anomia no suelen tener dificultades para entender el habla ni para leer, y también pueden hablar normalmente. Su problema es encontrar las palabras adecuadas que están buscando: identificar los nombres correctos o nombrar objetos. La afasia anómica no tiene que ver con el significado: las personas afectadas pueden describir qué es lo que quieren decir: «Ya sabes, un animal de pelo largo, que vive en casas, que caza ratones». A menos que el problema sea muy severo, también reconocerán la palabra si se les proporciona. A veces también pueden utilizar la palabra que están buscando, pero de un modo distinto: por ejemplo, ser incapaces de recordar la palabra «peine», pero describirla como «una cosa con la que nos peinamos el pelo». A propósito, la mayoría experimentamos una forma leve de afasia anómica de vez en cuando –puede incluso variar en intensidad en distintos momentos del día– sin que sea un problema. Pero para algunos es un problema extremo que puede interferir considerablemente con su comunicación cotidiana.

El quinto tipo de afasia, conocida como afasia transcortical, afecta, como su nombre indica, a diferentes áreas de la corteza e interfiere de algún modo con la mayoría de aspectos del funcionamiento del lenguaje.

Cada tipo de afasia transcortical tiene su punto clave: las afasias transcorticales motoras afectan principalmente al habla, por ejemplo, mientras que las afasias transcorticales sensoriales tienen que ver más con la comprensión del lenguaje. Pero eso no es todo: normalmente incluyen una serie de otros problemas del uso del lenguaje en lugar de sólo concentrarse en un área. Sin embargo, lo que resulta interesante es que parecen ser el caso opuesto a las afasias de conducción: no afectan a la capacidad de repetir el lenguaje. Las personas que tienen afasia transcortical pueden leer bien en voz alta y también pueden repetir al estilo de un loro lo que se les acaba de decir. Sin embargo, lo que no pueden hacer es parafrasearlo con palabras distintas o explicar lo que significa en realidad.

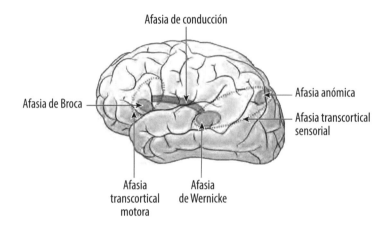

Figura 10.4 Fuentes de afasia

Por tanto, las afasias pueden decirnos mucho sobre cómo se procesa el lenguaje en el encéfalo. A veces son producidas por un daño, o lesiones, específico al cerebro, y a veces por una interrupción de la transmisión de señales, como puede ocurrir cuando las células cerebrales quedan dañadas por un ictus. Sin embargo, en general, aunque nuestro conocimiento de los diversos tipos de afasia procede de la evidencia clínica, los estudios con escáner han confirmado cuáles son las principales áreas dañadas o alteradas. Han mostrado, por ejemplo, cómo la afasia de Broca está asociada con las áreas del lenguaje anteriores (frontales) y con el área de Broca en particular; y cómo la afasia de Wernicke está asociada con el daño en las áreas del lenguaje posteriores, y con el área de Wernicke en particular. La afasia de conducción parece ser consecuencia del daño en el fascículo arqueado; y la afasia anómica está relacionada con el daño en el giro angular del lóbulo parietal inferior. La afasia transcortical motora está asociada con daño general en los centros del lenguaje del lóbulo frontal, mientras que la afasia transcortical sensorial parece estar vinculada con el daño en las áreas del lenguaje en los lóbulos temporales.

Los escáneres cerebrales también nos muestran que esto no es todo. Hay otras áreas del encéfalo que también se estimulan cuando utilizamos el lenguaje, pero en este capítulo hemos estudiado las áreas principales y nos hemos hecho una idea de cómo nuestros encéfalos procesan el lenguaje, un aspecto vital de nuestra naturaleza social como seres humanos.

✔ **Puntos de atención**

- En el encéfalo hay áreas específicas del lenguaje, y también tenemos rutas del lenguaje que vinculan distintas partes del encéfalo.
- Oír hablar conlleva captar información de la vista, así como del oído. Mientras escuchamos, las neuronas motoras imitan las acciones del habla de la otra persona.
- Procesar el lenguaje para comprender incluye entender palabras, pero también utilizar el conocimiento social y personal sobre el hablante y el contexto.
- Cuando hablamos, el encéfalo utiliza conocimiento gramatical y sobre palabras. Los EEG muestran respuestas eléctricas claras cuando nos encontramos con una gramática o palabras inadecuadas.
- Hay cinco tipos distintos de afasia (problema del habla), que surgen del daño a diferentes partes del encéfalo. Son la afasia de Broca, la afasia de Wernicke, la afasia de conducción, la afasia anómica y la afasia transcortical.

Paso siguiente

Hablar y escuchar son los aspectos más básicos, y que antes evolucionan, del uso del lenguaje, pero en el capítulo siguiente examinaremos otros más recientes: la lectura y la escritura. Y para completar la serie, estudiaremos también la aritmética.

11

LAS «TRES ERRES»

El lenguaje puede ser lo que convierte en especiales a los seres humanos, pero es su alfabetización lo que ha formado el mundo moderno. La extendida habilidad de leer y escribir ha permitido que la comunicación de masas sea un lugar común, ha limitado el poder de las élites y los autócratas y está estimulando una importante revolución social, porque todos estamos electrónicamente interconectados. En este capítulo, por tanto, estudiaremos las «tres erres»: lectura, escritura y aritmética. Sí, ya sé que ninguna de las palabras comienza con «erre», pero describirlas como las tres erres comenzó como un chiste de doble sentido, por la forma en que suenan y como comentario irónico sobre una mala ortografía.

La lectura, la escritura y la aritmética son todas ellas habilidades humanas. La lectura y la escritura son aspectos sofisticados de nuestro uso del lenguaje: reflejan y aumentan las considerables habilidades que adquirimos mediante nuestra capacidad lingüística. La aritmética está relacionada con la lectura y la escritura porque consiste en manipular símbolos, pero también es algo distinta. Aunque otros animales pueden contar en uno u otro grado, raramente serán capaces de hacer algo excepto la aritmética más básica, mientras que la mayoría de los seres humanos son capaces de realizar complejas manipulaciones de cantidades: en la vida real, al manejar dinero, aunque no siempre de forma abstracta, como cuando utilizamos papel y lápiz. Y la progresión desde la aritmética hasta el lenguaje simbólico complejo de las matemáticas iría más allá de la capacidad de cualquier otro animal que conozcamos gracias a alguna novela de ciencia ficción. Exactamente, ¿cómo logra el cerebro humano hacer todo esto?

¿Cómo leemos?

La lectura presenta un reto interesante si intentamos entender cómo ha evolucionado el cerebro, porque la lectura y la escritura surgieron muy tarde en nuestra historia evolutiva, y también porque hay muchos alfabetos y léxicos distintos en las diversas culturas humanas. No podríamos haber evolucionado leyendo en respuesta a una necesidad de supervivencia básica y primigenia, como hicimos con capacidades como el movimiento, la vista y otras: los primeros humanos no habrían tenido ninguna necesidad de leer. No obstante, hay áreas especializadas del encéfalo que se activan cuando leemos, y que distinguen entre letras, palabras y otras formas. ¿Cómo puede ocurrir esto?

La respuesta consiste en la plasticidad del encéfalo, que explicamos en el capítulo 2. Aunque algunas partes del encéfalo tienen funciones claras y definidas, el encéfalo también responde a la estimulación que recibe. Sabemos, por las experiencias de víctimas de accidentes y de ictus, que, con suficiente esfuerzo y persistencia, podemos volver a entrenar algunas partes de nuestro encéfalo para que emprenda nuevas tareas. Y hemos visto cómo las neuronas responden al aprendizaje mediante la mielinización, y también desarrollando más y más fuertes conexiones sinápticas al preferir unas rutas a otras.

En el caso de la lectura, descubrimos que hay un área específica del encéfalo, en la parte inferior y posterior del cerebro, conocida como giro fusiforme. Forma parte del área facial fusiforme general (véase capítulo 9), pero en una localización muy específica de su interior. En el hemisferio derecho esta área responde a las caras, ya sean reales o en forma de dibujos o imágenes; y lo mismo puede decirse del hemisferio izquierdo en personas analfabetas que nunca han aprendido a leer. Pero en las personas que pueden leer, esta área del hemisferio izquierdo responde a las palabras escritas. Cuando a los adultos analfabetos se les enseña a leer, la versión del hemisferio izquierdo de esta parte del encéfalo se hace menos sensible a las caras y más sensible a las palabras.

Partiendo de lo importante que es la expresión facial en la comunicación humana, podríamos extraer la conclusión de que esta área específica del encéfalo evolucionó en primer lugar con la función de identificar el significado de las expresiones faciales (lo que sigue haciendo con el hemisferio derecho del cerebro). Conforme las sociedades humanas se volvieron más sofisticadas, se adaptó para tratar significados y comunicaciones indicados por otros tipos de simbolismo: símbolos utilizando palitos o imágenes, jeroglíficos, etc. Cuando se desarrolló el lenguaje escrito y las personas se sometieron a la formación y la práctica implicadas en el aprendizaje de la lectura, se adaptó para interpretar palabras escritas. Lo que también resulta interesante es que la parte específica del área facial fusiforme que se desarrolla de esta forma es la parte con las conexiones neuronales más directas con las áreas del lenguaje, lo que conlleva que su estimulación esté directamente vinculada con la comunicación que emplea el lenguaje.

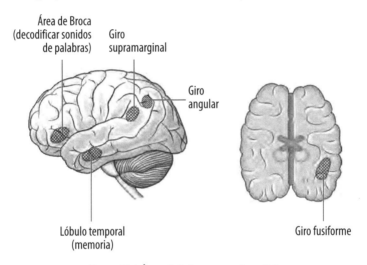

Figura 11.1 Áreas de la lectura en el encéfalo

Otra área, junto al giro fusiforme, se conoce como giro angular, y también es importante en la lectura. Recibe información de la corteza visual e identifica figuras y formas específicas como letras o símbolos. Por tanto, el giro angular identifica el estímulo visual como letras o palabras, y el giro fusiforme las interpreta en cuanto a su significado, dándoles sentido en la misma forma que hace con la expresión facial en el hemisferio derecho. El área del hemisferio izquierdo que combina el giro angular y el giro fusiforme se suele conocer como el área visual que forma las palabras.

Una tercera parte del área fusiforme general del hemisferio izquierdo, que se sabe que se activa cuando leemos, se conoce como giro supramarginal. Como vimos en el capítulo anterior, está relacionada con la percepción del lenguaje y también con la empatía, y se activa cuando procesamos el lenguaje para conocer su significado. Trabajando juntas, estas tres áreas representan los niveles de procesamiento del lenguaje implicados en la lectura como un todo conjunto.

A propósito, debo reiterar ahora la advertencia que hice en el capítulo 2. Hablamos sobre el hemisferio izquierdo como el hemisferio del lenguaje, que tiene que ver con la lectura y la escritura, además de con el lenguaje hablado, y esto es cierto para la mayoría de la gente, pero en algunas personas, que normalmente son zurdas, las áreas del lenguaje se encuentran en el lado derecho del encéfalo, por lo que aunque hablamos sobre el hemisferio izquierdo y el lenguaje, es importante recordar que no se procesa inevitablemente en ese lado.

Por tanto, éstas son las principales áreas involucradas en la lectura, pero la lectura en sí misma es un proceso complicado. El primer paso para aprender a leer, por supuesto, es identificar las letras y las palabras. Esto es específico de cada lenguaje concreto, y en lenguajes alfabéticos como el inglés, el turco y el ruso incluye aprender a reconocer los símbolos implicados, ver cómo los símbolos se combinan para formar palabras y conectar la imagen visual de la palabra con la unidad significativa utilizada en el lenguaje cotidiano. Incluso reconocer los símbolos puede a veces resultar engañoso, porque a menudo tenemos distintas formas de escribir las mismas letras1, que es la razón por la que los textos diseñados para enseñar lectura tienden a utilizar una sola forma de escritura.

Esto permite a quien aprende identificar palabras deletreando las letras una por una, y resulta útil mientras aprendemos. Sin embargo, la lectura fluida es bastante distinta. Los lectores expertos identifican palabras completas por su forma, y adaptan el reconocimiento al texto que están leyendo. No necesitan quedarse mirando una palabra para identificarla, ni descomponerla en letras; un solo vistazo es todo lo que necesitan. Y en la lectura realmente fluida esto podría no implicar ni siquiera una mirada directa. Ciertos estudios sobre los movimientos de los ojos reali-

---

1. Esto es aplicable al inglés, no al castellano. En ese idioma una misma letra puede corresponderse con varios sonidos, cosa que no ocurre en nuestro idioma. (N. del T.)

zados por lectores expertos muestran que cuando están leyendo párrafos completos, pueden fijar la vista sólo una vez en una línea completa de texto, pero mientras hacen esto, captan las formas de todas las palabras que quedan a los lados del punto en que fijan la mirada. Tienen tanta habilidad en la lectura que no les resulta necesario ver cada palabra. No obstante, alcanzar este nivel requiere mucha práctica a fin de establecer las conexiones sinápticas relevantes en el giro fusiforme y el giro angular. Las sinapsis de estas áreas, como podríamos suponer, están más conectadas y mejor desarrolladas en los buenos lectores.

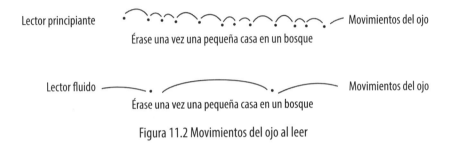

Figura 11.2 Movimientos del ojo al leer

LEYENDO EN CONTEXTO

Leer en contexto también significa que somos muy sensibles a las palabras que son incongruentes, o que simplemente no encajan con lo que estamos leyendo. En el capítulo 10 vimos cómo los investigadores que observaban patrones EEG mientras los sujetos escuchaban descubrieron un pico claramente negativo de actividad eléctrica: la N400. La misma reacción ocurre cuando leemos una palabra que no encaja con su contexto. Leer una frase como «El barco estaba en el lago» no produciría ninguna reacción en particular, pero leer «El barco estaba sobre el árbol» produciría una caída de unos 400 milisegundos después de que hubiéramos empezado a leer la palabra «árbol». La N400 también tiene lugar cuando encontramos palabras que podrían parecer plausibles, pero que están en conflicto con nuestro conocimiento del mundo. Una frase como «Los autobuses de Londres están pintados de azul» produciría la N400 en cualquiera que estuviese familiarizado con la imagen del autobús rojo de Londres, pero no en alguien que no lo estuviera. Por tanto, estudiar la N400 nos muestra cómo el proceso de lectura se basa en nuestro conocimiento y nuestras expectativas, así como en la información contenida en las propias palabras.

Puede incluso mostrar nuestros sesgos inconscientes. En un estudio publicado en 2017, Galli y colaboradores informaron sobre cómo la respuesta N400 a frases sobre la pertenencia de Gran Bretaña a la UE, tomada durante las cinco semanas anteriores al referéndum nacional, era un predictor más fiable de cómo votaría la gente que sus intenciones conscientes. Los investigadores mostraban a los sujetos varias frases sobre la relación entre la UE y Gran Bretaña, tanto positivas como negativas. Cuando prosiguieron con esto después de las votaciones, descubrieron que quienes habían mostrado la respuesta N400 a las frases negativas era más probable que hubiesen votado por la pertenencia a la UE, mientras que quienes habían mostrado la N400 en respuesta a las frases positivas habían tendido a votar por la salida de la UE.

Por tanto, la lectura se basa en nuestras creencias y preferencias personales, además de en nuestro conocimiento del mundo y nuestra familiaridad con los símbolos y palabras relevantes. Sin embargo, lo que no implica la lectura es ninguna conexión con estímulos auditivos. Aunque los lectores suelen sentir como si escucharan las palabras que leen en voz alta, los escáneres de los mecanismos cerebrales implicados en la lectura fluida muestran que no suponen ninguna conexión con los lóbulos temporales, las áreas donde se procesan los sonidos. La lectura fluida genera actividad en los lóbulos occipitales, donde se procesa la información visual, y en los lóbulos frontales, donde procesamos el habla, pero no en los lóbulos temporales. Las personas que están aprendiendo a leer a veces muestran actividad en el lóbulo temporal cuando intentan interpretar la palabra visual como la misma que la palabra hablada, pero esto desaparece cuando ganan experiencia.

Estos descubrimientos aparecieron en primer lugar en uno de los primeros estudios de Posner y colaboradores (1988), quienes utilizaron escáneres TEP para explorar lo que ocurre en el cerebro cuando estamos realizando distintas actividades cognitivas. En primer lugar, tomaron una lectura de punto de referencia de la actividad cerebral pidiendo a sus participantes que mirasen a una tarjeta blanca. Después les propusieron realizar varias actividades cognitivas, y compararon su actividad cerebral con la generada por la carta blanca. Uno de estos descubrimientos, como hemos visto, fue que la lectura no conlleva actividad en el lóbulo temporal. Aunque cuando pidieron a los sujetos que leyeran pares de palabras y que pensaran si rimaban o no, descubrieron bastante actividad en el lóbulo temporal. Y cuando les pidieron que leyeran una palabra que describa un objeto y que después pensaran en una forma de usar ese objeto, descubrieron actividad en el lóbulo frontal tanto en el área de Broca como en la corteza prefrontal, pero nada de actividad en el lóbulo temporal y no mucha en el lóbulo occipital. Hacer lo mismo, pero con una palabra oída en lugar de leída, producía los mismos resultados, excepto por una ligera activación del lóbulo temporal en lugar del occipital, cuando se recibía el sonido de la palabra, y no su visión.

Todo esto tiene consecuencias sobre cómo aprendemos a leer. Aunque los métodos antiguos insistían en el sonido de las palabras, los métodos modernos intentan animar a los niños a reconocer palabras directamente, utilizando tarjetas educativas y otros juegos. Otros métodos de enseñanza insisten en hablar en lugar de escuchar: formarse una conexión directa entre la visión de una palabra y el hecho de pronunciarla en voz alta. Sin embargo, la mayoría de los métodos para enseñar a leer parecen ser eficaces a largo plazo siempre que el niño practique lo suficiente. Como con todas las habilidades adquiridas, es la práctica lo que facilita la labor. La preocupación por la forma en que las películas y la televisión han reemplazado a la lectura es especialmente relevante en este caso: para un niño pequeño, estas formas de aprender a leer son menos obvias. Por eso, leer historias a los niños, y mostrarles cómo la lectura puede ser la puerta de entrada a un bonito mundo imaginario, posiblemente sea tan importante como ayudar al niño a dedicar el esfuerzo necesario para aprender a leer, igual que en cualquier técnica de enseñanza.

La lectura no sólo es útil para los niños, por supuesto. Berns y colaboradores (2013) examinaron lo que ocurre en el cerebro cuando los adultos están absortos en la lectura, por ejemplo, leyendo una novela. Realizaron escáneres con fIRM mientras los sujetos leían novelas de misterio. Cuando leían, estas personas mostraban una mayor actividad en la corteza temporal izquierda, y también en el área somatosensorial. Esto siguió siendo así durante un rato después de que hubieran terminado de leer la novela. Leer ficción ayuda a la gente a imaginarse a sí mismos en la posición de otra persona, imitando sus acciones y también viendo cosas desde el punto de vista de otra persona. Parece que esto no sólo estimula la imaginación, sino que mejora la empatía, ejercitando procesos sociales e interpersonales en el cerebro de la misma forma en que la visualización ha demostrado mejorar la memoria muscular al entrenar para determinados deportes.

Los psicoterapeutas han descubierto también que la lectura, especialmente de novelas positivas e imaginativas, puede ayudar a afrontar los períodos de estrés intenso. Sumergiéndose en un mundo distinto, con menos tensión, tienen un período de descanso de sus preocupaciones cotidianas y estimulan un tipo distinto de actividad cerebral. Como demostraron Berns y colaboradores, esto puede producir un efecto duradero. Es posible que el beneficio terapéutico tenga lugar porque la estimulación de diferentes áreas del encéfalo ayuda a la persona a desarrollar formas más constructivas de pensar en sus problemas. Aunque no sea así, el apartamiento temporal del estrés cotidiano que se encuentra mientras se lee permite un pequeño período de descanso.

Trastornos de la lectura

Sin embargo, algunas personas sí tienen problemas reales con la lectura, que son distintos del simple hecho de no haber tenido suficiente experiencia para hacerlo fluidamente. Uno de los primeros tipos de trastorno de la lectura en ser identificado se conoce como alexia pura. Se trata de un trastorno en el que el afectado puede pronunciar las palabras letra a letra, pero es incapaz de reconocer la palabra completa. Se llama «pura» porque las personas con este trastorno no tienen problemas en el lenguaje o en la escritura, ni incluso con el acto de deletrear: pueden deletrear palabras, aunque simplemente no pueden reconocerlas. Pueden leer, pero sólo utilizando un método de lectura letra a letra, lo cual conlleva que las palabras largas tardan más tiempo en entenderse y que todo el proceso conlleva mucho más tiempo que en quienes leen fluidamente.

Algunos investigadores han tomado este trastorno como evidencia de que desarrollamos un área específica en la corteza visual que reconoce las palabras como tales, que es distinta del área que reconoce letras. La alexia pura se suele considerar el resultado de alguna interferencia en esta parte de la corteza visual, mediante la interrupción del flujo sanguíneo o debido al daño en sus conexiones.

Otras formas de trastorno de la lectura se llaman de forma general dislexia, en lugar de alexia, porque la persona afectada normalmente puede reconocer palabras de algún modo, pero no de forma correcta. La dislexia ha sido un tema de debate desde que se puso de moda para etiquetar a cualquiera con un problema de deletreo o lectura «disléxicos» (para más información sobre esto, léase mi libro Understand Psychology). No obstante, algunos problemas específicos de la lectura sí tienen una causa neurológica. Puede tratarse de dislexia superficial, en la que se tienen problemas con las formas de las palabras y las letras, o dislexia profunda, en la que se tienen problemas con la compresión de palabras que son difíciles de visualizar.

✓ Idea clave

El idioma inglés tiene un deletreo que parece errático, pero a menudo nos da indicaciones sobre las relaciones entre palabras. La «g» silenciosa de «sign», por ejemplo, existe por su relación con las palabras «signal» y «significance». Pero estas complicaciones conllevan que es frecuente que se cometan errores al deletrear que no tienen nada que ver con la dislexia. Quienes leen frecuentemente tienden a tener menos problemas deletreando porque pueden visualizar las palabras por habérselas encontrado con mayor frecuencia. Resulta también destacable que las personas chinas que aprenden a leer en inglés raramente cometen errores al deletrear: aprender a leer chino conlleva fijar la imagen visual en la mente, y hacen lo mismo cuando aprenden a leer inglés. Un estudio de errores de deletreo en un examen de admisión para la universidad descubrió que la mayoría de los errores procedía de la prisa o del descuido, y no de la ignorancia, porque la persona había deletreado la palabra correctamente en otras ocasiones. Las competiciones de ortografía fueron abandonándose en el Reino Unido en la década de 1970, pero aún son muy populares en los Estados Unidos.

Las investigaciones que utilizan escáner con fIRM muestran que las personas con dislexia tienden a tener un procesamiento interrumpido en el área conocida como el lóbulo parietal inferior, la zona del encéfalo que incluye el giro angular y el giro supramarginal. Como hemos visto, éstas son precisamente las áreas que están implicadas cuando identificamos letras e interpretamos palabras buscando su significado. Se ha sugerido que las personas con dislexia superficial tienden a tener déficits específicos en el giro angular, mientras que las que tienen dislexia profunda tienden a tener déficits –es decir, problemas que generan una falta de actividad– en el giro supramarginal.

Weekes y colaboradores (2016) examinaron las diferencias entre los lenguajes occidentales y el chino en términos de lectura y de cómo se procesan las palabras.

En los lenguajes occidentales, por ejemplo, hay un número relativamente menor de símbolos arbitrarios (letras) que pueden combinarse de todas las formas distintas para generar palabras. En el idioma chino, los símbolos son ideogramas, y cada uno de ellos representa un solo morfema o unidad de significado, y el estrés en la entonación utilizado para pronunciarlas incluye una gran cantidad de información sobre su significado. Hay muchos más símbolos implicados, y las formas en que se combinan y utilizan son muy diferentes. Los chinos también utilizan distintas partes de su cerebro cuando leen, como demuestran los estudios con fIRM. Weekes y colaboradores descubrieron que esto conlleva que los trastornos en la lectura, como por ejemplo la dislexia, sean muy distintos en el chino que en los idiomas occidentales. Por ejemplo, en algunas formas de dislexia, los chinos pueden reconocer los ideogramas con exactitud, pero utilizan una tonalidad errónea para pronunciarlos, lo cual interfiere con el significado expresado.

Figura 11.3 Ideogramas chinos

Escritura y agrafia

La segunda «r» de las tres erres es la escritura. Escribir es otra forma de comunicarse utilizando el lenguaje, y también se basa en nuestro conocimiento de los símbolos utilizados por nuestro idioma específico o por convención cultural. Pero es un proceso complejo que combina muchos de los aspectos cognitivos del lenguaje y la escritura con la necesidad de contar con un control motor fino. En el pasado, la escritura a mano se enseñaba en las escuelas como una habilidad específica, con un énfasis considerable en la formación correcta de letras y con cómo deben combinarse. Este enfoque se hizo menos popular en la educación primaria después de la década de 1960, de forma que aunque las escuelas aún enseñan la escritura a mano a los niños pequeños, hay menos énfasis en el desarrollo de textos precisos. Ha permanecido como una forma de arte –la caligrafía–, pero dado el mayor uso de los teclados y de los mensajes de texto en la comunicación escrita, el énfasis en el desarrollo de una escritura pequeña, precisa y atractiva ha desaparecido hace mucho tiempo. Seguimos escribiendo, pero tal vez no con tanto cuidado.

Los mecanismos cerebrales implicados en la escritura son en gran medida los que esperaríamos. Incluyen las áreas que se ocupan de la lectura: tenemos que saber qué letras y palabras debemos escribir, por lo que incluyen el giro angular y el giro supramarginal. También incluyen las áreas que se ocupan del control motor y de la planificación y secuenciación de acciones, que, como vimos en el capítulo 6, son la corteza prefrontal, premotora y motora. Resulta interesante que los escáneres cerebrales también hayan mostrado que la escritura además implica a las áreas del lenguaje de la corteza temporal, que están asociadas con los sonidos de palabras habladas. Parece que podemos ensayar los sonidos de palabras mientras las escribimos, aunque no hagamos lo mismo cuando leemos.

Los problemas en la producción del lenguaje escrito se suelen conocer como agrafia. Con tantas áreas distintas implicadas en la escritura, hay también muchos tipos distintos de agrafia, y los déficits en cualquiera de estas áreas pueden producir dificultad. Sin embargo, en general, podemos clasificar las agrafias en dos grupos principales: las agrafias centrales, que se conocen también como agrafias afásicas; y las agrafias periféricas, que se conocen también como no afásicas. Estos nombres nos ofrecen claves:

lo afásico tiene que ver con el lenguaje, por lo que agrafia afásica significa que la persona tiene algún tipo de problema con el lenguaje que le ocasiona alguna dificultad en la escritura, mientras que la agrafia no afásica conlleva que la dificultad procede de algún otro problema.

En otro tipo de agrafia central, conocido como agrafia profunda, la persona tiene serias dificultades con el deletreo. Es incapaz de recordar qué forma tienen las palabras cuando se deletrean de forma correcta (que es como muchas personas recuerdan el deletreo, especialmente si han leído bastante). Y también es incapaz de pronunciar palabras, de averiguar cómo deben deletrearse. Tal vez no parezca extraño que esta forma de agrafia suela estar asociada también con problemas en la lectura y el lenguaje hablado. Otra forma de agrafia central se conoce como agrafia léxica, y es mucho más específica. Quienes padecen este problema no son capaces de visualizar el aspecto de una palabra, deletrearla, pero pueden pronunciarla. Su problema sólo se vuelve serio cuando tienen que escribir palabras poco conocidas con pronunciaciones extrañas. Las personas con un tercer tipo de agrafia central, la agrafia fonológica, tienen el problema contrario: pueden recordar la forma de las palabras, pero no pueden averiguar el deletreo pronunciando las palabras. Por tanto, normalmente tienen más problemas con las palabras pronunciadas de forma habitual que con las que se pronuncian más inusualmente.

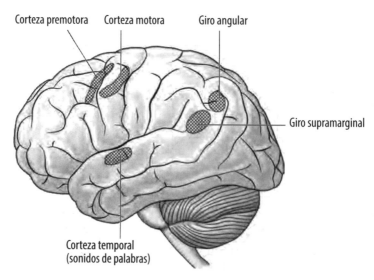

Figura 11.4 La escritura en el encéfalo

En la agrafia periférica, o no afásica, por otra parte, la persona puede tener todas las capacidades que necesita para escribir, pero padece otros problemas que interfieren con su capacidad para escribir, como la dificultad para realizar acciones motoras relevantes. Hay dos tipos principales de agrafia periférica. Tal vez el más común de los dos tipos sea el que se conoce como agrafia apráxica, que ocurre simplemente porque la persona tiene dificultades con la coordinación motora necesaria para escribir las palabras. Esto podría estar causado por alguna enfermedad que interfiere con la coordinación motora, como la enfermedad de Parkinson, o por una parálisis parcial que aparezca por alguna otra causa. En efecto, se trata de un problema relacionado con el movimiento, y no con la comprensión del lenguaje. La segunda forma más común de agrafia periférica se conoce como agrafia visoespacial, y está causada por déficits visuales que conlleven que la persona no escriba las palabras correctamente, aunque tengan la intención de hacerlo. Problemas como la negligencia visual, en que alguien simplemente no ve una parte de su campo visual, se encuentran en el núcleo de este tipo de agrafia. No tiene que ver con las áreas lingüísticas del encéfalo, sino con déficits del sistema visual, que examinamos en el capítulo 3.

La escritura, entonces, es el modo en que expresamos físicamente el lenguaje. Se basa en la mayoría de los procesos lingüísticos identificados en este capítulo y en el capítulo 10. Conforme progrese la sociedad, y cada vez más personas utilicen teclados en lugar de escribir a mano, será interesante ver cómo se redefine el proceso de la escritura. La investigación de la neuropsicología de la escritura actualmente ha tendido a dar más importancia al deletreo y a la coordinación motora; pero, como sabe cualquiera que haya intentado alguna vez escribir un ensayo (o incluso un mensaje original en una postal), en la escritura hay mucho más que eso. El proceso de integrar todo lo que puede estar implicado en la escritura –el conocimiento del mundo, la capacidad lingüística, el aprendizaje y la imaginación– es algo que aún tenemos que comprender efectivamente con la investigación. Sin embargo, como hemos visto, los investigadores han conseguido explorar parte de la inmersión cognitiva implicada en la lectura de una novela, por lo que será interesante ver si la actividad del cerebro, cuando se compromete en la escritura constructiva o creativa, puede también estudiarse de esta forma.

Aritmética y discalculia

La tercera «erre» es la aritmética. Ésta es una habilidad humana universal: en todas las sociedades humanas descubrimos que las personas pueden tratar en cierto grado con cantidades y números. Los humanos comerciamos, cuidamos los animales, contamos nuestras posesiones, etc. Esto es bastante fácil y tal vez no demasiado sorprendente: el cerebro humano puede procesar números y cantidades. La mayoría de nosotros puede manejar y reconocer al instante cantidades como tres y cinco, y algunas personas también pueden reconocer números mayores de forma precisa. De hecho, los estudios de niños bastante pequeños han demostrado que pueden distinguir con claridad entre distintos números de puntos.

El reconocimiento parece tener lugar principalmente en los lóbulos parietales, e incluye dos áreas que también están implicadas en la lectura y el lenguaje: el surco intraparietal y el lóbulo parietal inferior. Se cree que el lóbulo parietal inferior se ocupa de acciones simples y bien aprendidas como la suma, mientras que el surco intraparietal está implicado en el reconocimiento de los números. Hay también neuronas en la corteza prefrontal, cerca del área de Broca, que han demostrado responder a números específicos, y otras neuronas en la misma región que responden a cantidades, lo que genera respuestas más fuertes si hay una mayor cantidad de lo que estemos viendo.

Podemos reconocer números, pero representarlos es una cosa distinta. Todos los lenguajes tienen alguna forma de representar los números simbólicamente, y distintos tipos de símbolos de números pueden ser más fáciles o difíciles de manejar.

El sistema de numeración chino es extremadamente sencillo, lo cual podría ser una de las razones por las que el nivel de dominio del cálculo es mucho más común en China, mientras que la alfabetización es la habilidad considerada más complicada, exactamente lo contrario de lo que sucede en los países occidentales. Procesar números simbólicamente y haciendo cálculos activa las dos zonas de las áreas parietales ya identificadas: el curso intraparietal y el lóbulo parietal inferior. Las personas con daño en estas áreas tienden a tener problemas al hacer cálculos o tratar con números, lo cual es un trastorno conocido como acalculia. Examinaremos esto un poco después.

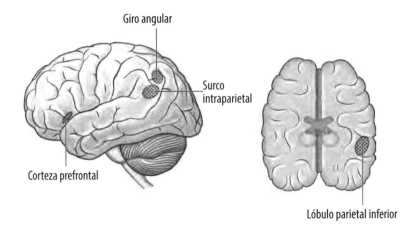

Figura 11.5 La aritmética en el encéfalo

La aritmética, por tanto, implica tanto a la corteza prefrontal como al surco intraparietal del lóbulo parietal. Éstas son las áreas principalmente activadas cuando tratamos con números aritméticamente, como sumar o restar. Se ha sugerido que las áreas prefrontales son las básicas y que las parietales se utilizan después, cuando aprendemos usos más sofisticados de los números. Cuando Ischebeck y colaboradores (2006) pidieron a sus sujetos que aprendieran nuevas tareas de multiplicación mientras se les escaneaba, descubrieron que generaban mucha actividad por toda la región prefrontal y ligeramente menos actividad en el surco intraparietal. Sin embargo, cuando a los participantes se les pedía que realizaran tareas similares que ya habían aprendido, se activaba el lóbulo parietal inferior y también el giro angular, las áreas con las que nos hemos encontrado relacionadas con el lenguaje y la lectura. Por tanto, conforme nos hacemos más expertos, empezamos a procesar los números utilizando las mismas áreas del encéfalo que utilizamos en otras tareas simbólicas.

Los estudios de cerebros escindidos han demostrado que procesamos números tanto con el hemisferio izquierdo como con el derecho, pero que el izquierdo es más preciso y trata con cálculos exactos, mientras que el hemisferio derecho tiende a tratar con aproximaciones. Esto también encaja con la forma en que el lenguaje (que también es simbólico) tiende a procesarse principalmente en el hemisferio izquierdo. Las personas con mucho talento en matemáticas también tienden a tener un nivel elevado de dominio del lenguaje, pero no hay una correlación tan fuerte entre las dos habilidades para la mayoría de las personas. La mayoría son razonablemente competentes en la manipulación de números en la aritmética básica; en realidad, mucho más de lo que suelen creer, porque pueden manejar fácilmente dinero o cálculos en el mundo real. Sin embargo, para los verdaderos matemáticos, las matemáticas son como utilizar otro idioma, que es la razón por la que quienes son realmente buenos en matemáticas a menudo no son tan buenos a la hora de enseñarlas. Tienen tanta fluidez que no son capaces de ver por qué otras personas no las entienden.

✓ **Idea clave**

Utilizar símbolos para representar los números nos permite ser mucho más precisos en nuestros cálculos. Hay una tribu amazónica que no tiene palabras para los números superiores al 3 (que se suelen llamar «muchos»), pero pueden realizar todos los complejos cálculos que requiere su estilo de vida. Por ejemplo, pueden compartir un gran número de objetos por igual colocándolos en distintos montones, y pueden también comparar los tamaños de grupos de cosas igual que los occidentales. Sin embargo, lo que no pueden hacer de forma precisa son sumas exactas. Muestran exactitud con los números pequeños, pero si se les pide que sumen, por ejemplo, 6 y 9, su respuesta sería «en la región del 15». Podría tratarse de 1 o 2, pero no más que eso, por lo que dominan perfectamente los números en términos de sus demandas culturales, como queda reflejado en su idioma. Tener símbolos para expresar números nos permite tener unas matemáticas exactas, lo cual es necesario en una sociedad moderna, pero de poco valor en otra de cazadores-recolectores.

DISCALCULIA

A algunas personas les sucede exactamente lo contrario: tienen verdaderos problemas en lo referente a comprender o manipular números, y esto puede ser el resultado de un déficit específico en el cerebro. El trastorno puede llamarse discalculia o acalculia, pero como regla general, el término acalculia se utiliza si la persona adquirió su problema a consecuencia de algún daño o lesión cerebral, mientras que discalculia se utiliza si parece ser un problema del desarrollo, de la misma forma que utilizamos el término dislexia también para el desarrollo. Tanto la acalculia como la discalculia hacen que la persona de algún modo tenga dificultades para tratar con números, pero no es un problema global, es decir, un problema que afecte a todo el uso de números. En muchos casos, por ejemplo, las personas que tienen discalculia pueden tratar perfectamente bien con números «reales» –como manejar dinero–, pero tienen problemas en lo relativo a tratar los números como símbolos.

Esto significa que diagnosticar la discalculia es difícil porque también podemos padecer problemas similares debido a un aprendizaje matemático defectuoso o incorrecto, o por una reacción emocional ante una mala enseñanza. Una de las formas más fiables de detectar la discalculia es escanear la actividad cerebral. Utilizando fIRM, Dinkel y colaboradores (2013) demostraron que los niños con discalculia difieren en la forma en que su cerebro reacciona a los cálculos sencillos y el reconocimiento de números. Muestran menos actividad en la corteza visuoparietal, que normalmente reacciona a la información numérica, pero la compensan en la corteza frontoparietal, especialmente en el área relacionada con los dedos. Puede que cuenten con los dedos y que hagan sencillos cálculos de ese modo en lugar de reconociendo los números simbólicamente.

Otra diferencia entre los individuos normales y los que padecen discalculia la descubrió un equipo de investigación que utilizó la estimulación por corriente directa transcraneal en la parte posterior de la corteza parietal, en el área que se sabe que está implicada en el procesamiento numérico. En el primer estudio (Cohen Kadosh y colaboradores, 2010) descubrieron que aplicar una corriente positiva al lóbulo derecho y otra negativa al lóbulo del hemisferio izquierdo mejoraba significativamente la forma en que los sujetos manejaban tareas numéricas, y también que la mejora seguía permaneciendo seis meses después.

En un estudio posterior (Iuculano y Cohen Kadosh, 2014), miembros del mismo equipo de investigación probaron el mismo método en dos individuos con discalculia, y descubrieron que aunque el mismo tipo de estimulación producía efectos positivos, la polaridad necesaria para revertirla era con el hemisferio izquierdo recibiendo la corriente positiva y el derecho la negativa. Éstos eran sólo estudios de caso preliminares, y aún hay que evaluar la generalidad con que pueden aplicarse sus hallazgos. Pero el estudio sugiere dos cosas: en primer lugar, que la estimulación eléctrica puede mejorar la capacidad aritmética tanto en individuos con discalculia como en normales; y segundo, que las personas con discalculia en realidad pueden tener cerebros que responden de forma distinta a la estimulación que las personas que no la padecen.

En este capítulo hemos estudiado cómo el cerebro procesa la lectura, la escritura y la aritmética. Hay mucho más por hacer, por supuesto, y los investigadores siguen descubriendo nuevos datos todo el tiempo, pero existe un límite en los detalles que podemos incluir en un libro como éste.

✔ Puntos de atención

- La lectura conlleva identificar las palabras en su contexto, por lo que se basa en el conocimiento cultural y social, así como en los estímulos gramaticales. Los estudios muestran que la lectura estimula el cerebro durante algún tiempo después de la actividad en sí misma.
- La dislexia profunda normalmente es consecuencia del daño en el giro supramarginal, lo que causa dificultades para entender las palabras, mientras que la dislexia superficial está asociada con los déficits en el giro angular, lo que produce dificultades con la apariencia de las palabras o las letras.
- La escritura es una habilidad física que implica a áreas motoras y lingüísticas del encéfalo. La agrafia central surge de dificultades lingüísticas, mientras que la agrafia periférica está relacionada con la coordinación motora.
- Insertar figura La aritmética implica a la corteza prefrontal y al lóbulo parietal. Tenemos neuronas específicas que responden a los números, además de áreas que tratan con aproximaciones y cálculos sencillos.
- Insertar figura Los niños con discalculia, en comparación con otros niños, tienen menos actividad en la parte posterior del lóbulo parietal y delante de ella.

Paso siguiente

En el próximo capítulo nos alejaremos del dominio cognitivo y volveremos a los aspectos sociales de nuestra vida, examinando cómo está involucrado el cerebro en la forma en que nos entendemos a nosotros mismos y a otras personas, y lo que significa pertenecer a grupos sociales.

12

NOSOTROS Y ELLOS

Este capítulo trata sobre cómo nos vemos a nosotros mismos y cómo nos relacionamos con otras personas. Como seres humanos, tenemos una poderosa tendencia a clasificar nuestro mundo social en «nosotros» y «ellos», a ser conscientes de los grupos sociales y si pertenecemos a ellos o no. Pero esa tendencia es fluida, no fija.

Podemos pertenecer a muchos grupos sociales, y considerar a la misma persona como uno de «nosotros» o uno de «ellos» dependiendo del contexto.

Tal vez consideres a tu hermano, por ejemplo, como uno de «nosotros» cuando piensas en tu familia, pero como uno de «ellos» cuando estás pensando sobre los hombres en general (si eres mujer) o también cuando piensas en personas a las que gusta, por ejemplo, un género concreto de música.

Cómo nos vemos a nosotros mismos y a los demás también tiene un poderoso efecto sobre nuestros sentimientos. Nuestros mecanismos cerebrales muestran cómo podemos ponernos en el lugar de otro, empatizar con alguien, y también cómo experimentamos las emociones morales, las reacciones emocionales a cómo se comportan otras personas. Pertenecer a grupos puede hacernos sentir orgullosos o satisfechos, pero también puede generar agresividad si dos personas consideran que compiten en algo. La actual ciencia del cerebro nos permite identificar la actividad cerebral característica de todas estas experiencias. Pero todo comienza con cómo nos vemos a nosotros mismos.

Sobre el yo

¿Quién soy yo? No solemos hacernos esa pregunta: normalmente creemos que sabemos bastante bien quiénes somos y cómo somos, aunque saber si ese conocimiento es exacto o no es otra cuestión. No obstante, si pensamos de verdad en ella, la información que representa nuestro propio sentido del yo es bastante compleja y cubre muchas facetas distintas. Por ejemplo, podríamos pensar en nosotros en términos de nuestros propios cuerpos y nuestras capacidades físicas: lo que podemos hacer y qué sentimos si no podemos hacer algo. O podríamos pensar en nosotros mismos en términos de la historia personal que ha conformado quiénes somos: nuestros recuerdos, experiencias y relaciones. Podríamos pensar en nosotros mismos en términos de nuestras ideas, motivaciones u objetivos, ya sean ambiciosos y enérgicos o solamente aceptando lo que la vida nos aporta de forma relajada. Otra alternativa es que podríamos pensar en nosotros en términos de nuestras redes de amistades e identificaciones sociales: la nacionalidad, la profesión y otros grupos sociales a los que pertenecemos.

Estudiar el yo no es sencillo, y muchos aspectos distintos de cómo funciona el cerebro contribuyen a que seamos quienes somos. Ya hemos visto, por ejemplo, cómo nuestros sistemas motor y sensorial nos aportan retroalimentación sobre nuestras propias acciones y sobre el mundo en que funcionamos. Esta información contribuye fuertemente al sentido personal de nuestro yo físico y a nuestro sentido de la acción, es decir, el sentimiento de que podemos interactuar eficazmente con el mundo que nos rodea. Las habilidades sociales y cognitivas que hemos desarrollado también contribuyen a nuestro sentido de la acción, permitiéndonos involucrarnos en formas complicadas de interacción, y no sólo físicas. Hemos visto cómo el cerebro trata los recuerdos y las emociones, y éstas también contribuyen en gran medida en quiénes pensamos que somos.

Aunque gran parte de este libro ya ha dado información sobre cómo el cerebro contribuye a nuestro sentido del yo, en algún momento toda esta información debe integrarse para formar nuestro sentido de la identidad. La región del encéfalo que parece realizar esta función se conoce como corteza prefrontal medial. Está localizada hacia el centro de los lóbulos frontales, no en la parte anterior ni en la parte posterior, y cubre un área muy amplia. Cuando pensamos en nosotros mismos, especialmente en alguna clase de forma evaluativa, se activa la corteza prefrontal medial. En un estudio antiguo, a los sujetos se les pedía que juzgaran si distintos rasgos de personalidad eran relevantes para ellos mismos o para alguna otra persona. Cuando pensaban en ellos mismos, la corteza prefrontal medial se activaba, pero cuando pensaban en otras personas, se activaban áreas de la corteza prefrontal lateral, zonas de esta parte del encéfalo que se ocupan especialmente de la memoria.

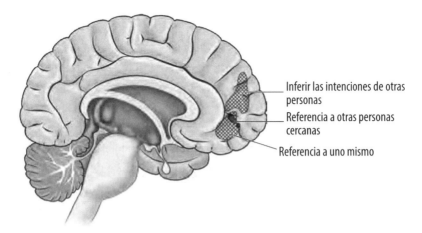

Inferir las intenciones de otras personas

Referencia a otras personas cercanas

Referencia a uno mismo

Figura 12.1 La corteza prefrontal medial

La corteza prefrontal medial se activa si oímos a alguien pronunciar nuestro nombre, pero no sólo se activa cuando pensamos en nosotros mismos. También se activa cuando pensamos en personas que están emocionalmente cercanas a nosotros: miembros de la familia, pareja y amigos queridos. Y se activa cuando pensamos en otras cosas que se refieren sólo a nosotros mismos. En un estudio, la corteza prefrontal medial demostró activarse cuando alguien miraba una fotografía que había tomado esa misma persona, pero no cuando miraba fotografías tomadas por otros. Puede incluso responder a representaciones artificiales de «mí». Sui, Rotshtein y Humpheys (2013) mostraron a sus sujetos de estudio formas geométricas animadas y les pidieron que pensaran en una configuración, como por ejemplo un triángulo, que les representara a ellos mismos, con otras configuraciones que representaban a otras personas. Descubrieron que la corteza prefrontal medial se activaba cuando las personas pensaban en su «propia» configuración, pero no cuando miraban escenas que implicaban sólo a otros.

Hay alguna variante en las partes exactas de la corteza prefrontal medial que se activan en distintas circunstancias. Por ejemplo, esta zona se activa cuando hacemos juicios sobre otras personas relacionadas con nosotros mismos, pero si la otra persona no es lo suficientemente cercana, entonces son las partes superiores de la corteza prefrontal medial las que se activan. Si hacemos el mismo tipo de juicio sobre nosotros o sobre personas cercanas, son las regiones inferiores de esta área las que responden. En otras palabras, la forma en que el cerebro responde a los juicios sobre otras personas varía en términos de la fuerza con que nos identificamos con ellos. Algunos investigadores han sugerido que deberíamos considerar las relaciones entre nosotros mismos y los demás como un continuo, y no como una distinción dura y aguda entre «yo mismo» y «otro». Algunas personas son tan cercanas a nosotros que pensamos en ellas como formando parte de nosotros, mientras que otras se encuentran más lejos.

Esto varía bastante entre individuos, por supuesto, y también de una cultura a otra. En 2007, Zhu y colaboradores realizaron un estudio con escáner de personas chinas y occidentales. Les mostraron adjetivos de rasgos como «amable», «valiente» o «feliz», y les pidieron que juzgaran lo adecuados que eran estos adjetivos para ellos mismos, para sus madres y para una persona famosa. Como podíamos esperar, los escáneres por IRM reflejaron actividad en la corteza prefrontal medial siempre que pensaban en sí mismos, pero no cuando pensaban en la persona famosa. Sin embargo, cuando pensaban en sus madres, los chinos mostraron respuestas en el escáner similares a cuando pensaban en ellos mismos, lo que indicaba activación en la corteza prefrontal medial. Esto no ocurría en el grupo de occidentales cuando pensaban en sus madres; las respuestas eran más parecidas a la actividad cerebral que tenían cuando pensaban en la persona famosa.

Algunas familias son más cercanas que otras en todas las culturas, pero, en general, este estudio destaca cómo algunas culturas, como la china, insisten en el colectivismo y la interdependencia, mientras que otras, como la cultura americana, insisten en el individualismo y la independencia. Estas diferencias se reflejan en el sentido del yo que desarrollamos (para más detalles sobre esto, léase Understand Psychology). Y la investigación cerebral nos muestra que estas diferencias también están reflejadas, al menos en parte, en las formas en que reaccionan nuestros cerebros.

✓ Estudio de caso: Hermanos siameses

Nuestro sentido del yo es una parte importante del ser humano, y puede persistir incluso en las circunstancias más inusuales. Tatiana y Krista son hermanas siamesas cuyos cráneos y una parte significativa de sus encéfalos están unidos. (Sus encéfalos estaban tan unidos que no fue posible separarlos quirúrgicamente). Cada una percibe las sensaciones de la otra: si a una de ellas le hacen cosquillas, la otra reacciona, y cada una de ellas puede saborear lo que hay en la boca de la otra. Aunque siempre hablan de sí mismas como «yo», no obstante tienen preferencias distintas: a una de ellas le gusta el ketchup, por ejemplo, mientras que la otra lo odia. Comparten bastantes cosas en términos de sensación y experiencia, pero tienen personalidades muy diferentes y, a pesar de compartir partes importantes del encéfalo, como tener un único tálamo, son individuos separados, sin duda.

Por tanto, la corteza prefrontal medial es una región importante del encéfalo en lo referente a nuestro sentido del yo. Integra diversos aspectos de nuestro conocimiento social y personal, y nos permite hacer inferencias sobre nosotros mismos y los demás. Nos ayuda a entender los sentimientos y las emociones, lo que significa que desempeña un papel importante en cómo entendemos a otras personas. También se activa cuando reconocemos ironías o metáforas en el uso del lenguaje, y se ha propuesto como una región clave para nuestra teoría de la mente.

Teoría de la mente y empatía

La teoría de la mente hace referencia a la capacidad de entender que otras personas tienen su propia mente y que no necesariamente piensan igual que nosotros. Tener una teoría de la mente, y reconocer que otras personas actuarán de acuerdo con la información que tienen, es una parte importante de la vida en sociedad. La desarrollamos como niños cuando tenemos aproximadamente tres años y medio. Antes de ese momento, no podemos predecir lo que otra persona pueda estar pensando: tendemos a suponer que los demás piensan igual que nosotros. Sin embargo, una vez que se ha desarrollado la teoría de la mente, somos capaces de reconocer que la experiencia diferente de alguien nos puede ofrecer un conocimiento distinto de la situación.

El estudio clásico de teoría de la mente incluye presentar a varios niños un problema de este tipo: «Sue esconde un caramelo en una caja mientras Tim la observa. Cuando Tim sale de la habitación, Sue cambia el lugar donde esconde el caramelo y lo coloca bajo un cojín». La pregunta es: ¿dónde buscará Tim el caramelo cuando vuelva? Los niños pequeños tienden a decir que mirará debajo del cojín: saben que está allí, así que suponen que Tim también lo sabrá. Sin embargo, otros niños dirán que Tim buscará en la caja: se dan cuenta de que Tim no sabe nada sobre el cambio y actuará de acuerdo con lo que él sabe, y no según lo que ellos saben.

Los estudios con escáner y de lesiones nos indican que la corteza prefrontal medial es importante para la teoría de la mente. Esto se debe en parte a que nos permite evaluar nuestras propias acciones en relación a las de otras personas. Por ejemplo, la corteza prefrontal medial se activa si jugamos a un juego de ordenador contra otra persona (esté esa persona presente o no), pero no si jugamos al mismo juego contra el ordenador. Lo que importa realmente es la creencia, por supuesto: si en realidad fuera un ordenador, pero creyéramos que se trata de un humano, la corteza prefrontal medial se activaría; mientras que si fuera de verdad un humano pero creyéramos que es un ordenador, no se activaría.

Una de las funciones principales de nuestra teoría de la mente es que nos ayuda a predecir lo que la gente pretende hacer. Predecir las intenciones sociales es una parte importante de la comprensión de otras personas, y resulta fundamental para la interacción social cotidiana. Pero predecir intenciones sociales implica también a otra área del encéfalo. Se trata de la corteza paracingulada anterior. Es una capa de corteza situada dentro del encéfalo e inmediatamente por encima de la corteza cingulada, que, como tal vez recuerdes, es una especie de franja que rodea el cuerpo calloso. Anterior significa que está situada hacia la parte frontal del encéfalo. Cuando pensamos en intenciones sociales –incluidas las nuestras, pero especialmente las de otros–, ésta es la parte del encéfalo que se activa inmediatamente, por lo que también está implicada en nuestra teoría de la mente.

Por tanto, la corteza paracingulada anterior se activa cuando pensamos en las intenciones de otras personas. La corteza paracingulada posterior –es decir, la parte de la corteza paracingulada situada hacia la parte posterior del encéfalo– se activa cuando pensamos en nosotros mismos y en cómo nuestra propia conducta se relaciona con la de otras personas. Forma parte de las áreas complejas del encéfalo que se activan en el sentimiento llamado empatía, nuestra capacidad de entender y compartir los sentimientos de otras personas. Hemos visto a lo largo de este libro cómo a menudo las neuronas espejo se activan cuando vemos hacer algo a otras personas. Nuestros cerebros reaccionan como si nosotros mismos hiciéramos eso. Hay imitación en nuestros sistemas motores, nuestros sistemas perceptuales e incluso en nuestros sistemas emocionales, y estos sistemas de imitación, al menos en parte, nos animan a percibir a los demás de la misma forma que nos vemos a nosotros mismos. Es una base importante para la empatía.

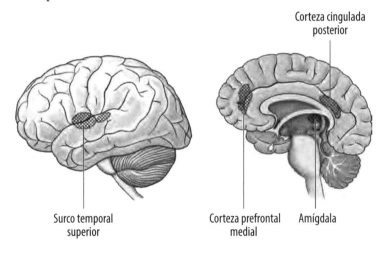

Figura 12.2 La empatía en el encéfalo

Sin embargo, la empatía es una experiencia compleja y se cree que involucra redes completas de actividad neuronal, y no una región del encéfalo. Los estudios con escáner de la empatía emocional han demostrado que también incluye la amígdala, lo cual no debería sorprendernos por el hecho de que se trata de emociones y sentimientos. Implica también a la corteza prefrontal medial, y a algunas partes del sistema límbico. Las redes neuronales relacionadas con la empatía también activan el área donde se juntan los lóbulos temporal y frontal: a cada lado de la cisura lateral; el área inmediatamente por encima de la cisura, conocido como el lóbulo frontal inferior; y el área inmediatamente por debajo, conocido como el lóbulo temporal superior. Parte de esta región, el surco temporal superior, en la zona media del lóbulo temporal, es importante para adoptar perspectivas, y contribuye significativamente a nuestra capacidad para detectar e interpretar claves sociales, como las que indican confianza e intenciones, además de la empatía.

Podemos ver cómo la empatía involucra a una serie de áreas del encéfalo que ya por sí mismas nos dicen algo sobre la importancia de cómo reaccionamos a otras personas: nuestra naturaleza social, en otras palabras. Estas áreas también se solapan con las redes cerebrales implicadas en la teoría de la mente. Funcionando juntas, nos permiten ver las cosas desde el punto de vista de otra persona, lo cual nos ayuda a implicarnos con confianza en la acción social habitual. La empatía no es lo mismo que la teoría de la mente, por supuesto, porque ésta última tiene más que ver con cogniciones, mientras que la primera trata más con sentimientos. Pero nuestra capacidad para comprender lo que otros sienten, además de lo que pretenden hacer, es una parte importante de la vida social.

Emociones morales

La forma en que reaccionamos a otras personas también se expresa en lo que se conoce como emociones morales. Las emociones básicas son las que examinamos en el capítulo 8: miedo, ira, repulsión, etc. Sin embargo, las emociones morales podrían de igual modo llamarse emociones sociales, porque tienen que ver con otras personas o con los aspectos sociales de nosotros mismos. Algunas son prosociales, por lo que estimulan interacciones positivas con los demás, mientras que otras tienen más probabilidades de producir aversión, de modo que evitaremos a las personas implicadas en ellas o actuaremos negativamente hacia ellas.

Hay una serie de diferentes emociones morales y varios modos de clasificarlas. Podemos dividirlas en aquellas que consisten en cómo pensamos de nosotros mismos, como la pena, la vergüenza, la culpa y el orgullo, y las que tienen que ver con cómo pensamos sobre otras personas, como el desprecio, la ira, la comprensión, la gratitud y el asombro. También podemos dividirlas en emociones positivas y negativas, en cuyo caso, la pena, la vergüenza y la culpa se experimentarían como emociones egocéntricas que son negativas o desagradables, mientras que el orgullo sería más positivo. El asombro y la gratitud podrían considerarse emociones positivas orientadas hacia otros, mientras que el desprecio y la ira podrían considerarse negativas. La comprensión y la compasión no encajan fácilmente en ninguna de esas categorías: tal vez se considera más fácilmente como un ejemplo de empatía y conciencia social.

Sin embargo, todas ellas son reacciones emocionales que tienen que ver con nuestra naturaleza social de algún modo. Vimos en el capítulo 8 cómo las emociones básicas activan la amígdala y áreas del cerebro anterior como la ínsula. Lo mismo puede decirse de las emociones morales, pero también involucran a otras áreas del encéfalo. Si creemos que nosotros, u otra persona, hemos actuado de forma que consideramos inadecuada para una situación, nos basaremos en nuestro conocimiento social general de los eventos y de cómo se debería proceder. Ese conocimiento ha demostrado implicar a amplias áreas de la corteza prefrontal, por lo que emociones como la pena o la indignación afectan a la corteza prefrontal, así como a la amígdala y a la ínsula.

Si respondemos a acciones que consideramos moralmente incorrectas, por otra parte, nos basaremos en nuestro conocimiento de los conceptos y principios sociales, y esto activa áreas hacia la parte anterior de los lóbulos temporales. La ira, la vergüenza, el desprecio y la culpa implican a esas áreas del encéfalo, además de a la ínsula y la amígdala. Y casi todas las emociones morales implican a las áreas del encéfalo que se ocupan de cómo percibimos claves sociales. Esto, como acabamos de ver, incluye las áreas que rodean la cisura que hay entre los lóbulos temporal y parietal, y también afecta a otras áreas situadas hacia la parte posterior del cerebro.

Las mismas áreas se activan en las emociones morales positivas. Sentir gratitud hacia alguien conlleva utilizar nuestro conocimiento social y nuestras expectativas sobre procedimientos sociales normales, además de nuestros sentimientos de alivio o valoración personal. Pero los circuitos de recompensa del encéfalo también están implicados en las emociones positivas, por lo que sentimientos como la gratitud, el asombro y el orgullo activan áreas bastante extensas de la corteza: áreas de percepción social, circuitos de recompensa y cualquier área de los sentidos o de la memoria que sea relevante. A propósito, aunque sentir orgullo suele considerarse negativo, sentirnos bien con nosotros mismos y orgullosos de algún logro es una emoción justificablemente positiva, la razón por la que activa los circuitos de recompensa que estudiamos en el capítulo 8.

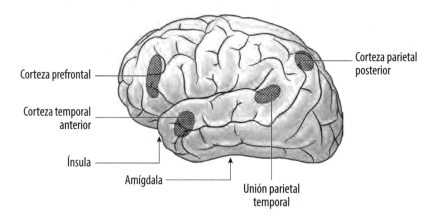

Corteza prefrontal

Corteza temporal anterior

Ínsula

Amígdala

Corteza parietal posterior

Unión parietal temporal

Figura 12.3 Las emociones morales en el encéfalo

Por tanto, las emociones morales activan una serie de áreas del encéfalo. Algunas de estas áreas son las mismas que cuando experimentamos las emociones básicas. Otras incluyen las áreas del encéfalo que están implicadas en el procesamiento social. La repulsión moral, por ejemplo, activa exactamente las mismas áreas del encéfalo que la repulsión física: si sentimos repulsión hacia el comportamiento de alguien, se activan las mismas áreas del encéfalo que cuando sentimos repulsión por alimentos podridos o mohosos. Pero también involucran a las partes del encéfalo que se ocupan de nuestras percepciones culturales y sociales de lo que es una conducta aceptable. Lo que se considera repulsivo puede variar con el paso del tiempo, conforme cambia la sociedad, o puede ser diferente en distintas culturas; pero el encéfalo humano puede incluir varios estándares sociales, y elegimos estándares y conocimientos sociales adecuados desde una edad temprana. Nuestra experiencia de una emoción como la repulsión moral será la misma, pero lo que la desencadena puede variar de una situación social a otra, y de una cultura a otra.

Pertenencia al grupo

Otra cosa que puede desencadenar reacciones emocionales es el hecho de conocer a personas que son muy distintas a nosotros, o pensar en ellas. Como vimos al comienzo de este capítulo, nuestra reacción natural, como seres sociales, es ver a otras personas en términos de «nosotros» y «ellos». Es un proceso llamado identificación social (explicado con más detalle en Understand Psychology). Sin embargo, no tenemos sólo una categoría de «nosotros», porque todos pertenecemos a varios grupos sociales y nos identificamos con ellos de forma diferente. Cualquier persona puede identificarse con un trabajo o profesión específicos, como aficionado a un equipo, como miembro de una familia concreta, como hombre o mujer, y como una nacionalidad específica: ¡la lista es interminable! Prueba a escribir tu propia serie y pronto te darás cuenta de a qué me refiero.

Cuando nos comprometemos en una identificación social específica, adaptamos nuestro pensamiento para que encaje en ella. Por ejemplo, si yo me considerase aficionado de, por ejemplo, el club de fútbol Huddersfield Town, eso mismo daría color y forma a las conversaciones y cháchara que tuviera con un compañero de trabajo que, por ejemplo, es aficionado del Leeds United. Mi colega se convertiría en «ellos», mientras que otros aficionados del Huddersfield Town serían «nosotros». Aunque en otra ocasión el colega podría pertenecer a «nosotros» en nuestra identidad compartida como empleados de la misma empresa, por ejemplo si hablásemos con personas de otra compañía, comparando las condiciones de trabajo o el estilo de dirección.

Por tanto, nuestras identificaciones sociales son importantes para configurar nuestra interacción social. Como parte de ello tenemos una tendencia natural a categorizar a las personas en grupos, clasificándolas e incluso estereotipándolas. En circunstancias extremas, nuestras reacciones a «diferentes» personas pueden conllevar prejuicios y juzgar negativamente a todos los miembros de ese grupo. En su forma más extrema, esto puede generar discriminación, odio o incluso genocidio, por lo que no es de extrañar que haya sido motivo de preocupación para muchos investigadores, incluidos los neurocientíficos.

Lo que nos ha enseñado la investigación sobre el cerebro es que estereotipar a personas no es automáticamente lo mismo que tener prejuicios hacia ellas. Revisando una serie de estudios sobre los sesgos relacionados con las razas, Amodio (2009) demostró que estereotipar es un proceso más cognitivo que emocional. Se mostraron fotografías de personas de otros grupos étnicos a sujetos que no tenían prejuicios, y reflejaron una mayor actividad en la parte posterior e izquierda de la corteza prefrontal. Reconocían la categoría y por eso estereotipaban técnicamente, pero no experimentaban ningún sentimiento negativo específico hacia ellos. Las personas que sufrían prejuicios raciales, por el contrario, mostraban una mayor actividad en la amígdala, lo que indica una reacción emocional hacia los miembros de ese grupo étnico particular. Los niveles de prejuicio se midieron utilizando una prueba de actitud implícita, que reflejaba las actitudes negativas ocultas incluso en personas que afirmaban no tener prejuicios.

Amodio siguió estudiando los otros procesos neuronales implicados en los sesgos intergrupales de una u otra forma. Ya hemos visto cómo el hecho de tener estereotipos implícitos implica actividad en la corteza prefrontal posterior. Ésta es la parte del encéfalo que se ocupa de los conceptos y de la recuperación de recuerdos, y también de la preparación y la selección de información. Pero el sesgo implícito que incluye la evaluación –en otras palabras, que se origina con el prejuicio– activa la amígdala, pero no las áreas prefrontales.

Experimentar prejuicios implícitos tampoco es lo mismo que expresarlos. Tenemos áreas específicas del encéfalo que están implicadas en la regulación de la conducta social, lo cual nos ayuda a responder adecuadamente a las claves sociales. Estas áreas son la parte media de la corteza prefrontal y la parte frontal de la corteza cingulada anterior. Los escáneres han demostrado que se activan si alguien siente prejuicios implícitamente pero en una situación social no los expresa.

Alguien puede haber sido criado en una cultura que induzca a tener prejuicios, por ejemplo, pero puede haber adquirido valores muy distintos mediante la experiencia de su vida. En ese caso, regularían su comportamiento social y no expresarían estereotipos ni prejuicios implícitos que puedan servir.

El control cognitivo de este tipo incluye distintos tipos de actividad cerebral. Detectar sesgos u otras claves sociales que indican la necesidad de una regulación social de este tipo produce actividad en la parte posterior de la corteza cingulada anterior. Inhibir estereotipos deliberadamente, por otra parte, genera actividad en la corteza prefrontal ventrolateral derecha. Y producir una respuesta deliberada y consciente, independientemente de si contiene estereotipos implícitos o sesgos, activa la corteza prefrontal dorsolateral anterior. Por tanto, cada uno de estos tipos de control es diferente, dependiendo de la situación social y de las percepciones del individuo.

Este descubrimiento está relacionado con la idea de que tener estereotipos es algo en gran medida cognitivo, mientras que los sesgos son más bien emocionales, o al menos afectivos (tienen que ver con los sentimientos). Amodio concluyó de estos estudios que necesitamos adoptar diferentes estrategias para tratar con cada uno de ellos.

Poner en cuestión los estereotipos, por ejemplo, podría abordarse mejor presentando a la persona muchos ejemplos antiestereotípicos, instándola a que aprenda a ver la categoría de formas más complejas y menos simplistas.

Poner en cuestión los sesgos, por otra parte, requeriría un entrenamiento más centrado en las emociones e instar a asociar las emociones y experiencias positivas con el otro grupo, para contrarrestar las emociones negativas.

Agresividad

Como hemos visto, tener estereotipos, o clasificar a la gente en grupos, no necesariamente es lo mismo que tener prejuicios, e incluso quienes experimentan prejuicios implícitos pueden aprender que es socialmente inaceptable demostrarlos.

Sin embargo, en algunos casos los prejuicios pueden convertirse en agresividad explícita, y eso es otra cuestión muy distinta. La conducta agresiva hacia los miembros de otros grupos étnicos es ilegal en muchos países, y es objeto de sanciones sociales de uno u otro tipo. Lamentablemente, sigue existiendo en algunos lugares, y hay también otros tipos de conducta agresiva que pueden ser igualmente difíciles de abordar.

La agresión se ha definido como la conducta efectuada con la inten-ción de causar daño. Suele considerarse que se divide en dos categorías: agresión reactiva, que surge de sentimientos de amenaza o frustración, y agresión instrumental, que se inicia por parte de la persona para lograr un objetivo concreto. El abuso en la escuela, por ejemplo, sería un caso de agresión instrumental, mientras que un acto agresivo realizado para defenderse por parte de alguien que estuviera sufriendo abusos sería un ejemplo de agresión reactiva.

Dentro del encéfalo, la agresión está estrechamente vinculada con la reacción de miedo. Esto se debe en parte a que ambas están implicadas en la respuesta de lucha o huida, la reacción ante la amenaza, compartida por todos los mamíferos. La respuesta de lucha o huida es una combinación de varias modificaciones físicas —mayor frecuencia cardíaca, respiración más profunda, liberación de adrenalina, etc.— que actúan juntas para maximi-zar la supervivencia de un animal que afronta una amenaza física. Hay más sobre esto en Understand Psychology. En efecto, lo que hace es liberar la energía acumulada del cuerpo, de modo que el animal pueda escapar de la amenaza, corriendo lo más rápidamente posible, o quedarse y luchar para defender su vida. En cualquier caso, no tiene sentido conservar nada, por lo que el cerebro desencadena cambios para liberar toda la energía que el cuerpo tenga disponible.

Los humanos también contamos con esta reacción, aunque la mayoría de las amenazas que nos encontramos no suelen ser físicas. Por eso reaccionamos a las amenazas con miedo y ansiedad, o con ira y agresividad; y también por eso la actividad cerebral implicada en el miedo y la agresividad es tan parecida. Vimos en el capítulo 8 lo importante que es la amígdala en el proceso del miedo, y también lo es en la agresividad. Hay distintos grupos de células, o núcleos, en la amígdala, y un grupo, el núcleo medial, tiene relación directa con el hipotálamo. Estos vínculos activan las reacciones de miedo o agresividad en el cuerpo estimulando al hipotálamo a transmitir la información a la glándula pituitaria y a otras glándulas del cuerpo, liberando hormonas como la adrenalina, para mantener en marcha la reacción orgánica.

El hipotálamo también envía la información a una parte del mesencéfalo conocida como sustancia gris periacueductal. La estimulación directa de esta área ha demostrado producir reacciones de ira. Pero la sustancia gris periacueductal también recibe información de los otros dos núcleos de la amígdala: el núcleo basal y el núcleo central, que «activan» o «desactivan» esas reacciones. Las señales procedentes del núcleo basal de la amígdala que se trasmiten a la sustancia gris periacueductal parecen estimular reacciones agresivas, mientras que las señales del núcleo central la inhiben. Por tanto, la amígdala está activamente implicada en la regulación de la agresividad, es decir, en realizar acciones agresivas más o menos probables como reacción a una amenaza.

Hay, por supuesto, otras áreas del encéfalo implicadas en la agresividad. Hemos visto cómo los lóbulos frontales del cerebro se ocupan especialmente de los aspectos más complejos de nuestras vidas sociales. Ellos también pueden ser claves para controlar o reducir la conducta impulsiva. Dos áreas de los lóbulos frontales, la parte conocida como corteza orbitofrontal y la parte conocida como corteza prefrontal ventromedial, parecen ser especialmente importantes para esto. En el año 2000, Pietrini y colaboradores realizaron una serie de estudios TEP en los que a los sujetos se les pedía que revivieran o imaginaran situaciones relacionadas con la conducta agresiva. Eligieron a personas que no eran especialmente agresivas pero que tenían una vívida imaginación visual. Cuando imaginaban las situaciones, los investigadores encontraron mucha menos actividad en la corteza prefrontal ventromedial, lo que implica que la corteza prefrontal ventromedial está activamente implicada en el control y la inhibición de la agresividad. Las lesiones en la corteza orbitofrontal del encéfalo también han demostrado producir un aumento de la conducta agresiva.

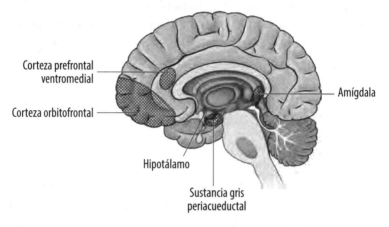

Figura 12.4 La agresividad en el encéfalo

Por tanto, la agresividad es sólo parcialmente iniciada por la corteza, al menos en el caso de la agresividad reactiva, pero sin duda está controlada por ella. Los lóbulos frontales y la amígdala están implicados en el control de la agresividad. Si piensas en ello, verás cómo estos mecanismos serían esenciales para una especie que depende de interacciones sociales para sobrevivir.

Aunque algunas formas de agresividad pueden ser adaptativas en algunas ocasiones, cualquier forma de sociedad depende de que sus miembros puedan controlar sus impulsos agresivos en la mayoría de las situaciones. Nuestra capacidad de ser conscientes de las consecuencias de nuestras acciones en lugar de dejarnos llevar por los impulsos, y de controlar cómo actuamos, es una faceta activa y bien desarrollada de cómo funciona nuestro encéfalo.

✓ Puntos de atención

- La corteza prefrontal medial se activa cuando pensamos en nosotros mismos, y también cuando pensamos en personas que son especialmente cercanas a nosotros.
- La empatía es una parte importante de la vida social, que se refleja por imitación neuronal, y también por la actividad en estructuras del encéfalo como la amígdala y muchas áreas de la corteza cerebral.
- Las emociones morales implican a las mismas áreas del encéfalo como emociones básicas, pero también participan áreas del cerebro relacionadas con el procesamiento social.
- La pertenencia a un grupo puede generar estereotipos y prejuicios, pero los escáneres cerebrales muestran que no son lo mismo: por ejemplo, los prejuicios evocan respuestas emocionales de la amígdala, mientras que los estereotipos no.
- La agresión reactiva es una respuesta de defensa ante amenazas, vinculada al procesamiento del miedo en el encéfalo. La agresión instrumental consiste en poder y control, y puede generar un control social inadecuado, ejercido por la corteza prefrontal.

Paso siguiente

En el próximo y último capítulo, estudiaremos otros aspectos de lo que conlleva la conciencia y el pensamiento.

13

ESTADOS MENTALES

Si nos preguntamos para qué utilizamos nuestros cerebros, la respuesta obvia es que los utilizamos para pensar. Pero ¿qué es pensar? Los filósofos y científicos han analizado esta cuestión durante siglos y han llegado a varias respuestas, que van desde la idea de que pensar es sólo un subproducto aleatorio de la actividad de las células cerebrales hasta la idea de que es el pensamiento lo que define nuestro sentido de ser nosotros mismos, como en la famosa frase de Descartes: «Pienso, luego existo».

El pensamiento, como podemos ver si nos detenemos a pensar en él, puede tomar muchas formas distintas. Hay reflexión sobre recuerdos, siendo conscientes de cosas que tal vez no percibimos antes. Está el hecho de meditar sobre la respuesta a algún rompecabezas o problema. Tenemos el pensamiento de qué decir en respuesta a lo que haya dicho alguna otra persona, ya sea en conversaciones o en nuestra memoria, pensando en lo que deberíamos haber dicho, aunque no lo pensamos en aquel momento. Tenemos la planificación de un proyecto de algún tipo, ya sea una comida complicada, un proyecto manual como fabricar un modelo o construir una caseta, o averiguar lo que vamos a decir en una charla o conferencia. Tenemos los pensamientos sobre el deporte, cuando lo vemos o participamos en él, y cuando sopesamos las consecuencias de los resultados. Y tenemos el hecho de pensar sobre las decisiones que debemos tomar, averiguar lo que hay implicado y lo que es posible. Todos estos son ejemplos de pensamiento, y espero que puedas imaginar muchos más, lo que hace pensar que es algo muy difícil de definir.

En este libro ya hemos estudiado cómo trata el encéfalo muchos tipos de pensamiento: los recuerdos, el lenguaje, las relaciones, la lectura y las sumas, y las interacciones con otras personas. Pensar también incluye ser consciente. Aquí comenzamos examinando la toma de decisiones: la forma en la que tratamos de hacerlo y qué partes del encéfalo están implicadas. Después pasaremos a estudiar la conciencia: cómo se refleja en el cerebro, qué ocurre cuando estamos dormidos, y también los procesos implicados cuando alteramos nuestra conciencia tomando drogas psicoactivas. Y, por último, examinaremos un aspecto de las relaciones sociales que configura y da color a nuestra experiencia social cotidiana, elevándonos de lo estrictamente práctico al nivel de la diversión y la risa.

Tomando decisiones

La vida está repleta de decisiones que se deben tomar. Algunas de ellas son muy sencillas y casi automáticas, como decidir tomar un trago de café. Otras son mucho más complicadas, como comprar una casa. Lo que ocurre en el cerebro cuando decidimos tomar un sorbo de café es bastante evidente. Como vimos en el capítulo 6, comienza con actividad en la parte anterior del lóbulo frontal, donde se toma la decisión. La actividad neuronal después se transmite a la corteza prefrontal del lóbulo frontal, donde el cerebro toma decisiones sobre qué procedimientos generales estarán involucrados (observar dónde está la taza, si tendremos que volver a llenarla, etc.). Estas decisiones dirigen la siguiente fase, que nos lleva a la corteza motora, donde se planifican las acciones físicas específicas necesarias, y que activa la corteza motora, justo en la parte posterior del lóbulo frontal, que indica a tus músculos que levanten la taza hasta tus labios y que tomen un sorbo.

Sin embargo, otros tipos de toma de decisiones son mucho más complicados, y a menudo ni siquiera racionales. Durante muchos años, los psicólogos que investigaban la toma de decisiones supusieron que era un proceso lógico en gran parte. Había muchos ejemplos de «errores» en el pensamiento humano, pero se consideraban principalmente como un sistema que de otro modo se rompía a consecuencia de influencias contextuales o de otra clase. Sin embargo, poco a poco, los psicólogos llegaron a darse cuenta de que la toma de decisiones humana está lejos de ser un proceso lógico. Daniel Kahnemann lo resumió en su libro Pensar rápido, pensar despacio como algo que tiene dos elementos distintos. Llamó a un elemento Sistema 1 de pensamiento, que es intuitivo, rápido y que llega a conclusiones basándose en su experiencia previa y presupuestos. El otro es el Sistema 2 de pensamiento, que es lógico y meticuloso, pero mucho más lento que el 1. Por otra parte, si tenemos que afrontar un problema lógico o decisión, también es mucho más preciso.

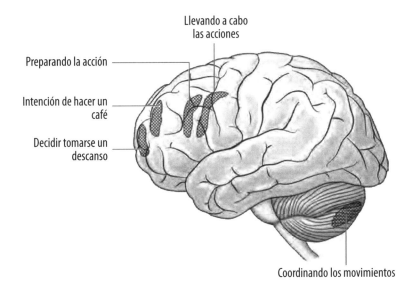

Figura 13.1 Dar un sorbo de café

Lo que Kahnemann y sus colegas demostraron fue que, en su mayor parte, tomamos decisiones utilizando el Sistema 1 de pensamiento. El cerebro, decía él, es perezoso y prefiere basarse en estrategias y suposiciones bien conocidas, y eso suele provocar errores en los problemas lógicos. El Sistema 1 de pensamiento ha demostrado ser vulnerable a muchos tipos distintos de sesgo. Para ofrecer tres ejemplos: uno es la heurística de disponibilidad, que es la tendencia a elegir la opción que hemos visto más recientemente; otro es la heurística del afecto, en la que nuestras decisiones se ven sesgadas por las emociones que asociamos con las diversas elecciones; y un tercero es un sesgo de la propia edad, por el que la gente tiene mayor probabilidad de verse influida por las decisiones de otras personas de su misma edad que por otros más jóvenes o más viejos.

Hay más de ciento cincuenta de estos tipos de sesgos, y cualquiera de ellos puede influir en nuestras decisiones. Si decidiéramos comprar una casa, por ejemplo, nuestro juicio podría verse influido por qué casas hemos visto recientemente, por los tipos de casas que han tendido a comprar los amigos de nuestra edad, y por las emociones y sentimientos que tenemos cuando vemos una casa concreta. No muchas personas comprarán una casa que hayan visto inmediatamente después de una discusión familiar intensa, por ejemplo, porque las emociones causadas por la discusión seguirán afectándoles y la casa estará asociada con emociones negativas. Y nuestra decisión puede también verse influida por cualquier número de otros sesgos.

Lo que hacen esos sesgos es acceder a nuestro conocimiento social y personal existente. Los escáneres han demostrado que queda reflejado por la actividad neuronal en las áreas cerebrales relevantes. El sesgo de la propia edad, por ejemplo, muestra actividad neuronal en áreas autorrelacionadas de la corteza, mientras que la heurística refleja actividad en la amígdala y áreas relacionadas. Es fácil condenar estos sesgos como errores, y en la sociedad moderna vivir esos errores puede ser significativo. Pero lo que ocurre aquí en realidad es que nuestra experiencia y conocimiento sociales supera la lógica y el cálculo, y nos permiten responder rápidamente y, en la mayoría de las situaciones sociales, de forma razonablemente efectiva. Muy poco de nuestra toma de decisiones es puramente lógico o económicamente preciso, pero, en términos sociales, la mayoría tiene sentido a partir de nuestra experiencia pasada y situación social. Cuando no es así, como en el ejemplo de la discusión, a menudo accede a mecanismos cerebrales primitivos, diciéndonos que evitemos situaciones asociadas con el dolor o la angustia.

Las áreas del encéfalo que se vuelven especialmente activas cuando tomamos decisiones se encuentran principalmente en los lóbulos frontales. El lóbulo frontal es nuestra área ejecutiva: controla importantes habilidades cognitivas como la expresión emocional, la resolución de problemas, el juicio y la memoria. En la toma de decisiones, la parte del lóbulo frontal conocida como corteza orbitofrontal se vuelve activa, especialmente si sopesamos posibles consecuencias.

Otra área, la corteza prefrontal medial, se activa cuando hay ambigüedad o incertidumbre implicadas en las elecciones que estamos intentando tomar. Estas dos áreas del encéfalo están casi siempre implicadas en la toma de decisiones.

Hay también otras áreas de la corteza implicadas en la toma de decisiones, dependiendo de qué tipo de decisión estemos tomando. Como vimos en el capítulo 8, la corteza prefrontal ventromedial se ocupa especialmente de procesar el peligro y el miedo, y también permanece activa cuando pensamos en los riesgos o cuando tenemos recuerdos dolorosos. Por tanto, esta parte del encéfalo se activa cuando sopesamos decisiones potencialmente peligrosas o cuando tomamos decisiones que nos causan ansiedad. En el mundo moderno hay muchos tipos distintos de peligro, no sólo los físicos. Pero las decisiones peligrosas, como las que incluyen dinero –decidir si podemos permitirnos abrir una hipoteca elevada para comprar una casa, pedir un préstamo para comprar un coche nuevo o pagar la factura de la electricidad a tiempo– también activan la corteza prefrontal ventromedial, igual que nos preocupamos sobre qué podremos permitirnos en el futuro.

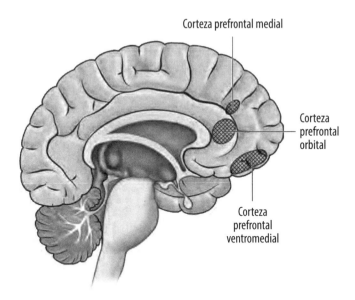

Figura 13.2. Las decisiones complejas en el encéfalo

Las decisiones sociales o morales implican a áreas del encéfalo diferentes. En el capítulo 8 hemos visto cómo la ínsula está implicada en las emociones negativas, como la repulsión y la pena. La ínsula, una parte

243

de la corteza cerebral que está plegada profundamente dentro de la cisura lateral, tiene también muchas otras funciones, incluidas la comprensión y la empatía, la experiencia interpersonal y la autoconciencia. Por tanto, no es de extrañar que esta área del encéfalo también se active cuando tomamos decisiones sociales o morales. La ínsula nos permite tener en cuenta nuestro conocimiento social, así como los juicios sobre la probabilidad o el riesgo, y esto puede marcar la diferencia. Cuando los investigadores utilizaron escáneres fIRM para ver cómo reacciona la gente a las decisiones injustas, descubrieron que esta área del encéfalo se volvía fuertemente activa tanto cuando experimentaban la decisión injusta como cuando contraatacaban actuando injustamente ellos mismos.

Los patrones absolutos de actividad en el encéfalo pueden también decirnos algo sobre cómo tomamos decisiones. Hay patrones claros, o picos, en las medidas de la actividad cerebral EEG de la actividad cerebral, que se conocen como potenciales relacionados con eventos (PRE). Vimos en el capítulo 10 cómo el PRE conocido como P600 está asociado con anormalidades gramaticales. Hay otro, conocido como P300, que está asociado con la toma de decisiones. Tiene lugar cuando nuestra atención se ve atraída por algo con un significado especial, diferente a otros estímulos en torno a él. La respuesta P300 tiene lugar por toda la superficie del cerebro, y se ha demostrado que incluye dos partes: una parte es más fuerte en los lóbulos frontales y está asociada con la novedad, mientras que la otra es más fuerte en los lóbulos parietales y tiene lugar cuando encontramos cosas que son improbables en ese contexto particular. Encontrar un dalek (raza mutante extraterrestre ficticia de la serie británica de ciencia ficción Doctor Who), por ejemplo, no sería improbable si fuéramos a una exhibición de ciencia ficción, pero lo sería si saliéramos a dar un paseo por el campo. Un encuentro como ése sin duda atraería nuestra atención y produciría una reacción P300 en el cerebro.

Los investigadores han utilizado potenciales relacionados con eventos para examinar cómo reacciona la gente cuando afronta decisiones peligrosas. En una tarea de apuestas, Shuermann, Endras y Kathmann (2012) dieron a sus participantes la opción de elegir entre una estrategia de poco riesgo con pequeñas recompensas pero con pocas pérdidas, o una estrategia de alto riesgo con recompensas mayores pero también pérdidas más elevadas. En general, la gente tendía a preferir la estrategia de poco riesgo, aunque no siempre, y los investigadores descubrieron diferencias significativas en la actividad cerebral entre las decisiones de bajo riesgo y las de alto riesgo. La P300 estaba asociada con estrategias de alto riesgo, y los investigadores sugirieron que esto probablemente se debía al aspecto emocional de las decisiones de alto riesgo. Las decisiones de alto riesgo también mostraron otro pico característico de la actividad, conocido como P200, que está asociado con la atención. Esa reacción también tenía lugar si a la gente se le daba retroalimentación negativa sobre las decisiones que habían tomado.

Por tanto, la toma de decisiones implica a una gran parte del encéfalo, pero si tuviéramos que señalar un área concreta, sería los lóbulos frontales. Éstos han sido descritos como el «panel de control» de nuestra personalidad, pues nos dan la capacidad para tomar decisiones, para controlar nuestras reacciones y emociones, para proyectar posibles escenarios y secuencias de acción, y para utilizar nuestra imaginación. Pero los lóbulos frontales no actúan ellos solos: sus fuertes vínculos con la amígdala, el lóbulo parietal y otras áreas del encéfalo permiten asegurar que nuestro pensamiento está controlado por nuestras emociones, nuestras experiencias pasadas y nuestro conocimiento almacenado. Todo ello se combina para producir nuestra experiencia de pensamiento en general y la toma de decisiones en particular. Sí, cometemos errores, pero suelen ser errores humanos, porque no somos ordenadores y muy a menudo no seguimos una lógica estricta.

Conciencia

La conciencia es otro aspecto del pensamiento. Pensamos como actividad consciente, pero cuando llegamos a estudiar la conciencia en sí misma, resulta que se trata de un concepto bastante elusivo. En parte, esto se debe a nuestros cambios de conciencia. Podemos estar bien despiertos y alerta, relajados y fantaseando, concentrándonos en algo y enfocando nuestra atención en ello, realizando las actividades cotidianas que implican algún pensamiento, pero que también pueden ser relajantes, como arreglar el jardín o cocinar, buscando con curiosidad un área de información, aburrido y nervioso; o muchos otros estados mentales. Cada uno conlleva una clase distinta de conciencia, y nosotros experimentamos muchos de ellos a lo largo del día.

Los primeros estudios sobre la actividad encefálica utilizando electroencefalogramas (EEG) pudieron distinguir tres estados distintos de conciencia: la vigilia normal, la concentración intensa y la relajación vigilante (véase figura 13.3). Como podemos ver, la actividad de vigilia normal muestra variantes en la cantidad de actividad eléctrica (la amplitud) y también en su ritmo (la frecuencia). Cuando nos concentramos duramente, la frecuencia es mayor y nuestra actividad cerebral muestra patrones rítmicos claros, conocidos como ritmos theta. Cuando estamos relajados, la frecuencia de la actividad eléctrica cerebral es mucho menor y la amplitud también disminuye, y se produce un patrón pequeño y ajustado que también muestra distintos ritmos. Estos ritmos se conocen como ritmos alfa.

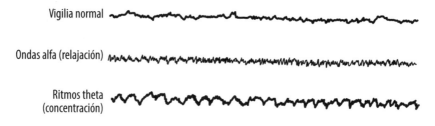

Figura 13.3 Patrones de conciencia

Podemos aprender a moderar nuestros patrones cerebrales y a estimular la actividad de las ondas alfa utilizando técnicas como la concienciación plena o la meditación. Ambos tipos de ejercicio incluyen aprender a descartar los pensamientos distractores y las imágenes que forman parte normal de la conciencia cotidiana, concentrarnos en una conciencia interna o una conciencia de nuestro entorno inmediato, para conseguir un estado mental relajado y fresco. Zeidan y colaboradores (2014) examinaron cómo funcionaba esto en el encéfalo utilizando el escáner por IRM. Descubrieron que cuando la gente meditaba o utilizaba técnicas de concienciación, se generaba una mayor actividad en las tres áreas principales: la corteza prefrontal ventromedial, la parte frontal de la ínsula y la corteza cingulada anterior. Cada una de estas áreas que identificaron está implicada en la autoconciencia de algún modo, y parece que la concentración en el yo y la autoconciencia es parte importante de cómo funcionan estas técnicas.

Esos investigadores también descubrieron que quienes utilizaban estos métodos experimentan una reducción inmediata de los estados de ansiedad general. Debido a esto, concluyeron que una de las razones por las que esas técnicas son tan eficaces para ayudar a la gente a vivir sus vidas cotidianas es porque la meditación y la concienciación plena permiten a la gente regular su propia autoconciencia, para controlar sus experiencias de ansiedad.

✓ **Estudio de caso: Retroalimentación neuronal**

Las ondas alfa y theta son relativamente fáciles de detectar, y se utilizan en algunos juegos de ordenador de «control mental». En éstos, una persona (normalmente) coloca una red de electrodos sobre su cuero cabelludo, que lee la actividad eléctrica de su cerebro en distintos puntos. Después, su tarea consiste en mover un puntero por una pantalla, o activar otras imágenes generadas por ordenador, concentrándose o relajándose. Con la práctica, algunas personas pueden llegar a dominar el juego. La retroalimentación proporcionada por la pantalla les ayuda a aprender cómo moderar su actividad cerebral. Mejoras más recientes de la sensibilidad de las redes, especialmente sobre la corteza motora, empiezan a permitir producir juegos en que la gente puede dirigir los movimientos de un avatar por la pantalla, imaginándose que ellos mismos hacen esos movimientos.

Aunque podamos ajustar nuestra conciencia, lo que en realidad hay en el encéfalo sigue siendo un misterio. Ya hemos visto algunos de los retos presentados por la conciencia y el encéfalo. En el capítulo 3 exploramos el fenómeno de la visión ciega, que ocurre cuando alguien puede reaccionar a un estímulo visual, aunque no es consciente de que ha tenido lugar. Una cosa similar puede ocurrir con la audición, como vimos en el capítulo 4. Por tanto, sabemos, por lo menos, que la conciencia se ocupa de la actividad de la corteza cerebral, pero eso no es decir demasiado.

Sin embargo, podemos aproximarnos un poco a la comprensión de todo esto. Los investigadores han identificado una parte del encéfalo que parece desempeñar una función importante en la conciencia. Se trata del claustro, una fina capa de materia gris compuesta principalmente de interneuronas. Se localiza bajo los hemisferios cerebrales, escondido bajo la parte más profunda de la cisura lateral. Tiene sólo un par de centímetros de longitud, pero con conexiones con todo el encéfalo. Nadie sabe exactamente lo que hace el claustro, pero forma vínculos entre los hemisferios cerebrales, especialmente con las áreas que se ocupan de la atención, y también está relacionado con todas las áreas sensoriales y las que se ocupan de la planificación del movimiento.

Algunos investigadores han descrito el claustro como el lugar de la conciencia dentro del encéfalo. El hecho de que pueda integrar muchas modalidades diferentes de información indica que puede ser importante para integrar nuestra conciencia, de forma que no experimentemos información de las distintas áreas en forma de fragmentos desconectados, sino como un todo unitario. En un estudio, una mujer a la que se le estimuló eléctricamente el claustro se volvió completamente inconsciente, sin conciencia de su entorno ni reacción a los estímulos. Cuando se detuvo la estimulación eléctrica, volvió a la normalidad, pero no recordaba nada del tiempo que había estado inconsciente. Esto ha llevado a sugerir que el claustro puede actuar como una especie de interruptor, que activa y desactiva nuestra conciencia.

Anestesia, sueño y ensoñación

Sin embargo, esto sigue sin explicar qué es en realidad la conciencia. ¿Consiste sólo en cuánta actividad muestran las diferentes áreas del encéfalo? En realidad no es tan simple. Y no lo es por un motivo: es difícil decir qué estado mental es más consciente que otro, aunque podamos (normalmente) decir la diferencia entre estar consciente y no estarlo; por ejemplo, quedarnos inconscientes por el sueño o por el uso de anestésicos. Incluso entonces, puede ser engañoso definirlo. Los primeros estudios sobre los anestésicos indicaron que la conciencia era simplemente la cantidad de actividad mostrada por el encéfalo. Cuando se tomaron escáneres TEP de sujetos durante el proceso de volverse inconscientes por un anestésico general, descubrieron una extinción gradual de la actividad cortical por todo el encéfalo hasta que se asemejaba a las formas más tranquilas de sueño.

Los estudios que utilizaron distintos anestésicos ofrecieron diferentes resultados. Algunos de ellos incluso parecieron producir un incremento general en la actividad cortical cuando la persona se quedaba inconsciente. Resultó que esos anestésicos funcionaban bloqueando rutas neuroquímicas específicas, sobre todo las implicadas en el neurotransmisor glutamato. Bloquear la acción de los glutamatos en el encéfalo producía un aumento de la actividad cerebral general, pero niveles inferiores de conciencia. Parecía reducir la conciencia, aunque no detenía la actividad real del encéfalo.

¿Qué sucede con el sueño? Ésta es claramente una situación en la que perdemos la conciencia, y los investigadores del cerebro llevan muchas décadas estudiando el sueño. Cuando, allá por la década de 1930, utilizaban los registros de EEG para monitorizar la actividad general del encéfalo, descubrieron que hay distintos niveles de sueño por los que pasamos durante el transcurso de la noche. En una noche normal atravesamos estos niveles, desde el nivel más ligero hasta el más profundo, el nivel IV, y de nuevo dos o tres veces más, y después, hacia la última parte de la noche, sólo descendemos hasta el nivel III o II.

Vale la pena señalar que esto es sólo un patrón, pero hay otros patrones de sueño que también parecen funcionar. La mayoría de la gente sabe que los adolescentes a menudo duermen mucho más que otras personas, y esto se ha relacionado con la cantidad de cambios que tienen lugar en sus cuerpos durante este período. Se ha sugerido que el tiempo de «desconexión» del sueño puede ayudar al cuerpo a crecer y adaptarse. Otro patrón bastante común, especialmente en hombres maduros, es experimentar tres o cuatro ciclos de sueño muy profundo en las cuatro primeras horas, después un período de vigilia de otras dos horas, y después otro par de horas de sueño más ligero durante la última parte de la noche. Puesto que no se conoce bien como patrón continuo, algunas personas se preocupan por haberse vuelto insomnes, pero quienes aceptan el patrón y utilizan sus horas de vigilia para hacer algo en lugar de permanecer tumbados y preocuparse por no dormir, descubren que pueden estar igual de frescos con este patrón de sueño que con un sueño continuo durante toda la noche.

Sea cual fuere el patrón que siga, el sueño sigue incluyendo estos cuatro niveles. Reciben su nombre por el patrón del EEG, pero también porque los números indican lo difícil que es despertarse de ellos: es más difícil despertar a alguien en el nivel IV que en el nivel II. Pero es interesante que una vez que han pasado por un ciclo de sueño, las personas que se encuentran en lo que parece el nivel I pueden ser tan difíciles de despertar como en un sueño más profundo. También muestran movimientos rápidos de los ojos, y cuando se despiertan informan de haber tenido sueños. Debido a estas observaciones, este tipo de sueño a veces se llama sueño REM (REM por «rapid eye movements» [«movimientos rápidos de los ojos»], y a veces sueño paradójico, porque parece que estamos dormitando en un sueño ligero, pero no es así.

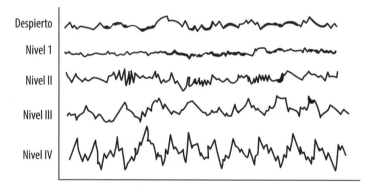

Figura 13.4 Patrones EEG del sueño

Cada nivel de sueño tiene su propio EEG característico, que se ilustra en la figura 13.4. Como puedes ver, el sueño REM tiene un patrón de actividad de alto y rápido voltaje no muy distinto del estado de vigilia, mientras que el sueño no REM refleja muchos más altibajos en su nivel de actividad eléctrica, con husos ocasionales de fluctuaciones muy rápidas. Durante mucho tiempo, los investigadores supusieron que el sueño REM era la única fase en que se soñaba, pero ahora sabemos que también ocurre durante otros niveles de sueño. Las personas que se despiertan en el sueño de nivel II a veces dicen haber estado soñando, y el sonambulismo y el hecho de hablar en sueños suele tener lugar en los niveles III o IV. Cuando a la gente se la despierta durante estos episodios, también informan de haber estado soñando. Pero hay además períodos sin sueños durante estos otros niveles, y el REM es un indicativo fiable de que se está soñando.

Resulta interesante que el hecho de soñar no produzca un mayor nivel general de actividad por toda la corteza, como podríamos esperar. En su lugar, está asociado con lo que Siclari y colaboradores (2017) llamaron «zona caliente», un área del encéfalo situada en los lóbulos parietal y occipital. En esta área, Siclari y colaboradores descubrieron un patrón menor de actividad de baja frecuencia fiable, asociado con los sueños, independientemente de que la persona estuviera en sueño REM o NREM (no REM). Los investigadores afirmaron que este patrón de menos actividad de baja frecuencia es un indicador mucho más fiable de si alguien tiene sueños, o no, que si muestra rápidos movimientos de los ojos.

Los investigadores también descubrieron que la experiencia de soñar suele conllevar explosiones de actividad de alta frecuencia en distintas partes del encéfalo. Cuando despertaron a los participantes y les preguntaron en qué estaban soñando, descubrieron que los picos de actividad estaban asociados con contenidos específicos de sueños. Los sueños relacionados con pensar tendían a mostrar actividad cerebral en las regiones cerebrales frontales, mientras que los que incluían experiencias perceptuales tendían a implicar a regiones hacia la parte posterior del encéfalo, de la misma forma que las mismas experiencias lo harían durante la vigilia. Yendo más allá, descubrieron que los sueños que implicaban caras mostraban actividad en el área facial fusiforme (véase capítulo 6), y los que incluían hablar mostraban actividad en el área de Wernicke y alrededor de ésta. Por tanto, parece que lo que experimentamos mientras soñamos imita lo que experimentamos durante la vigilia, al menos en lo relativo al encéfalo.

Si sucede esto, entonces ¿por qué no nos movemos durante nuestros sueños? Se debe a que dormir en sí mismo está mediado por una parte antigua del encéfalo, el puente. Cuando estamos dormidos, el puente libera neurotransmisores que inhiben las neuronas motoras, que son las células nerviosas que llevan mensajes desde el encéfalo a los músculos, por lo que sin ellos no podemos mover nuestros miembros. Esto significa que cuando estamos dormidos, el cuerpo se encuentra en una especie de parálisis, mientras el cerebro sigue estando activo. Cuando nos despertamos, diversos neurotransmisores activan nuestras neuronas motoras, por lo que podemos movernos de nuevo. En algunos casos raros, nos despertamos sin que ocurra esto, por lo que experimentamos una parálisis temporal, que puede ser bastante alarmante. Lo contrario es lo que sucede en los sonámbulos, quienes pueden moverse físicamente en sus sueños, o al menos pueden mover una parte de ellos, porque sus neuronas motoras no se inhiben por completo.

Drogas y conciencia

Dormir no es el único tipo de modificación de conciencia que experimentamos. Hay varios tipos de drogas que modifican la conciencia, y podemos decir que todas las sociedades humanas, de una forma u otra, han utilizado drogas para hacer esto. En la sociedad occidental, la droga modificadora de la conciencia más aceptada socialmente es el alcohol; otras sociedades utilizan marihuana u hojas de coca como formas socialmente aceptables de modificar la conciencia. Y, por supuesto, hay muchas otras drogas, algunas de las cuales derivan de fuentes vegetales o fúngicas, y se han utilizado tradicionalmente en ceremonias y rituales especiales; otras han sido desarrolladas por químicos modernos y la mayoría son ilegales en las sociedades occidentales modernas.

Las drogas no afectan a una sola área del encéfalo. Al contrario, funcionan modificando el equilibrio de sustancias químicas cerebrales –neurotransmisores– mientras transmiten mensajes de una neurona a otra. Como vimos en el capítulo 2, cada unión entre células nerviosas responde a un neurotransmisor distinto, y grupos de neuronas que responden a sustancias químicas específicas forman rutas neuronales por el encéfalo. Algunas de ellas, como los circuitos de recompensa que estudiamos en el capítulo 8, se conocen bastante bien, mientras que otras, especialmente aquellas en las que influyen drogas específicas, se han descrito en mucho menor grado.

Las drogas modifican el equilibrio de neurotransmisores en el encéfalo de varias formas distintas. Algunas de ellas reducen el nivel del neurotransmisor «uniéndose» a receptores neuronales, bloqueando al neurotransmisor normal, de modo que no actúe. La nicotina funciona de esta manera: se recoge en los sitios receptores de acetilcolina de los músculos, que normalmente recibirían mensajes de acción procedentes del encéfalo. Bloquear estos receptores hace que la persona se sienta más perezosa y menos inclinada a moverse. La nicotina se suele tomar mediante el tabaco, y el monóxido de carbono que incluye reduce la absorción de oxigeno en los pulmones, que también disminuyen la energía. Estos dos efectos se combinan para que el cerebro interprete los efectos de la droga como algo similar a la relajación, pero también proporciona un estado ligeramente distinto de conciencia.

Otros cambios en la conciencia se logran mediante drogas muy similares a los neurotransmisores que se segregan de forma natural. No bloquean la actividad neuronal; en su lugar, la estimulan de la forma que lo haría un neurotransmisor. La marihuana y los opioides (heroína, morfina, etc.) funcionan de esta forma. La marihuana, por ejemplo, es muy similar en estructura a la sustancia química cerebral anadamida, se capta en los mismos receptores e influye en las rutas del dolor y la percepción del encéfalo. La droga, extraída de la planta del cannabis, se usa actualmente mucho en la terapia del VIH, la esclerosis múltiple y el manejo del dolor crónico, así como para aliviar los efectos de la quimioterapia en personas que están recibiendo tratamientos para el cáncer. Su uso médico se ve complicado por el hecho de que el cannabis es ilegal como droga recreativa. Los usuarios recreacionales a corto plazo disfrutan de la sensación de disociación y distorsiones perceptivas que puede proporcionar, aunque hay algunas pruebas de que el uso a largo plazo puede causar depresión, posiblemente relacionada con la inercia típica de los consumidores recreacionales.

Las drogas opioides, como la morfina y la heroína, se captan también en sitios neurotransmisores y estimulan las neuronas relevantes del mismo modo que lo hacen los neurotransmisores «naturales». Los neurotransmisores naturales son en este caso las endorfinas y encefalinas que producimos en respuesta al ejercicio enérgico, a los traumas, o cuando experimentamos la respuesta de «lucha o huida» (véase capítulo 12). Reducen las sensaciones físicas y permiten al cuerpo tratar lesiones potencialmente dolorosas o superar el dolor producido por el ejercicio extremo. Al hacerlo, pueden generar una sensación de euforia o de estar flotando, que es la razón por la que nos sentimos bien después de hacer ejercicio físico. Las drogas opiáceas imitan esta respuesta y producen sensaciones similares, pero al ser sintéticas, tienen también efectos secundarios y pueden generar adicción. Algunos han defendido que el ejercicio también puede ser adictivo por las mismas razones, y esto puede ser cierto, pero consideramos que, como regla general, la adicción al ejercicio es beneficiosa para la persona, y no perjudicial.

Después de que un neurotransmisor se libera en una sinapsis para transmitir un mensaje de una neurona a otra, se reabsorbe en la célula nerviosa, de forma que sus efectos quedan neutralizados. Algunas drogas evitan esta reabsorción, con lo que el neurotransmisor permanece en la sinapsis y sigue estimulando a la siguiente neurona. La cocaína es una de estas drogas: bloquea la reabsorción de noradrenalina y dopamina, con lo que hay en el cerebro más cantidad de estas sustancias neuroquímicas de lo usual. Esto puede generar una sensación inmediata de mayor energía y autoconfianza, pero también reduce la cantidad total de actividad cerebral. A corto plazo, la cocaína es relativamente inofensiva y se suele utilizar como anestésico, aunque su uso puede ser peligroso si se utiliza para tapar una enfermedad física o agotamiento. El uso abusivo puede producir alucinaciones e ilusiones, y a largo plazo puede ser una droga adictiva.

Esos efectos son exagerados en el derivado conocido como «crack», que entra en el cerebro más rápidamente (pero es más adictivo por la misma razón), y se sabe que produce altos niveles de paranoia y agresividad. La retirada de la adicción a la cocaína genera sensaciones de dolor emocional, además de síntomas físicos.

La droga prosocial MDMA, o éxtasis, también actúa bloqueando la reabsorción de un neurotransmisor, en este caso la serotonina. Sin embargo, a diferencia del crack, la MDMA mejora el estado de ánimo y la empatía, y ha demostrado tener un efecto especialmente fuerte en cómo respondemos a los estímulos emocionales con base social. No es la emoción en sí misma: los estudios sobre el modo en que las personas modifican sus respuestas estando bajo los efectos de la MDMA muestran que no reaccionan con más fuerza a otros tipos de estímulos sociales o de contenido no social (Wardle, Kirkpatrick y de Wit, 2014), pero potencia nuestro sentido de la proximidad a otros y nuestras reacciones positivas al contacto social. Antes de que se convirtiera en ilegal, esta droga se usaba en ocasiones en asesoría matrimonial. Ayudaba a las parejas a hablarse libremente el uno al otro sin que se interpusieran emociones negativas.

Figura 13.5 La MDMA potencia la proximidad social

La MDMA no sólo bloquea la reabsorción. También estimula al cerebro a liberar más cantidad de ciertos neurotransmisores –incluida la serotonina– implicados en la regulación del estado de ánimo; de noradrenalina (norepinefrina), que estimula el estado de alerta y modera el arousal; de dopamina y de oxitocina. La dopamina, como hemos visto, está activa en los circuitos de recompensa del cerebro, y la oxitocina, como vimos en el capítulo 9, está implicada especialmente en la afiliación y las relaciones. Integrar todos estos efectos genera un poderoso efecto prosocial en nuestra conciencia.

Por tanto, las drogas pueden actuar de muchas formas distintas, influyendo en cómo nos sentimos o cómo vemos el mundo; y producen muchos efectos diferentes en nuestra conciencia. Esto hace surgir una pregunta: ¿qué modificamos exactamente cuando alteramos nuestro estado de conciencia? Igual que ocurre al intentar definir la conciencia, esto también es difícil de determinar: hay muchos aspectos diferentes de la conciencia. Cualquier droga puede afectar sólo a un par de ellos, o puede que afecte a muchos. La tabla que ofrecemos es una lista de distintos aspectos de la conciencia, y alguno o todos pueden verse influidos por las drogas o por otras experiencias de la vida como el ejercicio o la meditación.

✓ Estudio de caso: Phineas Gage y la barra de hierro

Probablemente el caso más famoso de toda la neurociencia sea el de Phineas Gage. Al trabajar como encargado del ferrocarril en 1848, Gage sufrió un accidente con explosión en el que una barra de hierro le atravesó el encéfalo. Entró por la parte superior de su boca y salió por la parte superior del cráneo, atravesando la corteza orbitofrontal, y aterrizó a veinticinco metros. Hubo muchas cosas sorprendentes en este accidente, y la menor de las cuales no es que no le mató. Ni siquiera perdió la conciencia: estaba hablando dos minutos después del accidente, sentado erguido mientras le llevaban en coche de caballos a su alojamiento, y pudo hablar con los médicos que le atendieron. Se recuperó, pero sus amigos y familiares insistían en que su personalidad había cambiado. Era más impaciente, caprichoso e inquieto, y solía decir palabrotas. Esto se atribuyó al daño en los lóbulos frontales, pero el hecho de que mantuviera la conciencia y el sentido de sí mismo en todo momento fue notable.

Conciencia social y humor

No es de extrañar que las funciones implicadas en los estados alterados de conciencia mostrados en la tabla anterior incluyan los procesos de pensamiento y la expresión de las emociones. Ellos también están relacionados con actividad en partes específicas del encéfalo. Hemos visto cómo el encéfalo nos ayuda a interactuar con otras personas, con áreas especiales para el reconocimiento de caras, del lenguaje e incluso de posturas corporales. También hemos visto cómo los lóbulos frontales del encéfalo están activos en los aspectos cognitivos de la vida cotidiana y en la toma de decisiones, y cómo procesan muchas de nuestras interacciones sociales con otras personas.

Esto es evidente si examinamos uno de los aspectos que consideramos particularmente especiales en nuestras interacciones, el humor. Utilizamos el humor de diversas maneras: para entretenernos, para expresar familiaridad social, para aliviar una situación tensa, para reexaminar lo que está sucediendo e incluso para ayudarnos a afrontar los eventos traumáticos. Permitiéndonos un «toque» distinto, pero emocionalmente seguro en una situación, el humor nos permite reevaluar situaciones y generar o volver a establecer interacciones positivas con otras personas.

Los psicólogos distinguen entre dos aspectos del humor: el aspecto cognitivo, que tiene que ver con la comprensión; y el afectivo, que tiene que ver con los sentimientos de diversión y disfrute que dan como resultado esa comprensión. Tener el sentido del humor activo es terapéutico: ha demostrado aumentar la eficacia de nuestro sistema inmunológico, y también beneficiar la actividad del sistema nervioso en conjunto. También ayuda a reducir las sensaciones de dolor e incomodidad, probablemente debido a la distracción causada por prestar atención a la situación divertida.

Se suele creer que el humor se procesa en el lado derecho del encéfalo, pero en realidad ambos hemisferios están implicados en el proceso. El humor en su conjunto implica a la corteza prefrontal –parte de los lóbulos frontales–, pero algunos de sus aspectos implican también a otras áreas del encéfalo. Por ejemplo, detectar y valorar el humor implica principalmente a los lóbulos temporal y prefrontal del encéfalo. Parte de esto es análisis semántico: detectar los significados y las consecuencias de palabras o acciones. Éstas, como vimos en el capítulo 10, se procesan en el lóbulo parietal inferior del lóbulo temporal izquierdo, que contiene el área de Wernicke, donde decodificamos el habla. Esta área, próxima al giro temporal y relacionada con él, controla las reglas del lenguaje. Detecta contradicciones, cosas fuera de contexto o normas violadas. Ambas áreas se activan cuando detectamos información verbal que es incongruente o inadecuada, un rasgo de muchas situaciones humorísticas.

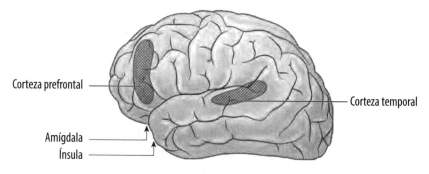

Corteza prefrontal

Corteza temporal

Amígdala

Ínsula

Figura 13.6 El humor en el encéfalo

El humor no verbal, como el de los dibujos animados y las payasadas, incluye áreas del encéfalo ligeramente distintas. Samson, Zysset y Huber (2008) utilizaron fIRM para estudiar las áreas del encéfalo implicadas en los dibujos animados humorísticos, y descubrieron que la incongruencia se procesa principalmente en el hemisferio izquierdo, pero en esta ocasión en el área que cruza los lóbulos temporal y parietal, y en la corteza prefrontal. Valorar el humor en sí mismo implica a la amígdala y a la ínsula, en ambos hemisferios. Hemos visto cómo ambas áreas permanecen activas en las emociones, y por eso generan el elemento afectivo del humor, el que consiste en reírse y disfrutar. Y, como sabemos por nuestra propia experiencia, pueden marcar la diferencia respecto a la información percibida.

Por tanto, ser humano es mucho más que tan sólo ser un procesador de información. Los ordenadores pueden hacer eso. Nuestros maravillosos encéfalos nos permiten tratar cantidades enormes de información, configurando y dirigiendo esa información para que podamos utilizarla eficazmente sin abrumarnos, permitiéndonos planificar, pensar y decidir, y permitiéndonos ser conscientes de nosotros mismos. Y a diferencia de las computadoras, hacen todo eso dentro del contexto del matiz emocional y la conciencia social. Reconocemos claramente al androide de Doctor Who, con todas sus emociones «borradas», como si fuera un monstruo. Ser humano consiste en experimentar calidez, empatía, amabilidad y muchos otros matices negativos o positivos. Es la forma en que nuestros encéfalos regulan nuestras emociones, y reúnen y utilizan nuestro conocimiento social para hacer posible todo esto.

✓ Puntos de atención

- La toma humana de decisiones, a diferencia de las computadoras, se ve fuertemente influida por el sesgo. Esto refleja nuestra historia evolutiva y nuestras necesidades de supervivencia, y también nuestra naturaleza social.

- Diferentes tipos de conciencia se reflejan en distintos patrones de actividad cerebral. No hay ninguna área exclusiva de la conciencia, pero el claustro es importante y tiene muchas conexiones con las estructuras encefálicas corticales y subcorticales.

- Las mediciones de EEG reflejan distintos niveles de sueño. La actividad de los sueños se ve reflejada por la actividad de las partes relevantes de la corteza, pero las sinapsis inhibitorias del puente hacen que no afecte al cuerpo.

- Las drogas psicoactivas afectan a la conciencia cambiando la actividad de los neurotransmisores o imitándola.

- El humor se procesa en ambos lados del encéfalo y activa un área muy amplia de la corteza cerebral. También está relacionado con las áreas de emociones positivas de la amígdala y la ínsula.

Paso siguiente

Este libro ha descrito algunas de las formas en que funciona el encéfalo, pero lo que hemos podido abarcar es sólo la punta del iceberg. Todos los días, los investigadores descubren algo nuevo sobre el funcionamiento del encéfalo, y cada avance técnico nos dice cada vez más cosas. Es un área fascinante, y espero que el lector haya disfrutado de este repaso de algunos de los principales descubrimientos y que conozca más conforme se hagan nuevos descubrimientos.

GLOSARIO

acalculia Trastorno causado por un daño en el encéfalo por el que el afectado es incapaz de entender y manipular números. Comparar con discalculia.

acromatopsia Trastorno raro del encéfalo humano que hace que veamos el mundo sólo en tonos de grises.

afasia anómica Dificultad para encontrar las palabras adecuadas.

afasia de conducción Incapacidad para repetir el lenguaje hablado, o para leer bien en voz alta.

afasia Problema del lenguaje.

afasia transcortical Grupo de afasias que involucran a distintas áreas de la corteza y que interfieren con la producción y el reconocimiento del habla.

agrafia Trastorno por el que se tienen dificultades para escribir.

agresión instrumental Agresión iniciada por la persona para alcanzar un objetivo específico.

agresión reactiva Agresión que surge de sentimientos de amenaza o frustración.

alexia pura Trastorno por el que se puede deletrear una palabra letra a letra, pero no se puede reconocer la palabra completa.

amígdala (en griego, «almendra») Las dos estructuras con forma de almendra del encéfalo que están activamente implicadas en el procesamiento de emociones, especialmente del miedo.

amusia Incapacidad de procesar la música.

anosmia Incapacidad para percibir olores.

anterior Término utilizado para describir estructuras próximas a la parte frontal del encéfalo. Comparar con posterior.

área corporal extraestriada Área del encéfalo, inmediatamente fuera de la corteza visual, que responde a las partes corporales y los contornos de otras personas. Comparar con área facial occipital.

área corporal fusiforme Área del encéfalo, por debajo de la corteza visual, que parece responder a la vista de cuerpos humanos, incluyendo su forma y tamaño.

área de Broca Área del encéfalo que ayuda a la formación del habla.

área de Wernicke Área del encéfalo implicada en la comprensión del habla de otras personas. Comparar con área de Broca.

área facial fusiforme Área del encéfalo, por debajo de la corteza visual, que responde a las caras de otras personas, especialmente las conocidas. Comparar con área facial occipital.

área facial occipital Parte de la corteza visual que responde a las caras de otras personas. Comparar con área corporal extraestriada.

área motora suplementaria Parte de la corteza premotora que recibe información propioceptiva sobre cómo están situadas las partes del cuerpo.

área tegmental ventral Grupo de neuronas del mesencéfalo que desempeñan un papel importante en los circuitos dopaminérgicos de recompensa del encéfalo.

axón Proyección larga de una neurona que transmite el impulso eléctrico desde el cuerpo celular hacia otra neurona.

bulbo olfatorio Partes del encéfalo utilizadas para interpretar los olores.

campo visual El área total de la imagen recibida por los ojos mientras se concentran en un solo punto.

células de Schwann Células grasas que se colocan alrededor de los axones celulares para formar una vaina de mielina aislante.

células gliales Células del encéfalo que dan soporte a las neuronas manteniéndolas en su lugar y aportándoles oxígeno y nutrientes.

cerebelo A veces conocido como «minicerebro», la visible protuberancia arrugada, situada bajo el cerebro, que coordina el movimiento físico.

cerebro La estructura más grande del encéfalo de los mamíferos, asociada con el pensamiento, la percepción, el lenguaje, la imaginación, la planificación, la toma de decisiones, la conciencia, etc. El adjetivo asociado es cerebral.

cinestesia Sentido del movimiento.

cisura Surco estrecho y profundo del encéfalo.

claustro Delgada capa de células que pone en relación muchas áreas del cerebro y que está conectada con el sistema límbico; en opinión de algunos expertos, es una estructura asociada con la conciencia humana.

constancia del color La capacidad para percibir colores como constantes incluso bajo diferentes condiciones de luz.

corriente dorsal Ruta neuronal que conecta áreas de procesamiento auditivo de la corteza cerebral y que ayuda a localizar de dónde proceden los sonidos. Comparar con corriente ventral.

corriente ventral Ruta neuronal que conecta las áreas de procesamiento auditivo de la corteza cerebral que ayuda a identificar lo que representa el sonido. Comparar con corriente dorsal.

corriente visual dorsal Ruta neuronal que conecta la corteza visual con áreas del lóbulo parietal y que ayuda a localizar objetos. Comparar con corriente visual ventral.

corriente visual ventral Ruta neuronal que conecta la corteza visual con áreas del lóbulo temporal y que ayuda a identificar qué son los objetos. Comparar con corriente visual dorsal.

corteza cerebral Capa externa del cerebro.

corteza cingulada Área grande del encéfalo, por encima del cuerpo calloso, relacionada con las emociones, la memoria y el aprendizaje; normalmente considerada parte del sistema límbico.

corteza cingulada anterior Área del encéfalo que evalúa los riesgos y averigua si una acción probablemente sea recompensada o castigada.

corteza entorrinal El área que rodea al hipocampo y que está implicada en transferir recuerdos hacia la memoria a largo plazo.

corteza La capa externa de diversas partes del encéfalo. El adjetivo asociado es cortical.

corteza motora Parte de la corteza cerebral implicada en la planificación y la coordinación del movimiento voluntario.

corteza orbitofrontal Parte de los lóbulos inmediatamente por encima de las órbitas oculares, implicada en el apego, la motivación y la regulación de la conducta social. También conocida como giro orbitofrontal.

corteza paracingulada Área del cerebro por encima de la corteza cingulada, activa en la decodificación y predicción de intenciones sociales.

corteza paracingulada posterior La parte de la corteza paracingulada que se activa cuando se piensa en interacciones personales con otros.

corteza paracingular anterior Área del encéfalo que está implicada en el pensamiento sobre las intenciones de otras personas.

corteza perirrinal Un área cercana al hipocampo que se ocupa del reconocimiento y la familiaridad.

corteza prefrontal Área del lóbulo frontal situada justo detrás de la corteza orbitofrontal, que se ocupa de las decisiones y las intenciones generales.

corteza prefrontal dorsolateral Área de la corteza prefrontal que se ocupa de la memoria operativa.

corteza prefrontal medial La parte central de la corteza prefrontal que contribuye a la sensación del yo y la identidad.

corteza prefrontal ventrolateral La parte de la corteza frontal situada a un lado y hacia la parte inferior, implicada en el control cognitivo y el cumplimiento de reglas.

corteza prefrontal ventromedial La parte de la corteza prefrontal, hacia la parte inferior y escondida en medio del encéfalo, implicada en el procesamiento del miedo y el peligro, y que regula la conducta agresiva.

corteza premotora lateral Área de la parte lateral de la corteza premotora que prepara las acciones físicas.

corteza premotora Parte del encéfalo que prepara la corteza motora para la acción.

corteza temporal medial La parte central de la corteza temporal que se ocupa de almacenar recuerdos.

cuerpo calloso El haz plano de fibras que conecta y permite la comunicación entre los dos hemisferios del encéfalo.

cuerpo trapezoidal El área del puente en que se cruzan los nervios auditivos de los dos oídos.

demencia Trastorno neurocognitivo que tiene como consecuencia un empeoramiento gradual de la capacidad de la persona para pensar y recordar.

diencéfalo Grupo de estructuras subcorticales que incluye el tálamo, el hipotálamo, la glándula pineal y la glándula pituitaria.

discalculia Trastorno del desarrollo en el que la persona es incapaz de entender o manipular números. Comparar con acalculia.

dislexia Trastorno en el que se reconocen incorrectamente las palabras.

disparidad binocular Diferencia entre las imágenes producidas por los dos ojos que ayuda al encéfalo a procesar la distancia.

dolor del miembro fantasma Dolor experimentado en una parte del cuerpo que se ha amputado.

dorsal Hacia la parte superior.

efIRM Véase imagen por resonancia magnética.

equilibriocepción Sentido del equilibrio.

escáner MEG (magnetoencefalografía) Escáner del encéfalo que utiliza dispositivos de interferencia cuántica superconductora para detectar cambios en la actividad magnética del encéfalo.

escáner por TC (tomografía computerizada) Escáner del encéfalo que utiliza una serie de rayos x o imágenes por ultrasonido del encéfalo para formar una imagen en tres dimensiones.

espina dorsal Tubo de fibras nerviosas que recorren la longitud de la columna vertebral, y que conecta las fibras nerviosas del cuerpo con el encéfalo.

estimulación magnética transcraneal Técnica de estudio del encéfalo que emplea breves estallidos de estimulación magnética que pueden influir en áreas muy localizadas de la corteza.

estimulación por corriente directa transcraneal Técnica de estudio del encéfalo en la que se emplea una bobina eléctrica situada sobre el cuero cabelludo, que produce una «lesión virtual» que interfiere en la función encefálica.

estriado ventral Parte de los ganglios basales próxima al cerebelo, implicada en el apego, las emociones positivas y las recompensas.

fantosmia Experiencia de un olor no existente.

fascículo arqueado Haz de fibras nerviosas que conectan las áreas de Broca y de Wernicke.

fenómeno de tener algo en la punta de la lengua La experiencia común de saber que se sabe algo, pero no ser capaz de recordarlo.

fIRM Véase imagen por resonancia magnética.

flujo óptico Cambios en las imágenes visuales recibidas por el encéfalo, causados porque quien los percibe se mueve en el mundo físico.

fotorreceptor Célula de la retina que detecta la luz.

frenología Práctica desacreditada que consiste en interpretar las protuberancias de la cabeza como forma de determinar el carácter individual y la inteligencia.

ganglios basales Grupo de células de la materia blanca de los lóbulos frontales, que ayudan a organizar e inhibir el movimiento y que están activas en los circuitos de recompensa.

giro angular Parte del área facial fusiforme del hemisferio izquierdo que está implicada en la lectura, especialmente en la identificación de letras y palabras. Comparar con giro fusiforme.

giro fusiforme Una parte del área facial fusiforme, en el hemisferio izquierdo, que está implicada en la lectura, especialmente en la interpretación de letras y palabras.

giro Nombre de las protuberancias que hay entre los surcos de los hemisferios cerebrales.

giro occipital inferior Área de la corteza óptica que ayuda a reconocer caras.

giro supramarginal Parte del área facial fusiforme que se ocupa de elegir las palabras y también de la empatía.

globo pálido Parte de los ganglios basales implicada en la regulación del movimiento voluntario.

gustación Sentido del gusto.

hemisferios cerebrales Las dos mitades del cerebro, unidas por el cuerpo calloso.

hipocampo (en griego, caballito de mar) También conocido como lóbulo temporal medial, el centro principal de la consolidación y almacenamiento de recuerdos en el encéfalo.

hipotálamo La pequeña «protuberancia» inmediatamente por debajo (en griego, hypo) del tálamo que ayuda a regular la temperatura corporal y la homeostasis.

homeostasis Mantenimiento de unas condiciones constantes y cómodas en el cuerpo.

hormona Sustancia química producida por una glándula que ayuda a regular la fisiología y la conducta.

imagen por resonancia magnética funcional (IRM) Técnica de escaneado del encéfalo que utiliza los campos magnéticos producidos por las moléculas de agua de las células del encéfalo, para generar imágenes del encéfalo. La fIRM (imagen por resonancia magnética funcional) se utiliza para explorar actividades/funciones específicas del encéfalo, mientras que la efIRM (imagen por resonancia magnética funcional relacionada con eventos) compara la actividad eléctrica producida por dos o más eventos.

impulso eléctrico Repentina explosión de electricidad en el encéfalo que se transmite de neurona en neurona.

inferior Hacia la parte inferior, o por debajo. Comparar con superior.

ínsula Un área de la corteza, escondida bajo los lóbulos frontales, asociada con la emoción y la autoconciencia.

interneurona A veces conocida como neurona conectora. Es una estructura sencilla que consta de un cuerpo celular con ramificaciones extendidas (dendritas) que realizan conexiones entre las células nerviosas.

interocepción Percepción del movimiento y el dolor en el interior del cuerpo.

lateral Hacia un lado.

lóbulo En el encéfalo, una de las cuatro secciones generales de cada hemisferio cerebral, o una de las dos mitades de las partes del cerebelo. Normalmente se utiliza para referirse a una protuberancia redondeada o carnosa.

lóbulo parietal inferior Una parte grande del encéfalo en que se encuentran los lóbulos occipital y parietal y que contiene áreas que se sabe que procesan el lenguaje.

mapa tonotópico Mapa conceptual de sonidos de tono alto y bajo, producidos por la corteza auditiva primaria.

mecanorrecepción El sentido de presión externa sobre la piel.

medial Hacia el centro, o en él.

médula Parte del encéfalo, situada en la zona superior de la espina dorsal, que regula funciones autónomas básicas del cuerpo.

mesencéfalo Parte del encéfalo, por encima del bulbo raquídeo, que incluye el puente y la formación reticular, y que regula el estado de alerta y parte de la recepción sensorial.

microelectrodo Electrodo diminuto que puede registrar la actividad de una sola neurona.

movimiento biológico Movimiento producido por seres vivos.

neuro- Prefijo que significa «nervio» o «sistema nervioso» (por ejemplo, neuropsicología, neurotransmisor). El adjetivo asociado es neuronal.

neuroimagen Técnica de escaneado que produce fotografías o imágenes del encéfalo.

neurona Célula nerviosa que transmite las señales eléctricas.

neurona espejo Una neurona que se activa cuando una persona (o animal) realiza una actividad, y también cuando observa la misma acción realizada por otro.

neuronas conectoras Véase interneurona.

neurotransmisor Sustancia química del botón sináptico que hace posible la conexión entre neuronas.

nocicepción Percepción del dolor a través de la piel.

nociceptor Receptor del dolor que responde a estímulos químicos mecánicos, térmicos o químicos.

núcleo accumbens Área situada en la parte posterior de la amígdala y relacionada con las recompensas y el refuerzo positivo.

núcleos de Raphé Grupo de núcleos del mesencéfalo que permanecen activos en las rutas de recompensa del encéfalo.

orbito- Cercano a, o al nivel de, las cuencas (órbitas) oculares.

pabellón auditivo Parte del oído externo, parecida a un plato, que ayuda a dirigir el sonido hacia el canal auditivo.

plasticidad sináptica La capacidad de las sinapsis para crecer y volverse más efectivas cuando se activan frecuentemente.

posterior Hacia la parte de atrás. Comparar con anterior.

potencial relacionado con eventos Patrones claros de las medidas EEG de la actividad encefálica.

propiocepción Información recibida de los músculos y las articulaciones.

prosopagnosia Incapacidad para reconocer caras.

quiasma óptico Punto de cruce de los dos nervios ópticos cuando van desde el ojo al encéfalo.

reflejo Movimiento muscular rápido que tiene lugar en respuesta a un estímulo doloroso.

representación enactiva Recuerdo de acciones o sensaciones físicas, normalmente conocido como «memoria muscular».

respuesta de lucha o huida Estado fisiológico que proporciona al cuerpo un empujón temporal de energía frente a una amenaza externa.

ritmos theta Patrones rítmicos de actividad eléctrica de alta amplitud, que tienen lugar en el encéfalo durante la actividad normal de vigilia.

ritmos alfa Patrones de actividad eléctrica distinguibles, de baja amplitud y baja frecuencia, que tienen lugar en el encéfalo durante los períodos de relajación. También se llaman ondas alfa.

ruta primaria del lenguaje Ruta neuronal de las áreas del lenguaje que procesan la comprensión en el lóbulo temporal y la transmiten a las áreas motoras del lóbulo frontal para producir el habla.

rutas neuronales Grupos de neuronas que transmiten impulsos eléctricos por el encéfalo a través de rutas específicas.

sinapsis El hueco que conecta dos neuronas. Su adjetivo es sináptico.

síndrome de Capgras Condición, posiblemente causada por daño en el encéfalo, bajo la cual un individuo se convence de que los miembros de su familia han sido sustituidos por extraños.

síndrome de Korsakoff Forma de amnesia causada por daño en el hipocampo a consecuencia de un consumo excesivo de alcohol.

sistema 1 de pensamiento Pensamiento rápido e intuitivo, frecuentemente impreciso y sujeto a sesgos.

sistema 2 de pensamiento Pensamiento lógico y deliberado, normalmente preciso, pero más lento.

sistema límbico Nombre colectivo para una serie de estructuras del encéfalo situadas alrededor del tálamo, normalmente activas en las respuestas emocionales y conductuales.

sistema motor extrapiramidal Sistema del encéfalo que procesa el movimiento inconsciente y automático. Comparar con sistema motor piramidal.

sistema motor piramidal Sistema del encéfalo que procesa el movimiento deliberado. Comparar con sistema motor extrapiramidal.

sistema vestibular Parte el oído interno que detecta la orientación espacial y el movimiento.

somatosensación El sentido del tacto, que incluye la mecanorrecepción, la termorrecepción y la nocicepción.

subcorteza Nombre general para las partes del encéfalo por debajo de la corteza cerebral, es decir, todo excepto el propio cerebro. El adjetivo asociado es subcortical.

sueño REM A veces conocido como sueño paradójico, un tipo de sueño que tiene lugar durante la primera fase del ciclo del sueño, caracterizado por los rápidos movimientos de los ojos y los ensueños.

superior Hacia la parte de arriba o por encima. Comparar con inferior.

surco temporal superior Surco situado en la parte superior de los lóbulos temporales y que definen un área que se ocupa del reconocimiento facial y la detección e interpretación de claves sociales.

surco Una ranura o cisura de la corteza cerebral.

sustancia gris periacueductal Parte del mesencéfalo especialmente activa en la agresividad.

sustancia negra Parte de los ganglios basales que realizan una función importante en el apego y la recompensa.

tálamo Estructura grande bajo el cerebro que transmite señales motoras y sensoriales a la corteza cerebral.

TEP escáner (tomografía por emisión de positrones) Escaneo del encéfalo que traza la distribución de una sustancia química radiactiva en el torrente sanguíneo, recogida por las células activas del encéfalo.

termorrecepción Percepción de la temperatura en la piel.

transducción La conversión de sensaciones en impulsos eléctricos que pueden transmitirse al encéfalo.

tubérculo olfatorio «Centro de control» de la corteza olfatoria que recibe de muchas otras zonas del encéfalo, información relacionada con los olores.

tubo neural Sencillo tubo que forma el núcleo de los primeros sistemas nerviosos en los animales.

vaina de mielina Cobertura grasa que rodea a un axón.

ventral Hacia la parte inferior.

visión ciega Fenómeno por el que una persona ciega responde a estímulos visuales.

ÍNDICE ANALÍTICO

146, 147, 156, 159, 164, 183, 188, 229, 237, 240, 245, 246, 247, 248, 249, 252, 253, 255, 256, 258, 259, 262, 263

social 159, 229, 258

constancia del color 64, 263

coordinación 10, 20, 72, 110, 119, 215, 220, 263

corriente dorsal 80, 263

ventral 80, 263

visual 58, 135, 263

corteza auditiva 69, 72, 76, 77, 78, 79, 80, 81, 84, 86, 87, 92, 141, 190, 197, 267

cerebral 15, 21, 24, 31, 33, 92, 98, 107, 125, 147, 237, 244, 247, 259, 263, 269, 270

cingulada 20, 100, 101, 102, 152, 160, 161, 162, 163, 164, 166, 167, 175, 179, 183, 195, 226, 232, 233, 246, 263

entorrinal 136, 137, 138, 263

frontal 80, 86, 126, 132, 133, 134, 152, 264

frontoparietal 219

gustativa 95, 159

motora 86, 98, 113, 115, 116, 117, 118, 120, 125, 127, 128, 191, 193, 197, 198, 240, 247, 263, 264

olfatoria 91, 92, 93, 94, 105, 142, 270

orbitofrontal 152, 153, 154, 157, 158, 159, 160, 167, 177, 235, 236, 242, 256, 263, 264

paracingulada 195, 196, 226, 227, 263

paracingular 264

parahipocampal 136, 138, 140, 164

parietal 219

perirrinal 136, 137, 138, 140, 264

prefrontal 103, 114, 115, 118, 128, 132, 133, 134, 135, 154, 155, 157, 158, 161, 162, 163, 164, 167, 177, 181, 193, 197, 209, 213, 216, 217, 220, 222, 223, 224, 225, 226, 227, 229, 232, 233, 235, 236, 237, 240, 242, 243, 246, 257, 258, 264

prefrontal ventrolateral 132, 134, 233, 264

prefrontal ventromedial 103, 155, 181, 235, 236, 243, 246, 264

premotora 115, 116, 124, 125, 126, 127, 128, 191, 193, 197, 262, 264

lateral 115, 116, 125, 264

ventromedial 158

vestibular 111

visual 41, 51, 53, 57, 58, 59, 61, 62, 64, 66, 67, 68, 69, 70, 72, 78, 155, 170, 172, 173, 190, 205, 210, 211, 262, 263

visuoparietal 219

creatividad 38, 128

crecimiento neuronal 34, 123

cuerpo calloso 20, 22, 23, 38, 40, 86, 100, 121, 152, 160, 195, 226, 263, 264, 266

cuerpo trapezoidal 264

culpa 73, 164, 165, 179, 228, 229

D

daño en el encéfalo 261, 269

decisiones 5, 9, 19, 22, 23, 86, 113, 114, 132, 143, 167, 239, 240, 241, 242, 281

deletreo 211, 214, 215

demencia 69, 143, 147, 198, 264

dendritas 27, 28, 267

diencéfalo 151, 264

dinosaurios 10, 11, 17

discalculia 216, 218, 219, 220, 261, 264

dislexia 211, 212, 218, 220, 264

disparidad binocular 62, 264

médula 14, 95, 100, 110, 111, 112, 267
membrana basilar 75
memoria 10, 18, 19, 20, 21, 24, 25,
    41, 43, 44, 46, 67, 79, 83, 86, 91,
    104, 105, 110, 114, 124, 129, 131,
    132, 133, 134, 135, 137, 138, 139,
    140, 141, 142, 143, 144, 145, 146,
    147, 148, 155, 159, 166, 167, 171,
    181, 185, 195, 205, 210, 223, 230,
    239, 242, 263, 264, 268
mensajes 22, 27, 28, 29, 30, 41, 47,
    56, 70, 98, 99, 110, 113, 116, 118,
    119, 156, 213, 251, 252
microelectrodos 40
miedo 9, 148, 149, 154, 155, 156,
    159, 161, 162, 166, 167, 174, 228,
    234, 235, 237, 243, 261, 264
mielinización 32, 121, 204
Molaison, H. M. 144, 145
monoamino-oxidasa 234
morfina 101, 183, 253
movimiento 9, 10, 13, 15, 16, 17, 20,
    21, 23, 24, 25, 35, 46, 53, 55, 56,
    57, 62, 63, 64, 65, 66, 69, 70, 75,
    80, 85, 86, 87, 89, 99, 107, 110,
    111, 112, 113, 114, 117, 118, 119,
    122, 123, 124, 126, 128, 137, 161,
    174, 182, 204, 215, 248, 262, 263,
    266, 267, 269
música 76, 80, 81, 82, 83, 84, 85, 86,
    87, 103, 124, 153, 154, 221, 261

N

nervio
    auditivo 76
    óptico 56
neuroimagen 267
neuronas 22, 27, 28, 29, 30, 31, 32,
    33, 34, 43, 46, 47, 55, 56, 59, 61,
    65, 68, 76, 78, 91, 95, 99, 100,
    110, 115, 116, 117, 118, 121, 122,
    128, 145, 152, 155, 157, 162, 163,
    166, 170, 174, 182, 193, 202, 204,

216, 220, 227, 251, 252, 253, 262,
    268, 269
neurorregeneración 145
nicotina 151, 252, 253
noradrenalina 151, 254, 255
núcleo
    accumbens 103, 180, 181, 268
    basal 235
    central 100, 235
    coclear 76
    medial 235
núcleos 33, 56, 175, 235, 268
    de Raphé 175, 268
números 8, 38, 105, 106, 133, 145,
    216, 217, 218, 219, 220, 250, 261,
    264

O

oídos 17, 28, 36, 73, 75, 87, 112, 197,
    264
oír 7, 71, 72, 177, 194
ojos 17, 28, 36, 40, 51, 52, 56, 57,
    62, 64, 70, 99, 111, 134, 152, 166,
    192, 206, 250, 251, 262, 264, 269
olores 20, 90, 91, 92, 93, 94, 105,
    131, 155, 160, 261, 262, 270
olvido 42, 143, 144, 148
ondas alfa 45, 246, 247, 268
opérculo frontal 95
oxitocina 179, 255

P

pabellón auditivo 73, 74, 268
Parkinson 119, 215
pena 22, 122, 164, 165, 179, 180,
    228, 229, 243, 249
Penfield, Wilder 57, 98
pensar 8, 12, 13, 16, 34, 65, 97, 99,
    120, 135, 148, 159, 180, 191, 192,
    210, 222, 231, 239, 241, 251, 258,
    264

T

tálamo 16, 17, 18, 25, 53, 56, 57, 70, 76, 87, 92, 95, 98, 100, 105, 110, 116, 118, 119, 146, 151, 155, 159, 160, 175, 179, 225, 264, 266, 269, 270, 279

taxistas de Londres 139

técnicas de concienciación 246

temperatura 11, 17, 18, 95, 97, 107, 266, 270

teoría de la mente 225, 226, 228

termorrecepción 97, 269, 270

testosterona 157

toma de decisiones 22, 23, 86, 113, 114, 167, 240, 242, 243, 244, 245, 257, 262

transducción 54, 75, 270

trastorno de estrés postraumático (TEPT) 155

tubérculo olfatorio 92, 93, 270

tubo neural 9, 10, 12, 29, 270

V

vasopresina 179

ventrículos 28, 29, 147

vergüenza 101, 107, 149, 154, 164, 165, 228, 229

vesículas 30, 121

visión ciega 52, 53, 70, 79, 93, 247, 270, 279

vista 11, 15, 51, 53, 58, 59, 64, 76, 77, 82, 87, 88, 89, 90, 91, 107, 111, 115, 116, 119, 134, 135, 192, 202, 204, 207, 210, 228, 262

ÍNDICE